Maria Gloria Tommasini

SPAZIO ITALIA
LIVELLO B2

4. MANUALE + ESERCIZIARIO

Loescher Editore · È BELLO DOPPO IL MORIRE VIVERE ANCHORA

Codice di sblocco 7B4-F66-27F-98E

Ristampe

6	5	4	3	2
2020	2019	2018	2017	

ISBN 9788820136338
ISBN 9788820133511 (+DVD)

Nonostante la passione e la competenza delle persone coinvolte nella realizzazione di quest'opera, è possibile che in essa siano riscontrabili errori o imprecisioni. Ce ne scusiamo fin d'ora con i lettori e ringraziamo coloro che, contribuendo al miglioramento dell'opera stessa, vorranno segnalarceli al seguente indirizzo:

Loescher Editore
Via Vittorio Amedeo II, 18
10121 Torino
Fax 011 5654200
clienti@loescher.it

Loescher Editore   opera con sistema qualità certificato CERMET n. 1679-A secondo la norma UNI EN ISO 9001-2008

Contributi
Eserciziario: Daniela Pepe e Giovanni Garelli
Revisione didattica: Daniela Pepe e Giovanni Garelli
Coordinamento editoriale: Laura Cavaleri
Coordinamento redazionale e redazione: Les Mots Libres srl, Bologna
Progetto grafico e impaginazione: Sara Blasigh - Recco (GE)
Copertina: Visualgrafika - Torino
Ricerca iconografica: Maurizio Dondi e Valentina Ratto
Disegni: Rino Zanchetta
Carte e grafici: Alessandra Rigoni
Stampa: Sograte Litografia s.r.l. - Zona Industriale Regnano - 06012 Città di Castello (PG)

Indice

UNITÀ 3

Il Parlamento è eletto da tutti i cittadini

pag 44

La comunicazione	La grammatica	Il lessico	La pronuncia e la grafia	La cultura... in azione
A Parlare della struttura di uno Stato **B** Conoscere le origini della Repubblica Italiana **C** Conversare di politica e burocrazia	• La forma passiva • Il *si* impersonale e il *si* passivante • Alcuni aggettivi indefiniti	• Le istituzioni e gli organi dello Stato • La vita pubblica e politica • I poteri dello Stato	• Parole difficili	• Leggere: conoscere la Costituzione Italiana attraverso uno schema e comprenderne alcuni articoli fondamentali • Scrivere: redigere un breve testo sui principi fondamentali del proprio Stato • Parlare: presentare il proprio Stato, il suo ordinamento, i luoghi in cui si esercita il potere, i problemi che affronta al momento la nazione evidenziando somiglianze e differenze con l'Italia • Ascoltare: comprendere delle informazioni sul Palazzo del Quirinale • Video *La Costituzione italiana* • Progettiamolo insieme: il Parlamento

Eserciziario pag 21

8 UNITÀ

Alessandra dice che vorrebbe tornare a vivere in Italia pag 134

La comunicazione	La grammatica	Il lessico	La pronuncia e la grafia	La cultura… in azione
A Riferire le opinioni di altri ed esprimere le proprie opinioni sulla vita in Italia **B** Riferire sogni e desideri di altri e parlare dei propri **C** Conoscere alcuni aspetti della società italiana e dei dialetti	• Il discorso diretto e indiretto • La forma impersonale	• Luoghi e altri aspetti dell'Italia • Nel mondo degli studenti all'estero • La popolazione • I sentimenti e gli aspetti materiali della vita rispetto ad un luogo • Dialetti e lingua standard	• Leggere il discorso diretto e indiretto e inserire la punteggiatura in un testo	• Leggere: comprendere alcuni aspetti della presenza di stranieri in Italia attraverso grafici e testi • Ascoltare: comprendere un'intervista a un esponente dell'Accademia della lingua barese e ascoltare degli esempi di proverbi dialettali italiani • Scrivere: redigere una mail di risposta a un amico che vuole trasferirsi in Italia • Parlare: riassumere un'esperienza di altri ed esprimere la propria opinione sulla vita all'estero • Video *Italiani all'estero* • Progettiamolo insieme: il progetto Italia

Eserciziario pag 60

TEST 5-8 Facciamo il punto ● pag 150

Glossario pag 69

www.loescher.it/studiareitaliano/
Per trovare gli audio, i video e tanto materiale in più!

1

Ho viaggiato da Nord a Sud

In questa unità imparate a:

A descrivere un luogo geografico

B discutere del rapporto tra il luogo in cui si vive e la personalità

C organizzarvi prima di partire per un viaggio

D raccontare un viaggio

1 Osservate le immagini: secondo voi quali sono le più adatte a rappresentare l'Italia? Perché?

2 Sottolineate tre delle seguenti parole e spiegate perché le avete scelte.

Roma, Venezia, ciao, cappuccino, turista, italiano, italiani, **la Dolce Vita**, mare, Dante Alighieri, Leonardo, **buongiorno**, politica, CALCIO, vino, **pasta**, Firenze, **sole**.

3 Aggiungete una parola alla lista precedente e motivate la vostra scelta.

....

A IL MONTE BIANCO È LA MONTAGNA PIÙ ALTA D'ITALIA

1 In coppia. Conoscete la geografia italiana? Scrivete sotto ciascuna foto il nome di almeno una montagna, un mare, un lago, un fiume e un'isola italiani.

Montagne — **Mari** — **Laghi** — **Fiumi** — **Isole**

Dolomia

Mediterianeo

Lago Como

Arno
Terenze
Po

Sardinia
ca

2 Leggete i testi, completateli con le seguenti parole e abbinateli alle immagini.

montagna   isola   dune   pianura   marmo   costa   fiume   lago

A ☐

1 La Valle d'Aosta è la più piccola regione italiana. Il suo territorio è occupato dalle Alpi e ha vette che superano i 4000 metri di altezza. Qui si trovano il Monte Bianco (che con i suoi 4810 metri è la ...montagna... più alta d'Italia e d'Europa), il Gran Paradiso (4061 metri) e il Monte Rosa (4634 metri).

2 Il Tevere, con i suoi 405 chilometri, è il terzo .... d'Italia. Nasce in Emilia Romagna, attraversa la Toscana, scorre tra le colline dell'Umbria e arriva nel Lazio. Sfocia a Ostia, nel mar Tirreno, formando un delta di due bracci.

B ☐

3 Sulla costa occidentale della Sardegna, Piscinas è un angolo di deserto con le .... più alte d'Europa: un luogo da conservare, tanto da essere stato dichiarato dall'Unesco Patrimonio dell'Umanità. La sua spiaggia e le sue dune rientrano nel territorio di Arbus: uno spazio quasi irreale, fatto solo di mare, sabbia e vento.

4 La Lombardia non è bagnata dal mare ma è ricca di specchi d'acqua. Nelle vallate prealpine sono presenti il .... Maggiore e quello di Como. Quest'ultimo ha una superficie di 145 km², un perimetro di 170 km e arriva a ben 410 metri di profondità.

C ☐

5 La ...costa... (C) della Campania presenta paesaggi molto vari. Nel tratto della Costiera amalfitana, compresa tra la Penisola Sorrentina e Salerno, le rocce dei monti si gettano a picco sul mare: qui si trovano alcune delle località turistiche più importanti, come Positano e Amalfi.

6 Il territorio della Sicilia, la più grande regione d'Italia e la maggiore ...isola... (F). del Mediterraneo, è quasi del tutto occupato da rilievi. Vicino a Palermo, Gela e Catania, però, si aprono delle importanti pianure. La piana di Catania è molto fertile grazie al materiale che si è depositato durante le varie eruzioni dell'Etna, il più importante vulcano italiano.

D ☐

7 In Emilia Romagna la metà del territorio è occupata da una vasta zona pianeggiante che si estende a sud del Po: la ...pianura... (E) Padana. Anticamente al suo posto c'era un ampio golfo occupato dal mare.

E ☐

8 In Toscana, la catena pre-appenninica delle Alpi Apuane si innalza tra l'Appennino e il mar Tirreno. Questi rilievi spesso mostrano vaste distese bianche che sembrano dei ghiacciai: in realtà sono le cave di ...marmo... che da secoli l'uomo scava nella montagna per estrarre grossi blocchi di questo materiale.

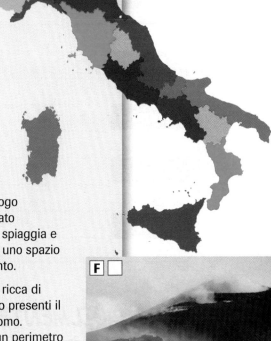

F ☐

G ☐

H ☐

3 In coppia. Ora potete aggiungere altri nomi sotto le foto dell'attività 1?

4 Completate la scheda con le informazioni richieste, relative al vostro Paese. A turno illustrate al vostro compagno i luoghi geografici che avete inserito. In quale parte del territorio si trovano? Che cosa hanno di particolare?

Montagne ....
....

Mari ....
....

Fiumi ....
....

Laghi ....
....

Isole ....
....

B PROBABILMENTE L'AMBIENTE INFLUENZA IL CARATTERE DELLE PERSONE

1 Pensate a tre italiani, vostri amici o personaggi pubblici, e scrivete come si chiamano, da dove vengono e com'è il loro carattere.

1 Nome e cognome	**2 Nome e cognome**	**3 Nome e cognome**
....	....	....
Città e regione	**Città e regione**	**Città e regione**
....	....	....
....	....	....
Carattere	**Carattere**	**Carattere**
....	....	....
....	....	....
....	....	....

 2 Ascoltate la trasmissione radiofonica e indicate qual è l'argomento della discussione, scegliendo tra quelli elencati.

a. È meglio vivere al mare o in montagna?

b. Gli italiani del sud sono più aperti di quelli del nord?

c. C'è una relazione tra il territorio e la personalità dei suoi abitanti?

02 3 Ascoltate ancora e completate la tabella.

	viene da...	pensa che...
1 Il signor Bianconi		
2 La signora Esposito		
3 Il signor Censini		
4 La signora Licani		
5 Il signor Bellini		

02 4 Ascoltate ancora la trasmissione radiofonica e completate le seguenti frasi.

1 ...*Buongiorno e benvenuti*... alla nostra trasmissione radiofonica.

2 È proprio di questo che .... : del rapporto tra uomo e natura.

3 È .... il territorio e l'ambiente influenzano il carattere delle persone?

4 Ho .... il signor Bianconi.

5 Se .... la Valle d'Aosta.

6 Senta, ... ci sono delle caratteristiche particolari che riguardano la gente di mare e la gente di montagna?

7 Certo, ... il luogo in cui si nasce fa la differenza sul carattere.

8 .... salire sulla mia barca.

9 Non è .... il territorio è così importante per la personalità.

10 .... la pianura.

11 .... la montagna, le colline.

12 Io .... con il signor Censini.

5 Collegate le frasi dell'attività precedente alla funzione che esprimono. Ad una funzione possono corrispondere più frasi.

a	salutare e dare il benvenuto	• *frase 1*
b	presentare una persona	•
c	introdurre l'argomento di una discussione	•
d	chiedere conferma	•
e	chiedere un'opinione	•
f	esprimere un'opinione	•
g	concordare con l'opinione di altri	•
h	esprimere un'opinione contraria	•
i	esprimere apprezzamento	•
l	esprimere il fatto di non amare	•
m	esprimere preferenza	•

6 E voi che cosa ne pensate? Con quale partecipante alla trasmissione radiofonica siete d'accordo? Perché?

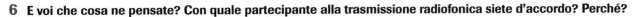

7 In gruppo. Uno studente è il moderatore della discussione. A turno presenta i compagni, li invita a descrivere il luogo in cui abitano e le caratteristiche dei suoi abitanti.

C LE SCARPE DA TREKKING, LE HAI PRESE?

1 Completate le offerte turistiche con i nomi dei luoghi geografici dell'attività A2 a pag. 9.

Vacanze estive al
....

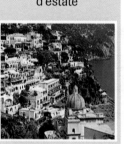

Amalfi
d'estate

Primavera in
....
con i mandorli in fiore

Risalire il ....
a primavera.

I ....
lombardi in autunno

L'estate nel deserto di
....

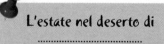

2 Ascoltate il dialogo e cerchiate gli oggetti che Susanna e Giacomo mettono in valigia, tra quelli raffigurati qui sotto. Poi dite quale tipo di offerta hanno scelto tra quelle riportate nell'attività 1.

 3 Ascoltate ancora e completate le seguenti frasi di Susanna e Giacomo.

1 Posso darti .... ?

2 Dai, ... subito.

3 Sì, ma .... Susanna.

4 E poi qui sul dépliant dell'agenzia .... è possibile affittare canoe a partire da 8 euro all'ora.

5 Le scarpe da trekking .... ?

6 Sì, sì… .... tu.

7 Ti .... prenderle?

8 .... , me li prendi?

9 .... chiamato Ezio?

10 La prossima volta inizio anch'io due giorni prima a fare le valigie: .... !

4 Collegate le frasi dell'attività precedente alla funzione che esprimono. Ad una funzione possono corrispondere più frasi.

a	offrire aiuto	• _frase 1_ ....
b	riportare un'informazione	• ....
c	chiedere a qualcuno di fare qualcosa	• ....
d	chiedere a qualcuno se ha fatto qualcosa	• ....
e	pregare qualcuno	• ....
f	promettere	• ....
g	dare ragione a qualcuno	• ....

5 **In coppia. Scegliete una delle offerte turistiche dell'attività 1. Ognuno scrive la lista di oggetti da mettere in valigia. Parlate con il vostro compagno e preparate i bagagli insieme!**

> La portiamo, la canoa?

> Hai ragione tu!

> Sei tu che pensi sempre ai libri.

> La guida turistica, l'hai presa?

6 **Leggete le frasi di Susanna e Giacomo e inserite i pronomi cerchiati nella tabella seguente. Poi aggiungete quelli mancanti.**

1 Per sapere a che punto sono (loro) con i bagagli.

2 (Me li) prendi?

3 Di vestiti però (ne) hai presi troppi.

4 (Ti) dispiacerebbe?

5 (Le) ho già messe in valigia

6 (Si) riposano prima della partenza

I PRONOMI					
soggetto	**riflessivi**	**diretti**	**indiretti**	**doppi**	**partitivo**
io	mi	mi	....	.... lo/la/............/le/ne	
tu	ti	ti	....	te lo/la/li/le/ne	
lui/lei/Lei	....	lo/............/La	gli/le/Le	glielo/la/li/le/ne	...ne..
noi	....	ci	....	............/la/li/le/ne	
voi	vi	....	vi	ve lo/la/li/le/ne	
....	....	li/............	gli	............/la/li/le/ne	

7 **Completate le frasi con i pronomi corretti.**

1 – Hai preso il telefono?
– Sì, ...l'... ho preso.

2 Ho perso le chiavi. Non so dove .... ho messe.

3 Claudia, ho stampato le foto, così stasera .... faccio vedere.

4 Luca e Gianna non .... sono divertiti in vacanza.

5 .... presti il maglione? Sento freddo.

6 Di costumi .... prendo uno o due?

7 Parla con Mario. Sono sicura che .... saprà consigliare.

> E ora svolgete le attività 1-3 a pp. 6-7 dell'eserciziario.

8 Leggete le frasi di Susanna e Giacomo e inseritele in tabella collegando il pronome *ci* alla giusta funzione.

1 Qui i vestiti ci sono.
2 Ci penso io.
3 Ci rilassiamo un po' in piscina.
4 I costumi ci servono.
5 Ci chiama lui domani mattina.

ALCUNI USI DI *CI*	
Pronome riflessivo	*Ci rilassiamo un po' in piscina*
Pronome diretto	....
Pronome indiretto	....
Particella avverbiale di luogo	....
Particella pronominale dimostrativa	....

9 Scrivete quale funzione svolge la particella *ci* nelle frasi seguenti.

1 Questa sera ci viene a prendere Marco.   *Pronome diretto*
2 In vacanza ci divertiamo sempre.   ....
3 Sono già stata a Bari, ma voglio tornarci.   ....
4 Ci serve una lampadina tascabile, sennò non ci vedo.   ....
5 Ci hai prenotato una camera doppia?   ....
6 Ci aiuti, per favore?   ....
7 Non ci posso credere! Domani parto, finalmente!   ....

E ora svolgete l'attività 4 a p. 7 dell'eserciziario.

10 **In coppia. Raccontate qual è la vostra vacanza ideale: dove preferite andare? In quale stagione? Che cosa vi piace fare in vacanza? Che cosa mettete sempre in valigia? C'è qualcosa che dimenticate spesso?**

D ABBIAMO VISITATO PITIGLIANO E ORVIETO

1 **Osservate le immagini di alcuni luoghi turistici dell'Italia centrale. Ne avete mai visitato qualcuno? Se sì, quale? Se no, quale vi piacerebbe visitare? Perché?**

A

.......La Maremma.......

B

....

C

....

D

....

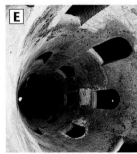
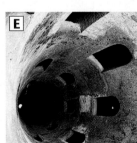

E

....

2 Leggete e abbinate le immagini dell'attività precedente ai luoghi del viaggio di Giancarlo.

Maremma e dintorni

Erano mesi che Chiara e io dicevamo di voler visitare la Maremma: una vacanza davvero desiderata. Quando finalmente è arrivato il materiale che avevamo richiesto all'Azienda del Turismo di Grosseto, abbiamo deciso di partire. Il motivo principale della nostra visita era quello di approfondire la conoscenza della cultura etrusca.

Abbiamo studiato un itinerario adatto a tutti e in particolare al piccolo Matteo, che ha quasi 4 anni!! La base dei nostri spostamenti in Maremma è stata Saturnia, dove abbiamo trovato un residence a pochi centinaia di metri dalle terme.

Da Saturnia, abbiamo visitato Pitigliano e Orvieto. Pitigliano è uno splendido paese in provincia di Grosseto, noto anche con il nome di *Piccola Gerusalemme* per la presenza di una sinagoga e di una comunità ebraica. Molto belli da visitare Palazzo Orsini, oggi sede del museo archeologico e di quello Diocesano, la Sinagoga, la chiesetta di Santa Maria e in generale tutto il centro storico. Le vie d'accesso al paese in passato erano scavate nella roccia e sono ancora percorribili. Noi abbiamo visitato quella di San Giuseppe, ma ce ne sono molte altre in zona. Le visiteremo quando Matteo sarà cresciuto. Nella zona si produce un ottimo vino bianco che è possibile degustare e acquistare un po' ovunque.

Orvieto, in Umbria, è una delle più belle città al mondo. C'eravamo già stati, ma avevamo tralasciato alcune cose, per cui ci siamo tornati molto volentieri!!! Per arrivare al centro storico è consigliabile prendere una funicolare, che a Matteo è piaciuta tantissimo. L'auto, l'abbiamo lasciata nell'ampio parcheggio della funicolare, dove c'è anche un punto d'informazione turistica. L'opera che sicuramente rimane più impressa è il Duomo. Proprio di fronte a questo grande capolavoro di arte gotica c'è una enoteca rinomata dove abbiamo bevuto un *Orvieto amabile* e assaggiato formaggi e salumi stagionati davvero squisiti. Più tardi ci siamo diretti al museo Faina, che ha una bella raccolta di opere etrusche. Molto divertente è stata anche la visita al Pozzo di San Patrizio. Purtroppo anche questa volta non siamo riusciti a vedere "Orvieto Underground". Pazienza, torneremo ancora in questi luoghi fantastici.

Giancarlo

adattato da www.markos.it

3 Rileggete il racconto di Giancarlo e indicate se le seguenti affermazioni sono vere o false.

		V	F
1	Giancarlo e Chiara desideravano visitare alcuni luoghi dell'Italia centrale.	☑	☐
2	Sono rimasti molto soddisfatti del loro viaggio.	☑	☐
3	Hanno soggiornato in un campeggio sul mare.	☐	☑
4	Pitigliano si trova in Umbria.	☐	☐
5	A Pitigliano ci sono delle strade particolari.	☐	☐
6	Sono andati a Orvieto per visitare alcune parti della città che non avevano ancora visto.	☑	☐
7	Hanno parcheggiato l'auto vicino al Duomo.	☐	☑
8	Hanno mangiato e bevuto prodotti tipici della regione.	☐	☐
9	Hanno visitato anche il museo etrusco e il Pozzo di San Patrizio.	☑	☐
10	Torneranno ancora a Orvieto per visitare la città sotterranea.	☑	☐

4 In coppia. A turno, riassumete il racconto di Giancarlo.

5 Leggete alcune frasi del testo dell'attività 2 contenute nella colonna a destra della tabella e inserite nella colonna a sinistra i tempi dei verbi scegliendoli tra quelli elencati.

Presente   Trapassato prossimo   Futuro semplice   Passato prossimo   Futuro anteriore   Imperfetto

ALCUNI TEMPI DEL MODO INDICATIVO	
Presente	Nella zona si produce un ottimo vino.
....	Abbiamo visitato Pitigliano e Orvieto.
....	C'eravamo già stati.
....	Le vie d'accesso al paese in passato **erano** scavate nella roccia.
....	Torneremo un'altra volta in questi luoghi fantastici.
....	Le visiteremo quando Matteo **sarà cresciuto**.

6 Cercate nel testo dell'attività 2 per ogni tempo verbale le frasi che lo contengono e cerchiatele con i colori dell'attività precedente. Al termine procedete con il riscontro in plenaria.

7 Abbinate i tempi verbali alla rispettiva funzione.

1 [a, c] L'imperfetto
2 [e] Il futuro semplice
3 [g] Il passato prossimo
4 [b] Il futuro anteriore, [h]
5 [f] Il presente
6 [d] Il trapassato prossimo

a Descrive un luogo in passato
b Esprime un'azione futura che si verificherà prima di un'altra azione espressa al futuro
c Esprime un'abitudine al passato
d Esprime un'azione del passato precedente ad un'altra azione svolta in passato.
e Esprime un'azione futura
f Esprime un'azione del presente
g Esprime un'azione puntuale fatta in passato
h Può esprimere un dubbio, un'incertezza

8 Abbinate le frasi seguenti alle funzioni dei verbi riportate nella seconda colonna dell'attività precedente.

1 [c] Quando frequentavo l'università, facevo spesso dei viaggi all'estero.
2 [a] La settimana scorsa, al mare, non c'era molta gente, perché il tempo era brutto.
3 [b] Quando avrai imparato bene la lingua, ti potrai iscrivere all'università italiana.
4 [g] Ieri sono andata a fare una passeggiata.
5 [h] La casa di Luca non sarà mica al lago Trasimeno?
6 [e] ...e poi finalmente partirò per un lungo viaggio!
7 [f] Gianni lavora in un'agenzia di viaggi.
8 [d] Eravamo già stati al lago di Garda un paio di anni fa.

E ora svolgete l'attività 1 a p. 8 dell'eserciziario.

9 Le seguenti immagini forniscono informazioni sui viaggi delle persone raffigurate: scegliete il viaggio che vi sembra più interessante, assumete il ruolo della persona che lo ha fatto e scrivete il resoconto del viaggio.

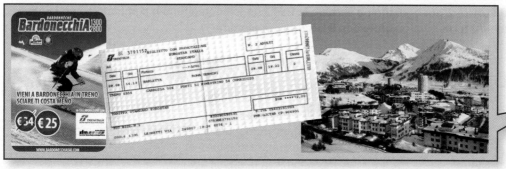

 10 In coppia. Sulla base del resoconto che avete scritto, a turno raccontate il viaggio al vostro compagno.

Progettiamolo INSIEME

I nostri programmi di viaggio
Cercate tra i vostri compagni delle persone che vorrebbero visitare gli stessi luoghi italiani che interessano a voi (località di mare, montagna, città d'arte, una regione ecc.).
Formate un gruppo e raccogliete informazioni sul luogo che avete scelto (alloggi, trasporti, visite, escursioni, attività praticabili ecc.). Sulla base delle informazioni raccolte, preparate un programma di viaggio e illustratelo ai vostri compagni.

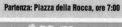

Biblioteca... in viaggio

LAGO DI GARDA
Domenica 10 marzo

Partenza: Piazza della Rocca, ore 7:00

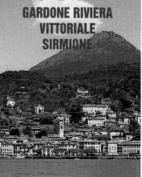

GARDONE RIVIERA
VITTORIALE
SIRMIONE

Mattina
Arrivo al **GARDONE** e visita guidata del **VITTORIALE** di Gabriele D'Annunzio. In un parco lussureggiante si trovano varie costruzioni: un teatro all'aperto, la casa del poeta, il suo mausoleo della 1ª guerra mondiale. Pranzo al Gardone, libero o in ristorante da definirsi

Pomeriggio
Arrivo a **SIRMIONE** e visita guidata del borgo, situato su una stretta penisola che si sporge per circa 4km. nel lago. Si inizia dalla suggestiva Rocca scaligera (fine 1200) interamente circondata dalle acque, si prosegue nel borgo medioevale fino alle Grotte di Catullo, grandiosa villa di epoca romana, l'area archeologica più importante di tutta la Lombardia. Tempo libero e rientro in serata.

Per informazioni e prenotazioni
Biblioteca: Tel 0185 822414 biblioteca.civica@alice.it
Edicola Rossi via trieste n.15 tTel 0185 8219999

PRONUNCIA E GRAFIA

1 **Riformulate le seguenti frasi, come nell'esempio.**

1 L'hai presa, la crema solare? *Hai preso la crema solare?* ....

2 Il maglione verde, l'hai preso? ....

3 I sandali, me li sono dimenticati. ....

4 È Lara che ha prenotato il viaggio! ....

5 È passato Carlo in agenzia. ....

2 **Leggete le frasi della colonna di sinistra e riformulatele come indicato nella colonna di destra.**

1a Abbiamo portato troppe scarpe. *Di scarpe, ne abbiamo portate troppe.*

1b Hai stampato i documenti di viaggio? ....

2a Hai caricato le valigie? *Le hai caricate, le valigie?*

2b Hai chiamato Giovanni? ....

3a Tu pensi sempre a tutto. *Sei tu che pensi sempre a tutto.*

3b Lei controlla se è tutto a posto. ....

4a Io ho sbagliato. *Ho sbagliato io.*

4b Lorenzo ha telefonato. ....

CD 04 MP3 **3** **Ascoltate la pronuncia delle frasi delle attività 1 e 2 e controllate le vostre frasi.**

CD 05 MP3 **4** **Ascoltate e ripetete.**

CD 06 MP3 **5** **Ascoltate e scrivete.**

....
....
....
....
....
....

LA GRAMMATICA IN TABELLE

I PRONOMI	
pronome personale soggetto	Per sapere a che punto sono **loro** con i bagagli.
pronome riflessivo	**Si** riposano prima della partenza…
pronome diretto	**Le** ho già messe in valigia.
pronome indiretto	**Ti** dispiacerebbe?
pronome doppio	**Me li** prendi?
pronome partitivo	Di vestiti, però, **ne** hai presi troppi.

PRONOMI SOGGETTO	PRONOMI RIFLESSIVI	PRONOMI DIRETTI	PRONOMI INDIRETTI	PRONOMI DOPPI	PRONOME PARTITIVO
io	mi	mi	mi	me lo/la/li/le/ne	
tu	ti	ti	ti	te lo/la/li/le/ne	
lui/lei/Lei	si	lo/la/La	gli/le/Le	glielo/la/li/le/ne	ne
noi	ci	ci	ci	ce lo/la/li/le/ne	
voi	vi	vi	vi	ve lo/la/li/le/ne	
loro	si	li, le	gli	glielo/la/li/le/ne	

ALCUNI USI DI *CI*	
pronome riflessivo	**Ci** rilassiamo un po' in piscina.
pronome diretto	**Ci** chiama lui domani mattina.
pronome indiretto	I costumi **ci** servono.
particella avverbiale di luogo	Qui i vestiti **ci** sono.
particella pronominale dimostrativa	**Ci** penso io.

ALCUNI TEMPI DEL MODO INDICATIVO	
PRESENTE	Nella zona **si produce** un ottimo vino.
PASSATO PROSSIMO	**Abbiamo visitato** Pitigliano e Orvieto.
TRAPASSATO PROSSIMO	**C'eravamo** già **stati**.
IMPERFETTO	Le vie d'accesso al paese in passato **erano** scavate nella roccia.
FUTURO SEMPLICE	**Torneremo** ancora in questi luoghi fantastici.
FUTURO ANTERIORE	Le visiteremo quando Matteo **sarà cresciuto**.

LE FUNZIONI COMUNICATIVE

■ **Descrivere le caratteristiche geografiche di un luogo**
La Valle d'Aosta è la più piccola regione italiana. Il suo territorio si estende interamente nell'arco alpino e ha vette che superano i 4000 metri di altezza…

■ **Raccontare un viaggio**
Da Saturnia, abbiamo visitato Pitigliano e Orvieto. Pitigliano è uno splendido paese in provincia di Grosseto.

■ **Dare informazioni**
Per arrivare al centro storico è consigliabile prendere una funicolare che a Matteo è piaciuta tantissimo.

■ **Salutare e dare il benvenuto**
Buongiorno e benvenuti alla nostra trasmissione radiofonica.

■ **Presentare una persona**
Ho il piacere di presentarvi il signor Bianconi.

■ **Introdurre l'argomento di una discussione**
È proprio di questo che vorremmo discutere oggi: del rapporto tra uomo e natura.

■ **Chiedere conferma**
È vero che il territorio e l'ambiente influenzano il carattere delle persone?

■ **Confermare**
Certo.

■ **Chiedere un'opinione**
Secondo Lei ci sono delle caratteristiche particolari che riguardano la gente di mare e la gente di montagna? E lei, signora Esposito, cosa ne pensa? Dal Suo punto di vista che legame c'è tra carattere e luoghi geografici, signora Licani? Mi piacerebbe conoscere la Sua opinione, signor Bellini.

■ **Esprimere un'opinione**
Io sono sicuro che il luogo in cui si nasce e si vive influenza moltissimo la nostra personalità.
Senza dubbio la gente di montagna in generale è più chiusa.
Dal mio punto di vista questa è una generalizzazione.
Secondo me ciò è dovuto al fatto di essere del Sud.
Probabilmente il luogo in cui si nasce fa la differenza sul carattere.

■ **Concordare con l'opinione di altri**
Io sono d'accordo con il Signor Censini.

■ **Esprimere un'opinione contraria**
Non è affatto vero che il territorio è così importante per la personalità.
Direi proprio di no.

■ **Esprimere apprezzamento**
Io adoro salire sulla mia barca.
A me piace il freddo della montagna.

■ **Esprimere il fatto di non amare**
A me non piace la pianura.

■ **Esprimere una preferenza**
Preferisco la montagna, le colline.

■ **Offrire aiuto**
Posso darti una mano?

■ **Riportare un'informazione**
Qui sul dépliant dell'agenzia c'è scritto che è possibile affittare canoe a partire da 8 euro all'ora.

■ **Chiedere a qualcuno di fare qualcosa**
Ti dispiacerebbe prenderle?
Dai, prendila subito.
Dai, me li prendi?

■ **Chiedere a qualcuno se ha fatto qualcosa**
Le scarpe da trekking, le hai prese?
L'hai chiamato Ezio?

■ **Pregare qualcuno**
Ti prego Susanna.

■ **Promettere**
La prossima volta inizio anch'io due giorni prima a fare le valigie: te lo prometto!

■ **Dare ragione a qualcuno**
Sì, sì, hai ragione tu.

IL LESSICO

■ **I nomi di alcune regioni**
La Valle d'Aosta, l'Emilia Romagna, la Toscana, il Lazio, la Sardegna, la Lombardia, la Campania, la Sicilia, l'Umbria

■ **I nomi di alcune città**
Roma, Ostia, Salerno, Amalfi, Positano, Palermo, Gela, Catania, Grosseto, Saturnia, Pitigliano, Orvieto

■ **I nomi di alcuni luoghi geografici**
Il Monte Bianco, l'Italia, l'Europa, il Gran Paradiso, il Monte Rosa, il Tevere, il mar Tirreno, il lago di Como, il mar Mediterraneo, l'Etna, il Po, la Pianura Padana, le Alpi Apuane, l'Appennino, la Maremma

■ **Alcuni elementi climatici e le stagioni**
Il freddo, il vento, il sole, il caldo, la nebbia, la neve, la primavera, l'estate, l'autunno, l'inverno

■ **Alcuni elementi naturali**
Il mare, la montagna, le colline, la costa, il vulcano, il deserto, la sabbia, le dune, il lago, le vette, il territorio, l'isola, il delta, la spiaggia, il vento, lo specchio d'acqua, le vallate, la penisola, le rocce, i rilievi, la pianura, le eruzioni, il vulcano, il golfo, la conca, il territorio, la catena pre-appenninica, i ghiacciai, le cave di marmo, la salita, gli scogli, i sentieri, le terme

■ **Un po' di attrezzature da viaggio**
I vestiti, le scarpe, gli oggetti personali, la crema solare, la guida turistica, le scarpe da trekking, le giacche a vento, i costumi da bagno, la valigia, la canoa, il dépliant

■ **Alcuni luoghi di interesse storico-culturale**
Il museo, la sinagoga, la chiesa, il Duomo, il pozzo di San Patrizio, il centro storico

Civiltà e cultura dal vivo

Leggere

1 Osservate le immagini di uno dei luoghi di cui si è parlato nel corso di questa unità: secondo voi di quale luogo si tratta?

....

Il territorio del lago di Como è molto variegato e presenta paesaggi spettacolari con montagne, laghi e pianure; la stessa città di Como si trova ai piedi del Monte Brunate ed è circondata da colline e rilievi prealpini.

La città si affaccia sul lato meridionale del lago, esattamente sulla punta estrema del braccio occidentale; da lì è possibile raggiungere paesi di grande bellezza come Laglio, Cernobbio, Brunate e Bellagio.

Tutte queste località si affacciano sul lago e sono luoghi ideali di vacanza in ogni periodo dell'anno. Si raggiungono in barca o con le caratteristiche funicolari oppure percorrendo stradine che offrono magnifici panorami e una natura incontaminata.

Como è anche il luogo di nascita di Alessandro Volta, il celebre inventore della pila; infatti molti luoghi della città sono dedicati a lui (via Volta, il Tempio Voltiano, piazza Volta, ecc.)

2 ....

La località più famosa è senza dubbio Bellagio, con il suo centro storico circondato da mura antiche e situato su un promontorio; le sue origini sono antichissime e a testimoniarlo c'è la cattedrale romanica di San Giacomo del XII secolo. Il paese è caratterizzato da piccole strade strette che collegano il lago al centro. È possibile visitare alcune bellissime ville in stile settecentesco e ottocentesco, come Villa Serbelloni e Villa Melzi, che appartenevano a famiglie nobili della zona. Da non perdere una visita ai grandi parchi dell'epoca, da cui si può osservare uno stupendo panorama.

Brunate è, invece, la località più vicina a Como ed è raggiungibile con la funicolare oppure a piedi. Se si sceglie il percorso a piedi, è possibile fermarsi a metà strada per una sosta nella natura, presso l'Eremo di San Donato.

Brunate è un luogo che offre caratteristiche passeggiate tra i sentieri nei boschi che collegano le ville in stile Liberty e che portano alla chiesa di Sant'Andrea, nel cuore del borgo.

2 Leggete una prima volta i testi e inserite i seguenti titoli al posto giusto.

> Cosa assaggiare   Cosa fare
> Descrizione   Cosa vedere

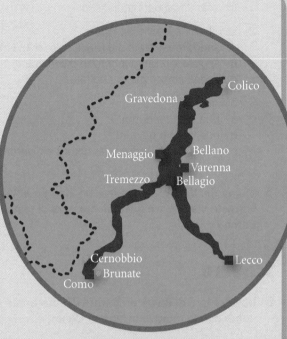

3 ....

Il lago di Como offre emozionanti escursioni in barca a motore o a vela. Per gli amanti dello sport è possibile scegliere fra i corsi di wind-surf sul lago e quelli di parapendio sul monte Cornizzolo, i campi da golf, i percorsi per trekking e la mountain bike. Non si dimentichino infine le opportunità per uno shopping di alta qualità soprattutto delle produzioni tipiche, in primo luogo la seta, tra le suggestive vie del centro cittadino di Bellagio, dove i numerosi laboratori confezionano cravatte e foulard, ma anche capi di abbigliamento e stoffe per la casa.

[annotazioni a mano: typical / sewing, tailoring / silk / head / city / clothing/garments]

4 ....

La cucina della provincia è legata al lago, con piatti a base di pesce. Tuttavia esiste anche una cucina legata ai sapori della montagna. Sulle tavole del comasco si possono assaggiare le luganeghe, insaccati di suino, la cui lunghezza va da un minimo di 20 cm fino anche a 18 m; le mortadelle di fegato e il *missoltitt* (pesci salati e seccati). I formaggi più diffusi sono le crescenzine e il *Zincarlin* (formaggio piccante di capra). Tra i dolci tipici troviamo il *mataloc* di Menaggio e i *paradell* di Tremezzo.

Il Rosso di Bellagio e il Vespetrò di Canzo sono i vini più conosciuti, mentre per accompagnare i dessert è adatto il liquore alle essenze d'erbe dei Frati di Piona.

[annotazioni a mano: length / andare = go / move / cheese / dessert / typical / up to / until / diffusi = widespread]

adattato da www.italia.it

3 **Sottolineate nei testi le parole che non conoscete. Poi, con l'aiuto del vostro compagno, provate a spiegarne il significato.**

4 Scegliete l'alternativa corretta.

1 Il territorio del lago di Como presenta
   a il lago più grande d'Italia.
   b diversi paesaggi naturalistici.
   c solo attrazioni naturalistiche.

2 Le cittadine intorno al lago
   a sono frequentate dai turisti solo in inverno.
   b si possono raggiungere in diversi modi.
   c sono sempre molto affollate.

3 Bellagio è
   a una città moderna.
   b una città in pianura.
   c una città che offre arte, natura e divertimento.

4 Brunate
   a offre la possibilità di camminare in luoghi interessanti.
   b è molto vicina a Como e a Bellagio.
   c è raggiungibile in barca, a piedi o con la funicolare.

5 Al lago di Como
   a si possono praticare solo sport acquatici.
   b è difficile andare in bicicletta.
   c si possono trovare laboratori di capi di abbigliamento.

6 La cucina locale è rappresentata
   a da molti prodotti del lago e della montagna.
   b da ogni tipo di pesce.
   c soprattutto dai salumi e dalle carni.

5 **In coppia. Vi piacerebbe fare un viaggio al lago di Como? Se sì, quali attività vorreste fare e quali luoghi vorreste visitare tra quelli di cui parla il testo? Se no, quale altra località italiana vi piacerebbe visitare? Perché?**

Scrivere

6 **Immaginate di dover preparare del materiale di presentazione della vostra regione da pubblicare in Internet, come quello relativo al lago di Como, e scrivete i relativi brevi testi.**

> **Descrizione** > **Cosa vedere** > **Cosa fare** > **Cosa assaggiare**

Ascoltare

7 **Osservate l'immagine e descrivetela. Secondo voi a quale regione italiana si riferisce?**

 CD 07 MP3

8 **Ascoltate, rispondete alle domande e poi, in coppia, riassumete le informazioni principali contenute le testo.**

1 Da dove arriva la sabbia che forma le dune?
   Dal Sahara

2 Quanto sono alte le dune?
   50 metri
   Sono longo Hstm à 50 km

3 Quanto è estesa l'area?
   Devanti mare 50

4 Quali animali è possibile vedere nella zona?
   4 airone e cervi

5 Come viene definita la Costa Verde dallo speaker?
   l'ultimo parcello

6 Che cosa è possibile vedere davanti e alle spalle delle dune?
   davana il mare

7 A che cosa devono la loro forma i rilievi in sabbia?
   Ai maestrale

8 Perché la natura è incontaminata?
   Habita vicini

9 Che cosa ha di particolare il mare?
   pea dei colori e delle sua particolari

10 Che cosa incanta i visitatori?

Parlare

9 In coppia. Leggete ognuno uno dei due paragrafi del testo e poi a turno riassumete al compagno il suo contenuto.

Italia, terra di sport e avventura

L'Italia regala straordinarie opportunità per chi ama una vacanza all'insegna dello sport e del movimento: inesauribili le possibilità di praticare attività a contatto con la natura, sia in estate sia in inverno, immersi in scenari e paesaggi unici, con il supporto di strutture qualificate e attrezzate in grado di soddisfare ogni esigenza. Si può vivere il mare in tutte le sue dimensioni: wind-surf, kite-surf, nuoto, barche a vela e a motore e sci nautico [...]. Per chi ama la montagna [...] in estate, trekking e passeggiate a piedi o a cavallo, rafting e canoa lungo torrenti e rapide, pesca in fiumi e laghi dalle ricche acque cristalline, parapendio e deltaplano per ammirare paesaggi unici. Quando arriva il freddo le montagne si trasformano e diventano un paradiso per coloro che vogliono praticare gli sport invernali. In ogni periodo dell'anno, qualunque sia la passione, in Italia si potrà vivere una vacanza senza confronti all'insegna dello sport!

Italia, il paese del benessere

Stare bene in Italia è facile. Sono moltissime le strutture dedicate al benessere e alla salute e spesso vantano una tradizione millenaria, per curare il corpo e la mente.
Ovunque, da Nord a Sud, si può vivere una vacanza diversa frequentando fonti termali naturali, rinomate per le eccellenti proprietà terapeutiche e per le cure estetiche. Vi sono antiche zone termali, rimaste intatte per secoli, che conservano inalterato il loro fascino primitivo: saune naturali, grotte nascoste tra le vegetazione, con vapori caldissimi, dall'odore piacevolmente ferroso, ottimi per ritemprare il corpo e per curare la pelle. L'Italia conta diverse destinazioni termali conosciute: Saturnia, Montecatini, Bagno Vignoni, San Gimignano, Abano, Bormio, Salsomaggiore, Ischia ecc. Un viaggio all'insegna della salute, della bellezza e della forma fisica in luoghi tranquilli dotati di ogni comfort.

http://www.italia.it

10 In classe. Descrivete le offerte sportive e relative al benessere della vostra regione e del vostro Paese in generale. Quali sono quelle che considerate più interessanti? Perché? Quali sono nel vostro Paese gli sport legati a certe caratteristiche geografiche del territorio?

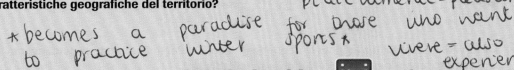

L'Italia in video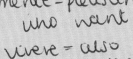

11 Collegatevi al sito www.loescher.it/studiareitaliano/.
Guardate il video e svolgete le attività proposte.

Ho viaggiato da Nord a Sud

2 Torino fu la prima capitale d'Italia

In questa unità imparate a:

A conoscere i personaggi che hanno contribuito all'unificazione dell'Italia
B parlare di eventi storici importanti
C raccontare la biografia di personaggi famosi
D raccontare fatti del passato

1 Collegate le seguenti epoche storiche alle immagini e poi alle loro descrizioni.

L'Antichità
L'Età contemporanea
L'Età moderna
Il Medioevo

1 ....L'Antichità........... : ha inizio con le civiltà egizia e sumera e con l'apparizione della scrittura 3500 anni avanti Cristo (a. C.) e termina con la caduta dell'Impero romano d'Occidente nel 476 dopo Cristo (d. C.). Dura circa 4000 anni.

2 .... : va dalla caduta dell'Impero romano d'Occidente, nel 476 d. C., fino alla scoperta dell'America nel 1492. Dura circa 11 secoli.

3 .... : va dalla scoperta dell'America fino al Congresso di Vienna, nel 1815. Dura poco più di 3 secoli.

4 .... : comincia con il Congresso di Vienna e arriva ai nostri giorni.

2 Osservate le immagini e leggete le seguenti didascalie. Poi indicate per ciascun evento l'epoca storica in cui è avvenuto, tenendo conto delle definizioni dell'attività 1.

La Rivoluzione astronomica
L'età moderna

La nascita della
Repubblica Italiana

Il mito della fondazione
di Roma

L'incoronazione di
Carlo Magno

3 Pensate a due avvenimenti del passato che ritenete molto importanti: quali sono? Perché secondo voi sono importanti?

NEL 1861 DIVENTA IL PRIMO PRESIDENTE DEL CONSIGLIO DEI MINISTRI

1 Molte piazze e strade italiane portano il nome di alcune personalità storiche che sono state importanti per l'unificazione dell'Italia. Individuate sulla cartina di Milano la via o la piazza dedicata ai personaggi ritratti nelle foto.

Giuseppe Mazzini

Giuseppe Garibaldi

Vittorio Emanuele II

Camillo Benso Conte di Cavour

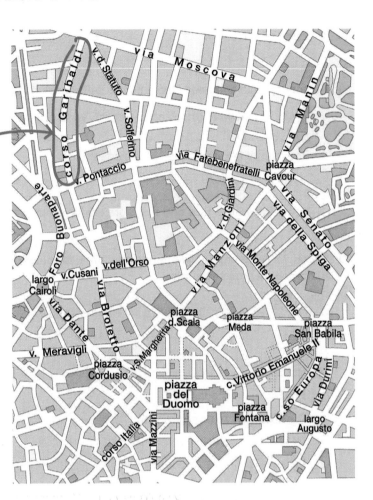

2 Scrivete i nomi dei quattro personaggi dell'attività 1 in corrispondenza dei testi che li riguardano.

> Giuseppe Mazzini   Giuseppe Garibaldi   Vittorio Emanuele II   Camillo Benso Conte di Cavour

1 Giuseppe Mazzini

Nasce a Genova nel 1805. È il teorico dell'Italia unita, indipendente e repubblicana. Nel 1822 si iscrive alla facoltà di Giurisprudenza e, tormentato dal pensiero di non poter fare nulla per aiutare la Patria, attraversa un periodo triste e difficile. Decide in quel momento di vestirsi sempre di nero, in segno di lutto per l'Italia oppressa. Per questa ragione verrà anche chiamato "l'uomo in nero". Muore a Pisa nel 1872.

2 ....

È il ministro del Regno di Sardegna negli anni più importanti del Risorgimento. Nel 1861, con la proclamazione del Regno d'Italia, diventa il primo Presidente del Consiglio dei Ministri, ma muore nello stesso anno. I suoi caratteristici occhiali rotondi continuano ad ispirare scrittori, registi e persino stilisti: Giorgio Armani gli dedica un'intera collezione di occhiali; nel 2009 Laura Mancinelli pubblica un giallo in cui si parla della sparizione di un paio di occhiali appartenuti al conte.

3 ....

Nasce a Nizza nel 1807. È chiamato l'eroe dei Due Mondi, perché ha combattuto per la libertà in America Latina e in Europa. Il suo simbolo distintivo è la camicia rossa, che indossano anche i suoi soldati, durante le loro imprese, tra cui la famosa Spedizione dei Mille. Ma perché proprio quel colore? Perché il rosso della stoffa nasconde le macchie del sangue.

4 ....

Nasce a Torino il 14 marzo 1820. È l'ultimo re di Sardegna, dal 1849 al 1861, e il primo Re d'Italia, dal 1861 al 1878. Molto amato dal popolo, muore nel 1878 ed è sepolto a Roma nel Pantheon. È spesso ricordato per i suoi "baffi a manubrio". Prima di incontrare la regina Vittoria, temendo che i suoi baffi troppo lunghi la possano spaventare, se li fa tagliare di 10 centimetri. Nel 1878 un famoso pasticciere piemontese inventa dei biscotti, i Krumiri, che si ispirano proprio alla forma dei suoi baffi e che si trovano tuttora in vendita.

3 Abbinate i nomi della colonna di sinistra alle descrizioni della colonna di destra.

1 Camillo Benso Conte di Cavour

2 Giuseppe Garibaldi

3 Giuseppe Mazzini

4 Vittorio Emanuele II

a ☐ Partecipa a diverse guerre per l'indipendenza nazionale.

b ☐ È il primo Re d'Italia.

c ☐ Nel 1861 diventa il primo Presidente del Consiglio dei Ministri.

d ☐ Sogna un'Italia unita, indipendente e repubblicana.

4 Rispondete alle domande e completate l'affermazione.

1 Con quale modo e tempo sono espressi i verbi che descrivono brevemente le vite dei personaggi storici?

....

2 Quanti anni fa sono vissuti i personaggi?

....

3 Il .... storico è un presente indicativo usato per raccontare fatti del passato e dare così maggiore efficacia alla narrazione.

5 In coppia. Sulla base delle informazioni date, formulate a turno delle frasi sui personaggi sottostanti, utilizzando il presente storico.

Nome:	Maria Adelaide d'Asburgo-Lorena
Nascita:	Milano, 1822
Morte:	Torino, 1855
Dinastia:	Asburgo-Lorena
1842:	matrimonio con Vittorio Emanuele II
Casa reale:	Savoia
Figli:	Maria Clotilde, Umberto I, Amedeo, Oddone Eugenio Maria, Maria Pia, Carlo Alberto, Vittorio Emanuele, Vittoria

Nome:	Anita Garibaldi
Nascita:	Morrinhos (Brasile), 1821
Morte:	Mandriole di Ravenna, 1849
1839:	incontro con Garibaldi
Figli:	Ciro, Rosita, Teresita, Ricciotti
1842:	matrimonio con Garibaldi
1848/49:	trasferimento in Europa e partecipazione alla lotta per l'Italia unita.

E ora svolgete l'attività 1 a p. 13 dell'eserciziario.

L'ITALIA CONQUISTÒ L'INDIPENDENZA E L'UNITÀ

1 Osservate le cartine dell'Italia dal 1815 al 1918 e abbinatele alle seguenti didascalie.

1 ☐ 1871. Il Regno d'Italia ora comprende anche Roma.

2 ☐ 1815. L'Italia è suddivisa in diversi stati, tra cui i più importanti sono il Regno di Sardegna, Il Regno Lombardo-Veneto, il Granducato di Toscana, lo Stato Pontificio e il Regno delle due Sicilie.

3 ☐ 1918. I confini di stato italiani sono quelli attuali.

4 ☐ 1861. Buona parte della nazione è unita nel Regno d'Italia. Mancano ancora il territorio dello Stato Pontificio e il nord-est che fa parte dell'Impero d'Austria.

2 Leggete il testo, sottolineate le frasi in cui si parla degli avvenimenti illustrati e rispondete alle domande.

IL RISORGIMENTO

È il periodo della storia italiana in cui l'Italia conquistò l'unità e l'indipendenza: l'unità, perché prima era divisa in tanti stati, l'indipendenza, perché alcuni di questi stati erano governati da potenze straniere.

Il nome "Risorgimento" è proprio legato a questa idea di far nascere l'Italia come Paese unito e indipendente, una seconda volta, dopo il periodo dell'antica Roma.

L'avvenimento da cui far partire idealmente il Risorgimento italiano è il Congresso di Vienna, che si svolse nella capitale austriaca tra l'ottobre 1814 e il giugno 1815.

Gli anni compresi tra il Congresso di Vienna e le Rivoluzioni del 1848 sono chiamati "Restaurazione", perché in questo periodo le monarchie e le aristocrazie europee cercarono di ristabilire la situazione precedente alla Rivoluzione francese.

Nel marzo del 1848 una rivoluzione popolare, "le cinque giornate di Milano", ebbe come conseguenza l'inizio della Prima guerra d'Indipendenza. La guerra non portò a risultati favorevoli alla causa italiana, ma alcuni anni dopo, il re di Sardegna, Vittorio Emanuele II, con l'aiuto dell'abile ministro Camillo Benso, Conte di Cavour, si alleò con la Francia e dichiarò nuovamente guerra all'Austria (la Seconda guerra d'Indipendenza).

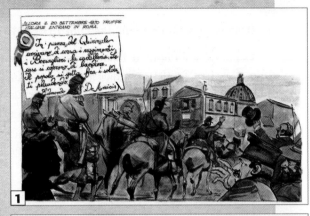

Grazie a questa guerra il regno di Sardegna ottenne la Lombardia.

Nell'aprile del 1860 in Sicilia scoppiò una rivolta contro i Borboni, la famiglia reale che regnava nel Sud. Giuseppe Garibaldi organizzò una spedizione di mille volontari, sbarcò nell'isola, la conquistò e proseguì verso nord. Il grande eroe italiano si era formato sugli ideali di Giuseppe Mazzini e voleva un'Italia unita, indipendente e repubblicana (quindi senza re!), tuttavia, quando alla fine della sua marcia di conquista del Sud incontrò Vittorio Emanuele II a Teano, presso Caserta, lo salutò con il titolo di «re d'Italia». La proclamazione ufficiale del Regno d'Italia avvenne nel marzo del 1861: Torino fu la prima capitale. Il Veneto fu conquistato nel 1866 dopo una Terza guerra di Indipendenza contro l'Austria. Il Lazio e Roma (ad esclusione della Città del Vaticano) furono conquistate nel 1870; il Friuli e il Trentino solo con la Prima guerra mondiale (1918).

adattato da www.larapedia.com

1 Che cosa significa la parola "Risorgimento"?

2 Qual era l'obiettivo delle monarchie nazionali europee nella prima metà dell'Ottocento?

3 A quali risultati portò la Prima guerra di Indipendenza? E la Seconda?

4 Chi era Camillo Benso Conte di Cavour?

5 Perché Garibaldi è considerato il più grande eroe nazionale italiano?

6 Chi fu il primo re d'Italia?

7 Quando avvenne la conquista di Roma?

8 Quali regioni furono conquistate nel 1918?

3 Nel testo sul Risorgimento italiano sono presenti alcuni verbi al passato remoto. Sottolineateli e riscriveteli qui sotto.

conquistò. ....

....

....

4 Completate la tabella con il passato remoto dei verbi regolari.

IL PASSATO REMOTO (VERBI REGOLARI)			
	salutare	potere	proseguire
io	*salutai*	potei (-etti)	proseguii
tu	salutasti	potesti	*proseguii*
lui/lei/Lei	*saluto*	potè (-ette)	*proseguì*
noi	salutammo	*potemmo*	*proseguimmo*
voi	salutaste	*poteste*	proseguiste
loro	salutarono	potérono (-ettero)	*proseguirono*

5 Completate la tabella con il passato remoto dei verbi *essere* e *avere*.

IL PASSATO REMOTO DI *ESSERE* E *AVERE*		
	essere	avere
io	fui	ebbi
tu	fosti	avesti
lui/lei/Lei	*fu*	*ebbe*
noi	fummo	avemmo
voi	foste	*aveste*
loro	*furono*	ebbero

6 Completate le frasi coniugando i verbi tra parentesi.

1 Giuseppe Garibaldi *amò* .... (amare) moltissimo la moglie Anita.

2 Nel 1848 ci *fu* .... (essere) una rivoluzione popolare.

3 Camillo Benso Conte di Cavour *cercò* .... (cercare) di costruire importanti alleanze.

4 Roma *entrò* .... (entrare) a far parte del Regno d'Italia nel 1870.

5 La Prima Guerra Mondiale *finì* .... (finire) nel 1918.

6 Vittorio Emanuele II *ebbe* .... (avere) molti figli.

7 Completate la tabella con il passato remoto di altri verbi irregolari.

IL PASSATO REMOTO DI ALTRI VERBI IRREGOLARI						
	io	tu	lui/lei/Lei	noi	voi	loro
dare	diedi/detti	desti	diede/dette	demmo	*deste*	diedero/dettero
volere	volli	*volesti*	volle	volemmo	voleste	*vollero*
sapere	seppi	sapesti	*seppe*	*sapemmo*	sapeste	seppero
vivere	vissi	vivesti	*visse*	*vivemmo*	*viveste*	vissero
scrivere	scrissi	scrivesti	scrisse	*scrivemmo*	*scriveste*	*scrissero*
prendere	presi	prendesti	*prese*	*prendemmo*	*prendeste*	*presero*
vincere	vinsi	vincesti	*vinse*	*vincemmo*	*vinceste*	*vinsero*
mettere	misi	mettesti	*mise*	*mettemmo*	*metteste*	*misero*
rimanere	rimasi	rimanesti	*rimase*	*rimanemmo*	*rimaneste*	*rimasero*
nascere	nacqui	nascesti	*nacque*	*nascemmo*	*nacque*	*nacquero*

8 Completate le frasi coniugando i verbi tra parentesi.

1 Mameli *scrisse* .... (scrivere) il testo dell'inno italiano.

2 Garibaldi *visse* .... (vivere) per un periodo nell'America del Sud.

3 Mazzini *diede* .... (dare) un grande contributo alla lotta per la liberazione dell'Italia.

4 Cavour *nacque* .... (nascere) nel 1810 e *morì* .... (morire) nel 1861.

5 Un cuoco napoletano *volle* .... (volere) dare a una pizza il nome di una regina.

E ora svolgete le attività 2-4 a pp. 13-14 dell'eserciziario.

9 Trasformate al passato remoto le brevi informazioni sui personaggi storici presentati nell'attività A2.

10 Riassumete il testo dell'attività 2 usando il passato remoto.

DOPO CHE L'IMPERATORE ENRICO V L'EBBE INCORONATA...

CD 08 MP3

1 Ascoltate e completate la tabella con le informazioni relative ad alcuni personaggi femminili. Poi scrivete il nome dei personaggi sotto la relativa immagine.

Nome	Matilde di Canossa	Maria Montessori	Nilde Jotti
Luogo e data di nascita e morte	Mantova 1046 - Bondeno di Roncore (RE) 1115	mile ottecento settenta	
Attività svolte		Medica Filosofa	
Caratteristiche personali e interessi		Lavoro con Bambini	
Avvenimenti particolari nella vita		Indipendenza la libera creativa	

2 Quale di queste donne vi affascina maggiormente? Perché?

3 Leggete le due frasi tratte dal testo dell'attività 1 e inserite sulla linea del tempo gli avvenimenti di seguito indicati.

1 Dopo che l'imperatore Enrico V l'**ebbe incoronata**, entrò in possesso di un territorio piuttosto vasto.

Prima	Dopo

L'imperatore Enrico V la incoronò.

2 Dopo che **fu entrata** in Parlamento, divenne Presidente della Camera.

Prima	Dopo

Entrò in Parlamento.

4 Completate le affermazioni seguenti e rispondete alla domanda.

Il trapassato remoto (*ebbe incoronata* e *fu entrata*) si usa per raccontare avvenimenti del passato che si sono verificati prima di altri avvenimenti espressi al passato ...remoto... .
Il trapassato remoto si forma con gli ausiliari .... o .... al .... + il ....
.... del verbo.

Conoscete un altro tempo passato che esprime avvenimenti precedenti ad altri avvenimenti del passato? Quale?

5 Osservate la successione degli eventi e completate le frasi.

	Prima	**Dopo**
1	L'esercito entrò a Roma.	La città fu liberata

Dopo che l'esercito ..._fu entrato_... a Roma, la città ..._fu liberata_... .

2 Il Re pronunciò un discorso.   La folla applaudì.

La folla .... , dopo che il Re .... un discorso.

3 Lo studioso terminò le ricerche.   Lo studioso scrisse un libro.

Dopo che .... le ricerche, lo studioso .... un libro.

4 Garibaldi tornò in Italia.   Garibaldi combattè per la Patria.

Dopo che .... in Italia, Garibaldi .... per la Patria.

> E ora svolgete le attività 1-2 a
> pp. 14-15 dell'eserciziario.

D MIO PADRE VOLLE ANDARE A STUDIARE LONTANO E NESSUNO HA CONTINUATO IL LAVORO DEL NONNO

1 Indicate a quale categoria appartengono i mestieri raffigurati nelle immagini e aggiungete un mestiere ad ogni categoria.

Materassaia

Cestaia

Programmatore

Falegname

Tipografo

Macchinista

Mestieri antichi ormai scomparsi:
..._La materassaia_... , ... , ...

Mestieri antichi ancora presenti:
.... , ... , ...

Mestieri che esistono da poco tempo:
.... , ... , ...

2 Osservate la presentazione del museo: che cosa è possibile vedere al suo interno? Avete mai visitato un museo di questo tipo? Vi piacerebbe farlo? Perché?

Museo arti e mestieri di un tempo

> Home   › Storia   › Articoli   › Virtual Tour
>
> › Agenda   › Collezioni   › Didattica   › Percorsi Tematici
>
> › Informazioni   › Progetti   › Link

Piano Nobile

Sarto
Tabaccaio
Tipografo
Oste
Torronaio
Panettiere

Secondo Piano

L'OROLOGIAIO
Mutuo soccorso
Casa borghese
Organaro
Pesi e misure
Arrotino
Calderaio
Materassaio
Lattoniere
Carradore
Bottaio
Tessitore
Falegname
Ciabattino

Iscriviti alla newsletter

Inserisci la tua mail

[Invia]

Riceverai tutte le news dal Museo per rimanere sempre aggiornato su eventi e manifestazioni

Torronaio

Nelle fiere di paese non poteva mancare il torronaio, che addolciva la festa con la leccornia fatta con albume d'uovo, nocciole, miele, zucchero, glucosio e vaniglia e all'interno della bottega sono presenti i vari macchinari utilizzati per la produzione di questo dolce tipico dell'astigiano e dell'albese. Sui banchi espositivi, però, veniva messo il torrone finto perché quello vero era riposto in contenitori isolanti che impedivano allo stesso di sciogliersi. L'antica bottega del "*toronè*" apparteneva al signor Giuseppe Bianchi di Mombercelli. La caldaia datata 1909 apparteneva all'antica fabbrica di torroni Barbero di Asti.

3 Osservate gli attrezzi e scrivete sotto ogni immagine il nome del mestiere corrispondente.

1 il sarto/il materassaio

2 ....

3 ....

4 ....

5 ....

4 Il torronaio era la persona che preparava il torrone. Che cosa facevano l'oste, il tipografo, l'arrotino, il materassaio, il ciabattino e il sellaio? Cercate informazioni e rispondete alla domanda.

Casa borghese

In questo spazio sono esposti oggetti utilizzati dalla media borghesia. Vi possiamo trovare: scaldavivande da viaggio, vasche da bagno, una carrozzina, una "lisciveuse" (macchina da lavare i panni), una "centrifuga"... oggetti che i contadini vedevano solo nelle case di ricchi. La presenza di graticci per l'essiccazione della frutta, dimostra la presenza, nelle famiglie agiate, di abitudini simili a quelle contadine, che però venivano supportate da attrezzature più sofisticate (i contadini essiccavano la frutta su canovacci esposti al sole.) Gli oggetti presenti nella stanza provengono da Vezza d'Alba e appartenevano al dott. Ercole Ferrio.

CD 09 MP3 **5** **Ascoltate e completate le frasi.**

1 Teresa è la .... di Lucia.

2 Lucia è la .... di Andrea e Marta.

3 Teresa è la .... di Andrea e Marta.

4 Teresa è la .... di Luigi.

5 Enrico è il .... di Luigi.

6 Enrico è il .... di Andrea e Marta.

CD 09 MP3 **6** **Ascoltate di nuovo e rispondete alle domande**

1 Dove sono Lucia e i bambini? ....

2 Chi era Teresa e che cosa faceva? ....

3 Che cosa fece una volta Lucia con sua nonna? ....

4 Chi e come aiutò Lucia e Teresa nel difficile trasporto? ....

5 Che lavoro faceva il bisnonno? ....

6 Che cosa ha fatto il bisnonno della sua attività e perché? ....

7 Che cosa decidono di vedere Lucia e i bambini? ....

CD 09 MP3 **7** **Ascoltate ancora una volta la conversazione e completate le seguenti frasi.**

1 ...*Che ne dite*... di andare a vedere l'angolo del materassaio?

2 Sì, sì, ... !

3 Ma il materassaio .... faceva i materassi?

4 La .... del nonno?

5 Sì, ... lei .

6 Ma il nonno .... faceva?

7 Davvero? .... !

8 E .... una tipografia?

9 Sai, la maestra a scuola .... la nostra regione è importante per la stampa di libri.

10 Per me ....

8 **Collegate le frasi dell'attività precedente alla funzione che esprimono. Ad una funzione possono corrispondere più frasi.**

a	proporre di fare qualcosa	• *frase 1* ....
b	accettare una proposta	• ....
c	informarsi sulle persone	• ....
d	chiedere maggiori informazioni	• ....
e	riferire un'informazione	• ....
f	esprimere approvazione/consenso	• ....
g	confermare	• ....

 9 **In coppia. A turno raccontate al vostro compagno dei vostri nonni e di persone che hanno fatto parte del passato della vostra famiglia: chi erano? Come si chiamavano? Che lavoro facevano? Dove abitavano?**

10 Completate la tabella e leggete le informazioni sottostanti.

> ~~Fu un lavoro molto impegnativo.~~ Mi ricordo bene quando l'ha venduta.
> Eravamo proprio orgogliose di noi stesse.

ALCUNI USI DI PASSATO REMOTO, PASSATO PROSSIMO E IMPERFETTO	
Il passato remoto descrive un fatto compiuto che non ha più rapporti con il presente e che il parlante sente come molto distante.	Aiutai la nonna a cucire un materasso. Fu un lavoro molto impegnativo.
L'imperfetto indica un'azione nel suo svolgimento, uno stato, un'abitudine al passato.	Aiutavo la nonna a cucire un materasso.
Il passato prossimo esprime un'azione compiuta ma anche attuale.	Ho aiutato la nonna a cucire un materasso.

Il passato remoto si usa soprattutto in letteratura e nelle narrazioni storiche.

Nella lingua contemporanea parlata il passato prossimo sostituisce spesso il passato remoto.

Nell'Italia del Sud e in Toscana si usa il passato remoto anche per raccontare fatti avvenuti in un tempo più recente.

11 Leggete la mail di Lucia e coniugate i verbi tra parentesi al tempo opportuno scegliendo tra passato prossimo, passato remoto e imperfetto.

Ciao Cecilia, come stai?

ieri (*io/passare*) ...sono passata... in ufficio da te ma (*tu/essere*) .... in riunione con il direttore. L'esposizione di strumenti da lavoro del passato mi (*piacere*) .... davvero e anche i bambini (*essere*) ...erano... molto contenti. (*noi/visitare*) .... l'angolo del materassaio, dell'orologiaio e (*noi/partecipare*) .... al laboratorio di fabbricazione delle candele. A me piacciono molto gli antichi mestieri, perché mi ricordano l'infanzia e le estati che da bambina (*io/trascorrere*) .... con i miei nonni. Quando (*io/essere*) .... piccola (*io/volere*) .... stare sempre con loro. (*loro/avere*) .... una casa con un grandissimo giardino e io (*potere*) .... correre e giocare in libertà. Un giorno mio nonno mi (*comprare*) ...comprò... una bicicletta rossa fiammante e mi (*chiedere*) .... di accompagnarlo al lavoro. Io (*accettare*) .... la proposta con grande entusiasmo: non ero mai stata nella sua tipografia. (*essere*) .... una mattina speciale: (*io/rimanere*) .... per ore a guardare le macchine che stampavano libri e (*fare*) .... un gran rumore. Mi piaceva l'odore della carta, il profumo dei libri nuovi! Quando imparai a leggere, il nonno (*stampare*) .... un libro solo per me e me lo (*regalare*) .... Ce l'ho ancora ed è ancora il mio libro preferito. Ieri mentre (*io/visitare*) .... la mostra (*io/ripensare*) .... a tutte queste belle cose del passato e mi è venuta un po' di nostalgia... Scusa se mi sono lasciata andare ai miei ricordi! Comunque ti ringrazio per avermi invitato al museo. (*noi/trascorrere*) .... davvero una bella giornata.

Un caro saluto e a presto,
Lucia

> E ora svolgete le attività 1-4 a pp. 17-18 dell'eserciziario.

12 In coppia. Pensate a dei fatti del passato lontano che ricordate con piacere. A turno raccontateli al vostro compagno.

> Una volta andai...

> Fu un giorno molto bello perché...

> Mi ricordo che era...

Progettiamolo INSIEME

Il nostro libro di storia

1 Dividetevi in quattro gruppi e scegliete uno dei quattro periodi storici riportati nella prima pagina di questa unità. Cercate informazioni sulla situazione dell'Italia nel periodo indicato e scrivete una relazione a tal proposito, aggiungendo immagini, informazioni o brevi biografie dei personaggi più importanti, brevi racconti di eventi particolari che si sono verificati nel periodo scelto.

2 Presentate la relazione ai vostri compagni e, al termine, costruite il libro di storia della vostra classe.

PRONUNCIA E GRAFIA

 1 Ascoltate e indicate dove cade l'accento, come nell'esempio.

	andare	ricevere	dormire
io	and<u>ai</u>	ricevei/ricevetti	dormii
tu	andasti	ricevesti	dormisti
lui/lei/Lei	andò	ricevé/ricevette	dormì
noi	andammo	ricevemmo	dormimmo
voi	andaste	riceveste	dormiste
loro	andarono	riceverono/ricevettero	dormirono

 2 Ascoltate e ripetete.

 3 Le seguenti parole sono spesso pronunciate con un accento scorretto. Ascoltatele, ripetetele e indicate la pronuncia corretta.

1	ed<u>ì</u>le ✔	<u>e</u>dile
2	cosmop<u>o</u>lita	cosmopol<u>i</u>ta
3	Fri<u>u</u>li	Fri<u>u</u>li
4	lecc<u>o</u>rnia	lecc<u>o</u>rnia
5	persua<u>de</u>re	per<u>su</u>adere
6	r<u>u</u>brica	rub<u>ri</u>ca
7	s<u>a</u>lubre	sal<u>u</u>bre

 4 Leggete a voce alta il racconto, poi ascoltate la lettura e leggetelo più volte fino ad avvicinarvi a quanto ascoltato.

Il mio bisnonno nacque in Friuli nel 1901. Fin da giovanissimo dimostrò un grande interesse per l'architettura e la costruzione di case. A trent'anni era già un ingegnere edile di grande successo e viaggiava in tutta Europa partecipando a progetti molto importanti. Gli piaceva in particolare andare a Londra, perché diceva sempre che era una vera città cosmopolita in cui poteva parlare con gente di tutto il mondo. Sapeva quattro lingue ed era in grado di persuadere chiunque della validità dei suoi progetti. Era anche un buongustaio e adorava assaggiare ogni tipo di leccornia. Nonostante ciò non era grasso perché gli piaceva vivere bene, in un clima salubre e praticando molto sport. Un giorno voleva telefonare a un amico che abitava a 30 chilometri da casa sua e quando si accorse di aver perso la rubrica telefonica decise di andarlo a trovare.... Ci andò a piedi! L'amico lo ricevette in grande stile e naturalmente lo invitò a dormire a casa sua, perché altri trenta chilometri nello stesso giorno sarebbero stati davvero troppi!

LA GRAMMATICA IN TABELLE

IL PASSATO REMOTO (VERBI REGOLARI)

	salutare	potere	proseguire
io	salut**ai**	pot**ei** (-**etti**)	prosegu**ii**
tu	salut**asti**	pot**esti**	prosegu**isti**
lui/lei/Lei	salut**ò**	pot**è** (-**ette**)	prosegu**ì**
noi	salut**ammo**	pot**emmo**	prosegu**immo**
voi	salut**aste**	pot**este**	prosegu**iste**
loro	salut**arono**	pot**erono** (-**ettero**)	prosegu**irono**

IL PASSATO REMOTO DI *ESSERE* E *AVERE*

	essere	avere
io	fui	ebbi
tu	fosti	avesti
lui/lei/Lei	fu	ebbe
noi	fummo	avemmo
voi	foste	aveste
loro	furono	ebbero

IL PRESENTE STORICO

Giuseppe Mazzini **nasce** a Genova nel 1805.

IL PASSATO REMOTO DI ALTRI VERBI IRREGOLARI

	io	tu	lui/lei/Lei	noi	voi	loro
dare	diedi/detti	desti	diede/dette	demmo	deste	diedero/dettero
volere	volli	volesti	volle	volemmo	voleste	vollero
sapere	seppi	sapesti	seppe	sapemmo	sapeste	seppero
vivere	vissi	vivesti	visse	vivemmo	viveste	vissero
scrivere	scrissi	scrivesti	scrisse	scrivemmo	scriveste	scrissero
prendere	presi	prendesti	prese	prendemmo	prendeste	presero
vincere	vinsi	vincesti	vinse	vincemmo	vinceste	vinsero
mettere	misi	mettesti	mise	mettemmo	metteste	misero
rimanere	rimasi	rimanesti	rimase	rimanemmo	rimaneste	rimasero
nascere	nacqui	nascesti	nacque	nascemmo	nasceste	nacquero

IL TRAPASSATO REMOTO

Dopo che l'imperatore Enrico V l'**ebbe incoronata**, entrò in possesso di un territorio piuttosto vasto.

Dopo che **fu entrata** in Parlamento, divenne Presidente della Camera.

ALCUNI USI DI PASSATO REMOTO, PASSATO PROSSIMO E IMPERFETTO

Il **passato remoto** descrive un fatto compiuto che non ha più rapporti con il presente e che il parlante sente come molto distante.	Aiutai la nonna a cucire un materasso. Fu un lavoro molto impegnativo.
L'**imperfetto** indica un'azione nel suo svolgimento, uno stato, un'abitudine al passato.	Aiutavo la nonna a cucire un materasso. Eravamo proprio orgogliose di noi stesse.
Il **passato prossimo** esprime un'azione compiuta ma anche attuale.	Ho aiutato la nonna a cucire un materasso. Mi ricordo bene quando l'ha venduta.

Il passato remoto si usa soprattutto in letteratura e nelle narrazioni storiche.

Nella lingua contemporanea parlata il passato prossimo sostituisce spesso il passato remoto.

Nell'Italia del Sud e in Toscana si usa il passato remoto anche per raccontare fatti avvenuti in un tempo più recente.

LE FUNZIONI COMUNICATIVE

- **Riportare l'inizio, la fine e la durata di un periodo storico**
  Il Medioevo comincia con la caduta dell'Impero romano d'Occidente nel 476 d. C. e termina con la scoperta dell'America nel 1492. Dura circa 11 secoli.

- **Raccontare la vita di personaggi famosi**
  Nasce a Genova nel 1805. È il teorico dell'Italia unita, indipendente e repubblicana…
  Matilde fu una donna forte e coraggiosa, il regno della quale arrivò ad estendersi su quasi un terzo dell'Italia.

- **Raccontare eventi storici**
  La proclamazione ufficiale del Regno d'Italia avvenne nel marzo del 1861.

- **Raccontare eventi storici in successione**
  Dopo che l'imperatore Enrico V l'ebbe incoronata, entrò in possesso di un territorio piuttosto vasto.

- **Introdurre un argomento**
  Vorrei cominciare con Matilde di Canossa,…

- **Proseguire l'illustrazione di un argomento**
  Continuiamo poi con Maria Montessori…

- **Terminare l'illustrazione di un argomento**
  Concludiamo quindi con Nilde Jotti, la prima donna italiana a ricoprire la carica di Presidente della Camera dei Deputati…

- **Proporre di fare qualcosa**
  Che ne dite di andare a vedere l'angolo del materassaio? Vi va di vederli?

- **Accettare una proposta**
  Sì, sì, che bello! Per me va bene…

- **Informarsi sulle persone**
  Il materassaio è quello che faceva i materassi? La mamma del nonno? Ma il nonno che lavoro faceva?

- **Chiedere maggiori informazioni**
  E perché scelse proprio una tipografia?

- **Riferire un'informazione**
  Sai, la maestra a scuola ha detto che la nostra regione è importante per la stampa di libri.

- **Esprimere approvazione**
  Davvero? Grande!

- **Confermare**
  Sì, proprio lei.

IL LESSICO

- **Il tempo nella storia**
  L'Antichità, l'Età contemporanea, l'Età moderna, Il Medioevo, avanti Cristo (a. C.), dopo Cristo (d. C.), nel 476, il secolo, l'epoca, il ventennio, l'Ottocento, la storia, l'evento, dopo, allora, sempre, presto, poi, ora, adesso, oggi, ieri, domani, ancora, tardi, mai, prima di, ancora oggi, un giorno, una volta ecc.

- **Alcuni fatti della storia**
  La scoperta dell'America, la Fondazione di Roma, la Rivoluzione astronomica, l'incoronazione di Carlo Magno, la nascita della Repubblica Italiana, la proclamazione del Regno d'Italia, il Risorgimento, la Restaurazione

- **Alcuni ideali**
  L'indipendenza, l'unità, l'unificazione nazionale, la libertà, la democrazia

- **Alcuni ruoli**
  Il politico, il diplomatico, il re, il Presidente del Consiglio dei Ministri, il personaggio, l'eroe, il Papa, la contessa, la pedagoga, il medico, la scienziata, la filosofa, la politica, i sudditi, l'imperatore, il Presidente della Camera dei Deputati

- **La storia della famiglia**
  Il nonno, la nonna, il bisnonno, la bisnonna

- **Alcune parole del combattere**
  La guerra, la spedizione, la riscossa nazionale, il movimento, la sconfitta, la vittoria, l'armistizio, la marcia, l'annessione, la conquista, la battaglia

- **Il luogo**
  L'Italia, Torino, Firenze, Roma, la capitale, la Sicilia, Vienna, il Piemonte, il Veneto, il Lazio, il Friuli, il Trentino, Mantova, Reggio Emilia, Canossa, Chiaravalle, di là, vicino, lassù, lontano, qui, di sotto, di là, a sinistra

- **Alcuni personaggi storici**
  Giuseppe Mazzini, Camillo Benso conte di Cavour, Giuseppe Garibaldi, Vittorio Emanuele II, Matilde di Canossa, Maria Montessori, Nilde Jotti, Anita Garibaldi, Maria Adelaide d'Asburgo-Lorena

- **Alcune azioni nella vita**
  Nascere, morire, impegnarsi, combattere, partecipare, risorgere, conquistare, concedere, dichiarare, allestire, sbarcare, lottare, scontrarsi, diventare, rinunciare, dedicarsi, laurearsi, attendere

- **Alcuni mestieri tradizionali**
  Il materassaio, il tipografo, l'orologiaio, il ciabattino, il sellaio, l'arrotino, il torronaio, l'oste

Civiltà e cultura dal vivo

Leggere

1 **Abbinate le parole ai disegni.**

1 [A] elmo
2 [ ] chioma
3 [ ] schiava
4 [ ] destarsi
5 [ ] Iddio (Dio)
6 [ ] Vittoria

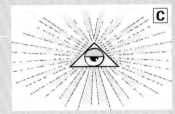

2 **Leggete la seguente frase. La conoscete? A chi è rivolta e per quale motivo?**

Fratelli d'Italia, l'Italia s'è desta.

3 **Leggete il testo e abbinate le coppie di versi alle immagini.**

1 [ ] Fratelli d'Italia,
  l'Italia s'è desta

2 [ ] dell'elmo di Scipio
  s'è cinta la testa.

3 [ ] Dov'è la Vittoria?
  Le porga la chioma,

4 [ ] che schiava di Roma
  Iddio la creò.

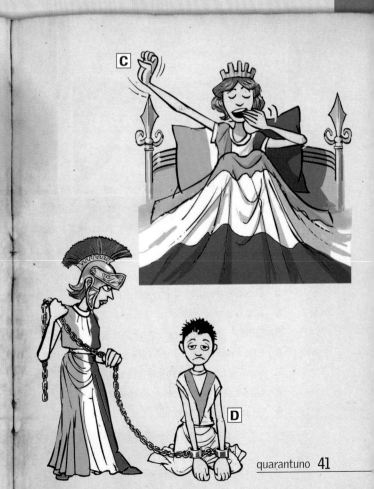

4 Rimettete in ordine la parafrasi del testo e dite qual è, secondo voi, il significato della prima parte dell'inno nazionale italiano.

1	O fratelli d'Italia,	☐	Dov'è la dea della vittoria?
☐	La Vittoria deve porgere il capo all'Italia	☐	e si è messa sulla testa
☑	l'elmo di Scipione l'Africano.	☐	l'ha creata schiava di Roma
☐	l'Italia si è svegliata	☐	perché Dio

5 E nel vostro Paese? Scrivete la parte più conosciuta del vostro inno nazionale e spiegatela ai vostri compagni.

....
....
....
....

Scrivere

6 Pensate a un eroe nazionale del vostro paese e scrivete la sua biografia.

.... nacque a .... nel ....
....
....
....

Ascoltare

Bandiera italiana risorgimentale

7 Osservate le immagini e spiegate il loro significato rispetto all'Unità d'Italia.

Roma

Camillo Benso Conte di Cavour

Torino

UNIONE FORZA E LIBERTA !!

CD 14 MP3

8 Ascoltate la prima parte della trasmissione e rispondete alle domande.

1 Di dove sono i deputati e i senatori del nuovo Regno d'Italia? ....

2 Quando si incontrano? ....

3 Dove e perché si incontrano? ....

4 Chi è il nuovo re? ....

5 Qual è la contraddizione del suo nome? ....

6 Che cosa aveva detto Metternich durante il Congresso di Vienna nel 1815? ....

7 Qual è la realtà 46 anni dopo la sua affermazione? ....

8 Chi elabora la strategia dell'Italia unita? ....

9 Qual è il suo sogno? ....

15 MP3

9 Ascoltate e scrivete le domande che formula lo speaker.

....

....

....

....

....

....

16 MP3

10 Ascoltate e annotate il ruolo che hanno avuto nel processo di formazione dell'Italia unita i personaggi elencati.

1 .... 4 ....

2 .... 5 ....

3 .... 6 ....

11 In coppia. Riassumete il testo che avete ascoltato.

Parlare

12 Raccogliete informazioni sui processi che hanno portato alla formazione del vostro Stato.

- In quale periodo storico si è unificato il vostro Paese?
- Quanto è durato il processo?

- Chi ha partecipato?
- Quali sono state le tappe fondamentali dell'unificazione?

13 Prendete appunti su quanto richiesto dall'attività precedente e preparatevi a esporre il risultato del vostro lavoro in classe. Quando sarete pronti riferite ai vostri compagni.

....

....

....

....

L'Italia in video ▶

14 Collegatevi al sito www.loescher.it/studiareitaliano/. Guardate il video e svolgete le attività proposte.

Torino fu la prima capitale dell'Italia

3

Il Parlamento è eletto da tutti i cittadini

In questa unità imparate a:

A parlare della struttura di uno Stato
B conoscere le origini della Repubblica Italiana
C conversare di politica e burocrazia

1 Osservate le immagini e completate le descrizioni.

…è la sede del Governo
…è la legge fondamentale dello Stato italiano
…è la sede della Camera dei Deputati   …è la bandiera italiana
…è la residenza del Presidente della Repubblica

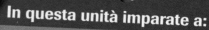

1 Montecitorio ....
....

2 Il tricolore ....
....

3 Palazzo Chigi _è la sede del Governo_

4 La Costituzione ....

5 Il Quirinale ....

2 Siete mai stati a Roma? Avete visto alcuni di questi palazzi? E nel vostro Paese? Quali sono i palazzi del potere più importanti?

A I MINISTRI VENGONO NOMINATI DAL PRESIDENTE DELLA REPUBBLICA

1 Leggete i nomi degli organi principali dello Stato italiano: secondo voi qual è il loro compito? Formulate delle ipotesi, poi leggete il testo e associate ogni paragrafo al rispettivo organo. Le vostre ipotesi sono confermate?

> Il Presidente della Repubblica   La Magistratura   Il Parlamento   Il Governo

1 *Il Presidente della Repubblica*

È l'organo di garanzia costituzionale, rappresenta l'unità della Nazione ed esercita le funzioni che gli sono attribuite dalla Costituzione.
È eletto da un collegio elettorale formato dai componenti delle due Camere del Parlamento con delegati delle Regioni. La sua carica dura sette anni.

2 *Parlamento*

È l'organo legislativo (che fa le leggi) ed elegge il Presidente della Repubblica. È eletto da tutti i cittadini maggiorenni (suffragio universale diretto). Le sue leggi e i suoi decreti sono pubblicati sulla Gazzetta Ufficiale.

3 *Il governo*

È l'organo esecutivo (che fa applicare le leggi), determina l'indirizzo politico del Paese e ne regola la vita amministrativa. È composto dal Presidente del Consiglio e dal Consiglio dei Ministri ed è sostenuto dalla maggioranza parlamentare, cioè dalla coalizione di partiti che ha il maggior numero di rappresentanti in Parlamento. Il Presidente del Consiglio dei Ministri viene nominato dal Presidente della Repubblica. I ministri, scelti dal Presidente del Consiglio, vengono nominati dal Presidente della Repubblica.

4 *La Magistr*

È l'organo che esercita il terzo potere fondamentale dello Stato, quello giudiziario (che giudica in base alle leggi). Amministra la giustizia in nome del popolo, in autonomia e indipendenza da ogni altro potere. Questa autonomia è garantita dal Consiglio Superiore della Magistratura, organo presieduto dal Presidente della Repubblica.

adattato da www.intrage.it

2 Indicate se le seguenti affermazioni relative al testo dell'attività precedente sono vere o false.

		V	F
1	Il Presidente della Repubblica esercita il potere esecutivo.		✔
2	Il Parlamento esercita il potere legislativo.	✔	
3	Tutti gli italiani che hanno più di 18 anni hanno il diritto di eleggere i parlamentari.	✔	
4	Il Governo ha il compito di fare le leggi.	✔	
5	Il Presidente della Repubblica nomina il Presidente del Consiglio e i ministri.	✔	
6	La Magistratura ha il compito di far rispettare le leggi.	✔	✔
7	La Magistratura dipende dal governo.	✔	

3 Abbinate le definizioni a sinistra con i termini a destra.

1 ☐ Il potere di fare le leggi
2 ☐ Il potere di mettere in pratica le leggi
3 ☐ L'organo che giudica in base alla legge f
4 ☐ Il voto diretto di tutti i cittadini maggiorenni
5 ☐ Rappresenta l'unità della Nazione
6 ☐ È nominato dal Presidente della Repubblica
7 ☐ Terzo potere dello stato   d
8 ☐ Gruppo di persone che vota per eleggere qualcuno

a. Il Presidente della Repubblica
b. Il suffragio universale
c. Il potere legislativo
d. Il potere giudiziario
e. Il Presidente del Consiglio
f. La Magistratura
g. Il potere esecutivo
h. Il collegio elettorale

4 Completate la tabella riportando le frasi del testo dell'attività 1 che corrispondono a quelle della colonna di sinistra.

FORMA ATTIVA	FORMA PASSIVA
1. Un collegio elettorale elegge il Presidente della Repubblica.	Il Presidente della Repubblica è eletto da un collegio elettorale.
2. Tutti i cittadini maggiorenni eleggono il Parlamento.	Il Parlamento è eletto da tutti i cittadini maggiorenni.
3. La Gazzetta Ufficiale pubblica le sue leggi e i suoi decreti.	*le sue leggi e i suoi sono pubblicata pubblicata*
4. Il Presidente del Consiglio e il Consiglio dei Ministri compongono il Governo.	....
5. Il Presidente della Repubblica nomina il Presidente del Consiglio dei Ministri.	....
6. Il Presidente della Repubblica nomina i ministri.	....
7. Il Consiglio Superiore della Magistratura garantisce autonomia nell'amministrazione della giustizia.	....

5 Completate la tabella e rispondete alle domande.

LA FORMA PASSIVA CON *ESSERE*			
	soggetto	verbo	complemento
Forma attiva	Un collegio elettorale	elegge	il Presidente della Repubblica.
Forma passiva	Il Presidente della Repubblica	è eletto	da un collegio elettorale.
Forma attiva	La Gazzetta Ufficiale	pubblica	le leggi e i decreti del Parlamento.
Forma passiva	....	....	....
Forma attiva	Un collegio elettorale	ha eletto	il Presidente della Repubblica.
Forma passiva	Il Presidente della Repubblica	è stato eletto	....

1 Che cosa diventa il soggetto della frase alla forma attiva nel passaggio alla forma passiva? ....

2 Che cosa diventa il complemento della frase alla forma attiva nel passaggio alla forma passiva? ....

3 Da quale preposizione è introdotto il complemento nella frase alla forma passiva? ....

6 Trasformate le seguenti frasi dalla forma attiva alla forma passiva.

1 Il Presidente della Repubblica firma la legge.
   La legge è firmata dal Presidente della Repubblica.

2 La Gazzetta Ufficiale pubblica il decreto.
   Il decreto ....

3 I cittadini eleggono i deputati.
   I deputati ....

4 Il Parlamento ha fatto una proposta di legge.
   La proposta di legge *è stata firmata* ....

5 Gli studenti hanno firmato la richiesta al Ministro.
   La richiesta al Ministro *sono stata è stata convocata* ....

6 Il Presidente del Consiglio ha convocato i Ministri.
   I Ministri ....

7 Il popolo contesta la decisione del Governo.
   La decisione del Governo ....

7 Osservate la tabella e completate l'affermazione sottostante.

	LA FORMA PASSIVA CON *VENIRE*		
Forma attiva	Il Presidente della Repubblica	nomina	il Presidente del Consiglio dei Ministri.
Forma passiva	Il Presidente del Consiglio dei Ministri	viene nominato	dal Presidente della Repubblica.

È possibile costruire la forma passiva anche con il verbo .... soltanto se il verbo della frase alla forma attiva è un verbo semplice e non composto da un ausiliare e un participio passato.

8 Trasformate le seguenti frasi dalla forma attiva a quella passiva, come nell'esempio.

1 I cittadini eleggono deputati e senatori.
   Deputati e senatori vengono eletti dai cittadini. ....

2 Deputati e senatori eleggono il Presidente della Repubblica.
   ....

3 Il Presidente della Repubblica sceglie il Presidente del Consiglio.
   ....

4 I deputati e i senatori sostengono il Governo.
   .... vengono ....

5 Il telegiornale trasmette le immagini del Quirinale.
   .... trasmessi ....

6 La Magistratura amministra la giustizia.
   ....

> E ora svolgete le attività 1-4 a pp. 21-22 dell'eserciziario.

9 Descrivete sinteticamente la struttura amministrativa del vostro Paese e poi parlatene con i vostri compagni.

Il capo dello Stato ....

Il potere legislativo ....

Il potere giudiziario ....

Il potere esecutivo ....

B IL 2 GIUGNO 1946 SI CHIAMANO GLI ITALIANI ALLE URNE

1 Osservate le immagini: secondo voi a che cosa si riferiscono?

Festa Nazionale della Repubblica

2 Leggete il testo e mettete in ordine i seguenti fatti.

Al termine della Seconda guerra mondiale si discute sulla forma dello Stato: meglio continuare a essere una Monarchia oppure diventare una Repubblica?

Il 2 giugno 1946 si chiamano gli italiani alle urne. Per la prima volta, nella storia italiana, si vota a suffragio universale maschile e femminile.

Anche se con una differenza piuttosto ridotta di voti, la maggioranza degli italiani si esprime in favore della Repubblica. Il re Umberto II di Savoia è costretto ad andare in esilio in Portogallo. Pochi giorni dopo si elegge Enrico De Nicola Presidente della Repubblica.

Il 22 dicembre 1947 si approva il testo della Costituzione Italiana, che entrerà in vigore il 1° gennaio 1948.

adattato da www.intrage.it

[1] Il popolo italiano è indeciso sulla forma di governo del proprio Stato.

[ ] Più della metà delle persone che votano preferiscono la Repubblica.

[ ] Viene approvato il testo della Costituzione.

[ ] Tutti i cittadini italiani vanno a votare per scegliere tra Repubblica e Monarchia.

[ ] Viene scelto il nuovo Presidente della Repubblica.

[ ] Il re deve lasciare l'Italia.

3 In coppia. Pensate a un titolo da dare al breve testo dell'attività 2 e scrivetelo alla lavagna. Al termine scegliete insieme il titolo più efficace.

4 Cercate nel testo dell'attività 2 le frasi corrispondenti a quelle della colonna di destra e inseritele nella colonna centrale della tabella.

IL *SI* IMPERSONALE E IL *SI* PASSIVANTE		
Il *si* impersonale	....	Gli italiani votano a suffragio universale.
Il *si* passivante	....	Gli italiani sono chiamati alle urne.

5 Completate le affermazioni e inserite gli esempi.

- Nelle frasi in cui il verbo è seguito da un oggetto diretto il ...si... è definito passivante perché la frase può essere trasformata alla forma passiva come ad esempio in ....
- Se l'oggetto della frase è al plurale il verbo è alla .... persona plurale come ad esempio in ....

6 Formate delle frasi con i seguenti elementi.

votare	il Parlamento
eleggere	pochi libri
dormire	spesso
cantare	bene
In Italia — spendere	volentieri
leggere	→ il latino
stare	molti soldi
parlare	a voce molto alta
→ studiare	poco

In Italia si studia il latino.

E ora svolgete le attività 1-4 a pp. 23-24 dell'eserciziario.

7 In gruppo. Le seguenti immagini illustrano fatti e persone che hanno fatto la storia della Repubblica italiana dal 1946 ad oggi. Scegliete un'immagine, cercate informazioni sull'argomento e scrivete un breve articolo. Presentatelo poi ai vostri compagni.

▲ Giovanni Falcone e Paolo Borsellino

▲ L'alluvione di Firenze

Il referendum sul divorzio ▶

▲ Giorgio Napolitano

◀ I Mondiali di calcio del 2006

C NON HO PIÙ MOLTA FIDUCIA NELLA POLITICA

1 **Osservate il disegno e descrivetelo rispondendo alle domande.**

1 Dove sono i due uomini?

2 Che cosa fanno?

3 Che cosa hanno in mano?

4 Secondo voi quale potrebbe essere l'argomento della loro conversazione?

5 Qual è il loro stato d'animo?

 2 **Ascoltate il dialogo: le vostre ipotesi dell'attività precedente sono confermate?**

 3 **Ascoltate ancora il dialogo e rispondete alle domande.**

1 In quale ufficio devono andare Matteo ed Enrico?
   All'ufficio elettorale.

2 Perché Enrico si trova lì?

3 Che cosa deve fare Matteo per suo figlio e perché?

4 Quali sono i sentimenti e le opinioni di Enrico nei confronti della politica?

5 Quali sono i problemi della società secondo Enrico?

6 Secondo Matteo come dobbiamo affrontare i problemi della società?

7 Quale altro argomento propone Matteo a Enrico?

8 Secondo voi a Enrico piace la nuova stazione? Motivate la vostra risposta.

4 **Ascoltate ancora il dialogo e completate le seguenti frasi.**

1 Eh, ... sì.

2 Sì, boh, ... Non la ritrovo.

3 Ma non .... nella politica.

4 La Destra, la Sinistra, il sindaco, le amministrazioni a me
   ....

5 Un tale atteggiamento da parte tua
   ....

6 Siamo .... se le cose non funzionano.

7 No, su questo non sono d'accordo. Non è .... l'economia non va.

8 Io sono fiducioso .... ancora.

9 Beato .... Io per niente.

10 In questo momento .... per come vanno le cose.

11 Su, ... con queste discussioni e ....

12 .... che è meglio.

5 Indicate quali frasi dell'attività precedente svolgono le funzioni elencate. Ad una funzione possono corrispondere più frasi.

a	Esprimere rammarico	● _frase 1_	**g**	Esprimere invidia per lo stato d'animo di un'altra persona	● ....
b	Esprimere incertezza	●	**h**	Accusarsi	● ....
c	Esprimere sfiducia	●	**i**	Respingere un'accusa	● ....
d	Esprimere fiducia	●	**l**	Esprimere delusione	● ....
e	Esprimere indifferenza	●	**m**	Proporre un nuovo tema	● ....
f	Esprimere stupore	●	**n**	Respingere un tema	● ....

6 **In coppia. Cosa pensate dell'attività dei politici e dei cittadini rispetto ai problemi della società? Prendete spunto dalle affermazioni di Enrico e Matteo e illustrate il vostro punto di vista.**

- In un certo modo le nostre scelte politiche influenzano la nostra vita.
- Ai politici non importa niente dei problemi veri.
- Non è corretto criticare solamente. Tutti abbiamo il dovere di collaborare.
- Siamo tutti responsabili se le cose non funzionano come dovrebbero.
- Non è colpa mia se l'economia non va.

7 **Gli aggettivi indefiniti si riferiscono al nome ed esprimono un'idea non precisa di quantità o qualità. Sottolineate gli aggettivi di questo tipo presenti nelle frasi della tabella.**

ALCUNI AGGETTIVI INDEFINITI
Ho ancora <u>troppe</u> persone davanti a me.
Magari l'ho messa in qualche cassetto e non me lo ricordo.
Mi toccano parecchie cose che nessuno vuol fare.
Non ho più molta fiducia nella politica.
In un certo modo le nostre scelte politiche influenzano la nostra vita.
La nostra amministrazione comunale ha fatto varie cose negli ultimi anni.
Qualsiasi cosa, ma non la stazione.

8 **Completate le seguenti frasi con gli aggettivi indefiniti dell'attività precedente e altri di uso comune.**

certo   parecchi   tutto   nessuna   qualsiasi   troppe   qualche   alcuni   poche

1 Ho sentito parlare di un _certo_ sindaco che ha fatto cose bellissime per la sua città.

2 Anche se non ho più .... fiducia nella politica, vado a votare.

3 Ho .... dubbi sul suo programma elettorale e .... speranze che ce la faccia.

4 Io voto un partito .... tanto sono tutti uguali.

5 Qui ci sono .... persone: io non posso aspettare .... questo tempo.

6 .... politico ha sbagliato, ... amministratori invece hanno fatto proprio la cosa giusta.

E ora svolgete le attività 1-5 a pp. 24-25 dell'eserciziario.

9 In gruppo. Pensate alle istituzioni e ai politici nel vostro Paese: qual è il vostro atteggiamento nei loro confronti? Avete fiducia nel loro modo di lavorare? Se sì, perché? Se no, cosa dovrebbero fare di diverso da quello che fanno?

Progettiamolo INSIEME

1 I titoli dei giornali spesso riportano gli aspetti più problematici della società italiana. Dividetevi in gruppi e scegliete uno dei temi indicati. Raccogliete informazioni: da quanto tempo esiste il problema? Come si è sviluppato nel corso degli anni? Come si è cercato di affrontarlo in passato? Dopodiché immaginate di essere un gruppo politico ed elaborate una serie di proposte per risolvere il problema. Preparate una relazione in cui presentate la questione che avete affrontato e le soluzioni elaborate e ascoltate i pareri dei vostri compagni a proposito.

ALLARME DISOCCUPAZIONE: migliaia di giovani senza lavoro o con contratti a tempo determinato

Immigrazione clandestina: lo Stato e le istituzioni cercano soluzioni in accordo con l'Europa

Calo delle nascite. Il Belpaese ha la più bassa percentuale di bambini per coppia in Europa: appena 1,20!

EVASIONE FISCALE ALLE STELLE: ogni anno miliardi di euro sottratti alle casse dello Stato

La Mafia e Cosa Nostra: la criminalità organizzata impedisce lo sviluppo del Sud

PRONUNCIA E GRAFIA

1 Alcune parole italiane possono risultare difficili da pronunciare a causa della loro lunghezza. Ascoltate e ripetete la pronuncia delle seguenti parole.

Costituzione, universale, relativamente, maggioranza, differenza, insicuro, riscrivere, antimonarchico, manoscritto, tricolore.

2 Ricomponete le seguenti parole.

a. TO   SE   RE   NA   *Senatore* ....
PU   TO   DE   TA   ....
MEN   LA   TA   RE   PAR   ....

b. MI   STRO   NI   /   LA   DEL   /   ZIA   GIU   STI
Ministro ....   *della* ....   *Giustizia* ....
STRO   NI   MI   /   L'   DEL   /   NO   MIA   ECO

....

SI   PRE   TE   DEN   /   DEL   /   SI   GLIO   CON

....

MI   STRO   NI   /   GLI   DE   /   RI   ESTE

....

c. GIU   DI   CE   /   LE   DEL   /   DA   IN   NI   GI   /   PRE   MI   LI   RI   NA
Giudice ....   *delle* ....   *indagini*   *preliminari*
CU   PRO   RA   RE   TO   /   NE   GE   RA   LE

....

DI   CE   GIU   /   DI   /   SA   ZIO   CAS   NE

....

GI   MA   TO   STRA

....

3 Il seguente testo contiene diverse parole piuttosto lunghe: leggete e, se potete, registratevi durante la lettura. Poi ascoltate la registrazione e infine rileggete il testo cercando di avvicinarvi il più possibile a quanto avete ascoltato.

Il Parlamento della Repubblica Italiana è l'organo costituzionale che, all'interno del sistema politico italiano, è titolare della funzione legislativa o potere legislativo e del controllo politico sul Governo. È un Parlamento bicamerale, cioè composto da due camere: la Camera dei Deputati (camera bassa) e il Senato della Repubblica (camera alta), ciascuna con gli stessi doveri e poteri assegnatigli dalla Costituzione. Il Presidente del Senato può ricoprire il ruolo di Presidente della Repubblica quando questo deve essere sostituito.

LA GRAMMATICA IN TABELLE

LA FORMA PASSIVA CON ESSERE		
soggetto	**verbo**	**complemento**
Il Presidente della Repubblica	è eletto	da un collegio elettorale.
Le leggi e i decreti del Parlamento	sono pubblicati	dalla Gazzetta Ufficiale.
Il Presidente della Repubblica	è stato eletto	da un collegio elettorale.

LA FORMA PASSIVA CON VENIRE		
Il Presidente del Consiglio dei Ministri	viene nominato	dal Presidente della Repubblica.
I ministri	vengono nominati	dal Presidente della Repubblica.

IL SI IMPERSONALE E IL SI PASSIVANTE	
Il *si* impersonale	Si vota a suffragio universale.
Il *si* passivante	Si chiamano gli italiani alle urne.

ALCUNI AGGETTIVI INDEFINITI	
Ho ancora <u>troppe</u> persone davanti a me.	In un <u>certo</u> modo le nostre scelte politiche influenzano la nostra vita.
Magari l'ho messa in <u>qualche</u> cassetto e non me lo ricordo.	La nostra amministrazione comunale ha fatto <u>varie</u> cose negli ultimi anni.
Mi toccano <u>parecchie</u> cose che nessuno vuol fare.	<u>Qualsiasi</u> cosa, ma non la stazione.
Non ho più <u>molta</u> fiducia nella politica.	

LE FUNZIONI COMUNICATIVE

■ **Descrivere ruoli e compiti delle principali istituzioni dello Stato**
Il Parlamento è l'organo legislativo, elegge il Presidente della Repubblica e rappresenta la volontà popolare.

■ **Raccontare avvenimenti storici**
Il 2 giugno 1946 si chiamano gli italiani alle urne per scegliere la forma dello Stato.

■ **Esprimere rammarico**
Eh, purtroppo sì.

■ **Esprimere incertezza**
Sì, boh, non lo so. Non la ritrovo.

■ **Esprimere sfiducia**
Non ho più molta fiducia nella politica.

■ **Esprimere fiducia**
Io sono fiducioso, ci credo ancora.

■ **Esprimere indifferenza**
La Destra, la Sinistra, il sindaco, le amministrazioni... a me sono tutti indifferenti.

■ **Esprimere stupore**
Un tale atteggiamento da parte tua mi stupisce...

■ **Esprimere invidia per lo stato d'animo di un'altra persona**
Beato te! Io per niente.

■ **Accusarsi**
Siamo tutti responsabili se le cose non funzionano come dovrebbero.

■ **Respingere un'accusa**
No, su questo non sono d'accordo. Non è colpa mia se l'economia non va.

■ **Esprimere delusione**
In questo momento sono proprio deluso per come vanno le cose.

■ **Proporre un nuovo tema**
Su, basta con queste discussioni e cambiamo argomento.

■ **Respingere un tema**
Parliamo d'altro che è meglio...

IL LESSICO

■ **Le Istituzioni e gli organi dello Stato**
Il Senato, la Camera dei Deputati, il Governo, il Presidente della Repubblica, lo Stato, il collegio elettorale, l'organo, il Parlamento, la Repubblica, il Consiglio dei Ministri, il Consiglio Superiore della Magistratura, la Monarchia, la Repubblica, la Costituzione, l'amministrazione comunale

■ **Le persone che amministrano una nazione**
Il Presidente della Repubblica, il Presidente del Consiglio, i ministri, i deputati, i senatori, il re

■ **I luoghi della vita politica**
Palazzo Chigi, Montecitorio, il Quirinale, l'ufficio elettorale, la sede, la residenza

■ **Le parole della vita politica e pubblica**
La garanzia, l'unità, la nazione, la volontà popolare, le funzioni, il mandato, la carica, il suffragio universale, la maggioranza, il rinnovo, la coalizione, il partito, l'amministrazione, l'autonomia, l'indipendenza, le elezioni, la fiducia, le urne, i voti, l'esilio, la sfiducia, il duplicato, la tessera elettorale, la privacy, la delega, il diritto al voto, la Costituzione, la Destra, la Sinistra, la democrazia, il privilegio, le scelte politiche, i disoccupati, l'economia, la legge, la bandiera, il tricolore, la Gazzetta Ufficiale, i seggi parlamentari

■ **Alcuni verbi della vita politica e pubblica**
Eleggere, rinnovare, esercitare, assicurare, presiedere, approvare, amministrare, collaborare, criticare, funzionare

■ **I poteri dello Stato**
Il potere legislativo, il potere esecutivo, il potere giudiziario

Civiltà e cultura dal vivo

Leggere

1 La Costituzione è l'insieme dei principi e delle regole che costituiscono il cosiddetto *ordinamento giuridico* di uno Stato. Leggete attentamente lo schema e poi, senza guardarlo, riassumete con un compagno le informazioni riguardanti la Costituzione.

LA COSTITUZIONE ITALIANA

cos'è → è la LEGGE FONDAMENTALE DELLO STATO

cosa indica → I PRINCIPI FONDAMENTALI che tutte le altre leggi devono rispettare

cosa definisce → i VALORI su cui lo stato si fonda e stabilisce la sua organizzazione

formata da
- 139 articoli
- 18 disposizioni finali

139 articoli → divisi in 3 parti
- articoli 1-12 → dedicati ai **principi fondamentali**
- articoli 13-54 → riguardano **diritti e doveri**
- articoli 55-139 → riguardano **ordinamento della Repubblica**

origini

2 giugno 1946 → con un **referendum** gli italiani devono scegliere tra Monarchia e Repubblica → scelgono la Repubblica

1 gennaio 1948 → entra in vigore → la **Costituzione** Italiana

2 Leggete i primi tre articoli della Costituzione Italiana e indicate in quale articolo sono contenute le affermazioni sottostanti.

1 La lingua, la religione e le opinioni politiche non influenzano i diritti dei cittadini. Art. 3

2 Lo Stato cerca di creare le condizioni affinché tutti i cittadini possano sentirsi liberi, ugualmente importanti per il Paese e soddisfatti. ....

3 La base della Repubblica italiana è il lavoro. ....

4 Per la legge uomini e donne sono uguali. ....

5 Il popolo ha il potere di prendere decisioni riguardanti lo Stato nel modo previsto dalla legge. ....

6 Lo Stato si occupa di difendere i diritti privati e pubblici dei cittadini. ....

Art. 1
L'Italia è una Repubblica democratica, fondata sul lavoro. La sovranità appartiene al popolo, che la esercita nelle forme e nei limiti della Costituzione.

Art. 2
La Repubblica riconosce e garantisce i diritti inviolabili dell'uomo, sia come singolo sia nelle formazioni sociali ove si svolge la sua personalità, e richiede l'adempimento dei doveri inderogabili di solidarietà politica, economica e sociale.

sovereignty
unbreakable
unreal / unmovel

Art. 3
Tutti i cittadini hanno pari dignità sociale e sono eguali davanti alla legge, senza distinzione di sesso, di razza, di lingua, di religione, di opinioni politiche, di condizioni personali e sociali. È compito della Repubblica rimuovere gli ostacoli di ordine economico e sociale, che, limitando di fatto la libertà e l'eguaglianza dei cittadini, impediscono il pieno sviluppo della persona umana e l'effettiva partecipazione di tutti i lavoratori all'organizzazione politica, economica e sociale del Paese.

3 I primi tre articoli della Costituzione Italiana sono espressi in cinque frasi. Scegliete quella che vi sembra più importante e motivate la vostra scelta.

Scrivere

4 Fate una ricerca sulla Costituzione del vostro Paese, o sulla legge fondamentale su cui si basa l'ordinamento giuridico: quando è stata scritta o come si è formata? Quante parti la compongono? Quali sono i suoi contenuti principali? Elaborate uno schema come quello presente nell'attività 2 della lettura.

5 Scrivete un testo in cui presentate la Costituzione o la legge fondamentale del vostro Paese.

Parlare

6 Pensate alla vostra nazione e scrivete degli appunti relativi a:

- struttura dello Stato e sua formazione;
- legge fondamentale dello Stato;
- luoghi in cui si esercita il potere;
- problemi più urgenti del Paese e atteggiamento dei cittadini nei confronti della vita pubblica.

Se ci sono persone della vostra nazionalità, confrontate le vostre informazioni e opinioni. Illustrate infine il vostro elaborato alla classe e riflettete su somiglianze e differenze tra il vostro Paese e lo Stato italiano.

Ascoltare

7 Osservate la seguente scheda e inserite le informazioni di cui siete già a conoscenza. Poi ascoltate la guida turistica e completatela. Infine, rispondete alle domande.

Palazzo del Quirinale

Stato	Italia
Località	....
Regione	....
Indirizzo	Piazza del Quirinale ....
Informazioni	
Condizioni	In uso
Costruzione	1583
Uso	Residenza ufficiale del ....

adattato da www.wikipedia.org

1 Chi sono e che cosa fecero nel palazzo Pietro da Cortona, Domenico Fontana, Carlo Maderno, Guido Reni e Gian Lorenzo Bernini? ....

2 Chi utilizzò il palazzo fino al 1870 e come? ....

3 Che cosa fecero i Savoia al Quirinale? ....

4 Chi è Giovanni Gronchi? ....

5 In che cosa il palazzo è primo al mondo? ....

8 E nel vostro Paese, dove abita il Capo dello Stato? Preparate una scheda come quella dell'attività 7, completatela con le informazioni relative alla residenza del Capo dello Stato del vostro Paese e presentatela ai vostri compagni.

L'Italia in video

9 Collegatevi al sito **www.loescher.it/studiareitaliano/**.
Guardate il video e svolgete le attività proposte.

La Costituzione italiana

È importante impegnarsi affinché le cose vadano meglio

4

1 Osservate le immagini e collegatele al relativo settore produttivo del grafico che mostra come viene prodotto il PIL (Prodotto Interno Lordo) in Italia.

20,9% Altri servizi

2,2% Agricoltura e pesca

23,7% Industria

27,9% Credito, attività immobiliari e servizi professionali

25,3% Commercio, alberghi, trasporti e comunicazioni

tiscali:

2 Quali altri prodotti potete associare ai vari settori? Quali sono secondo voi i più importanti e rappresentativi dell'economia italiana?

A SONO CONVINTO CHE UN IMPRENDITORE ABBIA IL DOVERE DI ESSERE ONESTO

1 Osservate l'homepage dell'azienda: inserite le parole ed espressioni sottostanti sotto la parola in cui vi aspettereste di trovarle cliccandoci sopra.

> Profilo Aziendale   Storia   Consiglio di Amministrazione
> Informazioni per azionisti   Pirelli e la crescita sostenibile   Comunicati stampa   Neolaureati

COMPANY >
- Profilo aziendale
- ....
  ....
- Contatti

SOSTENIBILITÀ >
- ....
  ....
- Investimenti socialmente responsabili

GOVERNANCE >
- ....
  ....
- Statuto

CARRIERA >
- Lavora con noi
- ....
  ....
- Crescere in Pirelli

INVESTITORI >
- ....
  ....
- Rischi e incertezze

MEDIA >
- ....
  ....
- Photo Gallery

PIRELLI

LOGIN   Q   ENG

COMPANY   SOSTENIBILITÀ   GOVERNANCE   INVESTITORI   MEDIA   CARRIERA

'14 RISULTATI AL 31 MARZO

CONFERENCE CALL CON LA COMUNITÀ FINANZIARIA
LIVE WEBCAST
7 MAGGIO 2014 – 18:30

APPROFONDISCI

HIGHLIGHTS   PER CLIENTI   PER INVESTITORI   PER GIORNALISTI   PER CANDIDATI

FACTS & FIGURES

COMPANY	INVESTITORI	STOCK WATCH	CALENDARIO EVENTI	
PRESENZA NEL MONDO	VENDITE NETTE	Pirelli Milano - Azioni	RISULTATI AL 31 MARZO 2014	Vai al calendario >
160	1.473,2	11,69		7 MAGGIO
Paesi nel mondo	Milioni di euro	+0,17	CONFERENCE CALL CON LA COMUNITÀ FINANZIARIA	
Forte presenza nelle ROE's.	Vendite nette 1Q 2014.	(% Chg)		

2 Leggete il testo e indicate se le affermazioni sono vere o false.

Il 23 gennaio presso l'Istituto per gli Studi di Politica Internazionale (ISPI) fondato da Alberto Pirelli nel 1934 si è svolto un incontro per ricordare la figura di Leopoldo Pirelli. Durante l'incontro sono state proiettate le immagini di un'intervista RAI a questo straordinario uomo d'impresa.

Leopoldo, a una precisa domanda del giornalista sul futuro della grande impresa, risponde: "Le caratteristiche umane e morali del manager devono rimanere quelle del passato, ma è importante che la responsabilità sia ripartita tra più persone". Pirelli guarda lontano, ha la visione del futuro, è abilissimo nella trasformazione manageriale dell'impresa di famiglia. I suoi collaboratori, un gruppo di imprenditori quarantenni, sono convinti che la sfida più importante sia nella modernizzazione della grande azienda, per attrezzarla a confrontarsi con la concorrenza mondiale.

Leopoldo Pirelli scrive "Le 10 regole dell'imprenditore", un documento ancora oggi molto attuale, in cui afferma: "Credo che in un gruppo delle nostre dimensioni, la dirigenza debba farsi aiutare da collaboratori professionalmente e moralmente ineccepibili" e ancora: "Sono convinto che un imprenditore abbia il dovere di essere onesto. Sono sicuro che essere onesto alla fine paga sempre, sia l'imprenditore come persona, sia l'azienda che dirige"; oppure: "Non è giusto che l'imprenditore si vanti di meriti che spesso non sono individuali ma collettivi. Personalmente penso che il mio unico merito sia stato quello di rimanere calmo e sereno nei momenti di difficoltà e aver cercato le soluzioni ai problemi" e infine: "È necessario che un imprenditore si impegni al massimo per chiudere dei buoni bilanci. Se non ci riesce una volta deve riprovare. Se non ci riesce più volte se ne deve andare. E se ci riesce, non deve pensare di essere il migliore, ma semplicemente uno che, dato il mestiere che ha scelto, ha fatto il suo dovere".

Che classe, che eleganza! Leopoldo si è sempre sentito in debito verso l'azienda, la famiglia, il nonno Giovanni Battista che l'aveva fondata, il Paese, il fratello Giovanni. Sembra che l'educazione familiare abbia avuto un forte peso nella sua vita. In una cartolina al figlio Giovanni, Alberto Pirelli nel 1931 scrisse: "Ricordati sempre che il nome che porti implica dei doveri e non dei diritti".

adattato da www.linkiesta.it

		V	F
1	L'Istituto per gli Studi di Politica Internazionale è nato per volontà della famiglia Pirelli.	☑	☐
2	Leopoldo Pirelli è stato un grande imprenditore.	☐	☐
3	Secondo lui un'azienda deve rimanere fedele alla tradizione.	☐	☐
4	Leopoldo Pirelli crede che l'onestà sia una qualità fondamentale per l'imprenditore e i suoi collaboratori.	☐	☐
5	Per lui tutto ciò che è positivo in un'azienda è dovuto a chi la dirige.	☐	☐
6	Il signor Pirelli si considera un uomo che ha saputo affrontare con serenità le situazioni difficili.	☐	☐
7	Pirelli pensa che il manager debba sentirsi responsabile per l'andamento economico dell'azienda.	☐	☐
8	Per lui la famiglia ha avuto molta importanza.	☐	☐
9	Secondo suo padre, la vita di Leopoldo e Giovanni sarà facile grazie al loro nome.	☐	☐

3 Abbinate le definizioni alle frasi riprese dal testo dell'attività precedente.

1 ☐ *d* La sfida più importante.

2 ☐ Collaboratori professionalmente e moralmente ineccepibili.

3 ☐ Chiudere dei buoni bilanci.

4 ☐ Si vanti di meriti che non sono individuali ma collettivi.

5 ☐ Implica dei doveri e non dei diritti.

6 ☐ Abbia avuto un forte peso nella sua vita.

7 ☐ Attrezzarla a confrontarsi con la concorrenza mondiale.

a Renderla migliore delle altre aziende nel mondo.

b Persone che non possono essere criticate per quanto riguarda il loro lavoro e la loro moralità.

c Consideri soltanto suoi i successi del gruppo.

d La gara decisiva.

e Terminare un anno di lavoro con una situazione economica positiva.

f Sia stata di grande importanza nella sua esistenza.

g Significa doversi impegnare molto e non avere esclusivamente vantaggi.

4 Che cosa ricordate del modo congiuntivo? Sottolineate nel testo dell'attività 3 le frasi che lo contengono e completate la tabella.

<table>
<tr><td colspan="2" align="center">ALCUNI USI DEL MODO CONGIUNTIVO</td></tr>
<tr><td>Frasi che esprimono un'opinione</td><td>Sono convinto che l'imprenditore abbia il dovere di essere onesto.
Credo che ....
....
....</td></tr>
<tr><td>Frasi che esprimono un sentimento (speranza, paura, ecc.)</td><td>Spero che gli imprenditori siano sempre più capaci di motivare i loro collaboratori.</td></tr>
<tr><td>Frasi che esprimono un dubbio</td><td>Dubito che sia possibile guidare una grande azienda da soli.</td></tr>
<tr><td>Frasi con un verbo alla forma impersonale</td><td>Sembra che ....
....</td></tr>
<tr><td>Espressioni impersonali con il verbo essere</td><td>È importante che ....
Non è giusto che ....
È necessario che ....</td></tr>
</table>

5 In gruppo. Riflettete sugli usi del congiuntivo e rispondete alle domande.

1 La parola *congiuntivo* contiene l'idea di congiungere/unire. Secondo voi, perché?

2 Si può dire che il congiuntivo è il modo verbale che esprime soggettività, mentre l'indicativo esprime oggettività. Che cosa significa questa affermazione?

3 Perché in una frase come "Sono sicuro che l'essere onesto alla fine paga sempre..." non si usa il congiuntivo?

6 Ripassiamo le forme del congiuntivo. Completate la coniugazione dei verbi nella tabella.

	collaborare	dirigere (to guide/conduct)	servire
io	collabori	diriga	serva
tu	collabori	~~tu~~ diriga	serva
lui/lei/Lei	collabori	diriga	serva
noi	collaboriamo	dirigiamo	serviamo
voi	collaboriate	dirigiate	serviate
loro	collaborino	dirigano	servano

IL CONGIUNTIVO PRESENTE DEI VERBI REGOLARI

different pronunciations.

7 Completate le forme del congiuntivo presente di alcuni verbi irregolari di uso frequente.

1 essere: sia , ... , ... , ... , ... , ...

2 avere: .... , ... , ... , ... , ... , ...

3 fare: faccia , ... , ... , ... , ... , ...

4 dare: .... , ... , ... , ... , ... , ...

5 andare: .... , ... , ... , ... , ... , ...

6 stare: .... , ... , ... , ... , ... , ...

7 potere: .... , ... , ... , ... , ... , ...

8 dovere: .... , ... , ... , ... , ... , ...

9 volere: .... , ... , ... , ... , ... , ...

8 Completate le frasi coniugando il verbo tra parentesi.

1 Credo che il signor Lampi ......*collabori*...... (*collaborare*) con suo padre.

2 Sembra che in quell'azienda ....*sia* (*esserci*) buone possibilità di fare carriera.

3 Non penso che Carla .....*abbia*..... (*avere*) molta fortuna.

4 Ragazzi é importante che .....*studiate* (*voi - studiare*).

5 Dubito che la Pirelli *chiuda* (*chiudere*) un bilancio in negativo.

6 Non pensi che .....*servano* (*servire*) altri documenti da allegare al curriculum?

7 È importante che Carlo ..*prenda* (*prendere*) il massimo dei voti.

9 Leggete le due frasi, sottolineate il congiuntivo passato e completate la tabella.

1 Sembra che l'educazione familiare abbia avuto un forte peso nella sua vita.

2 Penso che il mio unico merito sia stato quello di rimanere calmo e sereno nei momenti di difficoltà.

	essere	avere	collaborare	servire
io	sia stato		abbia collaborato	
tu				
lui/lei/Lei				
noi				
voi				
loro				

IL CONGIUNTIVO PASSATO

10 Completate il testo coniugando i verbi tra parentesi al congiuntivo passato.

Caro Luca,
come stai? Hai finito di preparare la tesi? Penso che questo periodo per te .... (*essere*) molto faticoso ma immagino anche che .... (*avere*) un grande significato. Ho molto riflettuto sulla figura di Leopoldo Pirelli e sono convinta che .... (*essere*) proprio un grande uomo. Mi sembra che .... (*scrivere*) un testo fondamentale che ogni imprenditore dovrebbe leggere. È bello poi che la sua famiglia .... (*avere*) tanta importanza nella sua vita: significa che il buon esempio ha un grande valore.
Comunque, mettiamo da parte queste riflessioni così serie e sentiamoci presto. Ti va? Scrivi, manda un messaggio...dai!
Un abbraccio e a presto!
Manuela

E ora svolgete le attività 1-3 a pp. 29-30 dell'eserciziario.

11 Trasformate le frasi dell'esercizio 8 al congiuntivo passato.

12 In gruppo. Leggete di seguito alcune affermazioni su come dirigere una grande azienda. Esprimete le vostre opinioni a proposito.

• La sfida più importante sta nella modernizzazione della grande impresa.

• Un imprenditore ha il dovere di essere onesto.

• Non è possibile guidare una grande azienda da soli.

• È importante che la responsabilità sia ripartita tra più persone.

• L'imprenditore deve chiudere dei buoni bilanci.

B SI PUÓ CONVIVERE A PATTO CHE SI RISPETTINO GLI ALTRI

1 Osservate le immagini e descrivete le persone, poi dite qual è il modo di lavorare e/o studiare che preferite e perché.

 2 Ascoltate i pareri di alcune persone che raccontano la loro esperienza di lavoro di gruppo e completate la tabella.

	Aspetti positivi del lavoro di gruppo	Aspetti negativi del lavoro di gruppo	Desideri e speranze per il futuro
Alice	Lo studio e il lavoro diventano più leggeri.	Lo spirito di competizione.	Trovare una soluzione per andare d'accordo.
Giusy			
Michele			
Erika			
Damiano			

 3 Ascoltate ancora e completate le seguenti frasi.

1 ..... _Mi auguro che_ ..... alla fine si trovi una soluzione.

2 È importante impegnarsi affinché le cose ....

3 .... piano piano impareremo a far presto e bene.

4 Con questo .... come sia difficile darsi delle regole.

5 Sinceramente .... riuscirci davvero.

6 .... a volte si litiga però poi c'è sempre la possibilità di fare la pace.

7 .... ho cambiato idea! Sono proprio contenta.

8 .... meglio.

9 .... i gruppi siano veramente liberi.

10 .... il mio sogno si avvererà.

4 Collegate le frasi dell'attività 3 alla funzione che esprimono. Ad una funzione possono corrispondere più frasi.

a	Fare un'ammissione	• _frase 6_
b	Esprimere un dubbio	• ....
c	Esprimere un desiderio, una speranza, augurarsi qualcosa	• ....
d	Esprimere incredulità	• ....

e	Esprimere sollievo e soddisfazione	• ....
f	Riformulare per farsi capire	• ....
g	Mettere qualcosa in evidenza	• ....
h	Esprimere un'opinione	• ....

 5 In coppia. Immaginate di essere una delle persone nelle immagini dell'attività 1 e illustrate il vostro pensiero rispetto al modo di lavorare e/o studiare raffigurato.

Mi auguro che...   Dubito che...   È vero che...   Mi sembra impossibile...   Fortunatamente...

6 Completate la tabella inserendo le seguenti frasi nella colonna di destra.

> ~~Si può convivere a patto che si rispettino gli altri.~~
> Nonostante gli altri partecipanti abbiano quasi tutti la mia età, non riusciamo ad andare d'accordo.
> È necessario impegnarsi affinché le cose vadano meglio.   Ci vogliono ore prima che si arrivi a un accordo.
> Perdiamo molto tempo, a meno che non intervenga il nostro leader.
> Sebbene ci leghi un grande affetto, non siamo mai d'accordo quando si tratta di risolvere i problemi.
> Benché si parli molto del lavoro di gruppo, in realtà questo si riduce a riunioni o brainstorming.

ALCUNI USI DEL CONGIUNTIVO E DELLE CONGIUNZIONI SUBORDINATIVE	
Il congiuntivo si usa dopo le congiunzioni:	
purché, a condizione che, a patto che ecc.	Si può convivere a patto che si rispettino gli altri.
affinché, perché ecc.	
benché, sebbene, nonostante ecc.	
prima che	
a meno che	

7 Osservate la tabella e collegate le congiunzioni alla loro funzione.

1 purché, a condizione che

2 benché

3 affinché, perché

4 prima che

5 a meno che

a indicano la condizione che deve essere rispettata perché si verifichi quanto affermato nella frase principale

b indicano a quale scopo si compie l'azione della frase principale

c indica una cosa che non ha effetto su quanto affermato dalla frase principale

d indica una circostanza temporale

e indica un'eccezione

8 Sottolineate le congiunzioni adatte a completare le frasi.

1 Lavorare in gruppo è bello **sebbene** / **prima che** a volte sia necessario più tempo per prendere le decisioni.

2 Mi riesce difficile mettermi a studiare **perché** / **a meno che** non ci sia qualche compagno insieme a me.

3 Ti spiego meglio questa frase **prima che** / **affinché** tu possa capire.

4 Non riescono a terminare il progetto **nonostante** / **a meno che** ci abbiano lavorato tutta la domenica.

5 Dobbiamo impegnarci tutti di più **prima che** / **perché** sia troppo tardi.

6 Paolo è un bravo studente **a meno che** / **benché** non studi molto.

9 Completate le frasi.

1 È necessario che Luca studi molto affinché *un giorno possa diventare un bravo ingegnere.*

2 Devo finire questo lavoro prima che

3 Vado in centro a piedi a meno che

4 Ti cerco quelle informazioni a condizione che

E ora svolgete le attività 1-2 a
p. 31 dell'eserciziario.

C SONO CONTENTA DI AVERLA SCELTA TRA TUTTI I MODELLI PRESENTI

1 Osservate le insegne di alcuni grandi marchi attivi sul territorio italiano: quali conoscete? Abbinate a ognuno il prodotto che secondo voi potete comprare nei loro punti vendita.

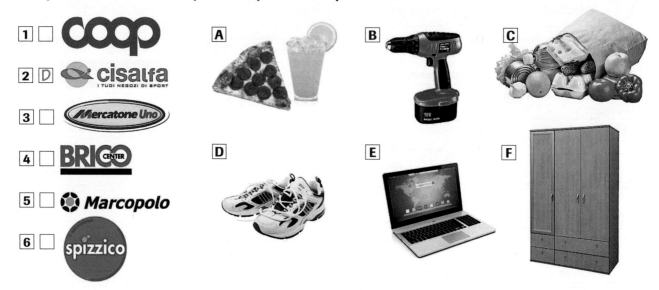

1 ☐ Coop
2 D cisalfa I TUOI NEGOZI DI SPORT
3 ☐ Mercatone Uno
4 ☐ BRICO CENTER
5 ☐ 🌑 Marcopolo
6 ☐ spizzico

A B C D E F

2 Che tipo di consumatori siete? Che cosa fate quando dovete acquistare qualcosa di importante? Consultate i volantini e le offerte di prodotti? Andate a fare una passeggiata nei grandi centri commerciali? Avete un venditore di fiducia a cui vi rivolgete sempre? Leggete le recensioni di altri consumatori?

3 Osservate la pagina di un volantino in cui sono presenti molte informazioni a proposito di un prodotto e inserite al posto giusto la descrizione dei vantaggi offerti.

1 Maneggevolezza *È una bici molto semplice e confortevole da usare in città.*
2 Postura ottimizzata ....
3 Comfort di utilizzo ....
4 Visibilità ....
5 Garanzia ....

Bici città donna Weg Olanda 28

IDEATA PER LE PERSONE CHE VOGLIONO UNA BICI SEMPLICE ED EQUIPAGGIATA PER GLI SPOSTAMENTI OCCASIONALI IN CITTÀ. UNA BICI CLASSICA, SEMPLICE E AFFIDABILE.

5 anni telaio, 2 anni componenti

Il manubrio rialzato permette di mantenere il busto diritto durante la guida.

Kit luci.

È una bici molto semplice e confortevole da usare in città.

Portapacchi posteriore, carter paracatena, cavalletto.

4 Normalmente, quando leggiamo i commenti dei consumatori, possiamo capire l'opinione di chi scrive anche solo dal numero di stelline attribuite al prodotto. Leggete le seguenti recensioni: a quante stelline corrispondono secondo voi le opinioni presenti?

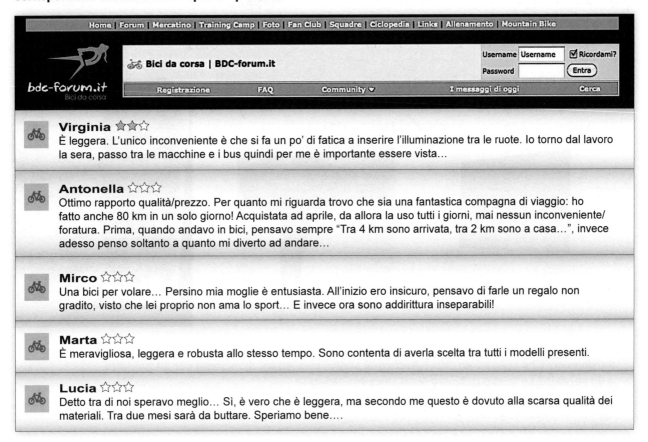

Virginia ★★☆
È leggera. L'unico inconveniente è che si fa un po' di fatica a inserire l'illuminazione tra le ruote. Io torno dal lavoro la sera, passo tra le macchine e i bus quindi per me è importante essere vista...

Antonella ☆☆☆
Ottimo rapporto qualità/prezzo. Per quanto mi riguarda trovo che sia una fantastica compagna di viaggio: ho fatto anche 80 km in un solo giorno! Acquistata ad aprile, da allora la uso tutti i giorni, mai nessun inconveniente/foratura. Prima, quando andavo in bici, pensavo sempre "Tra 4 km sono arrivata, tra 2 km sono a casa...", invece adesso penso soltanto a quanto mi diverto ad andare...

Mirco ☆☆☆
Una bici per volare... Persino mia moglie è entusiasta. All'inizio ero insicuro, pensavo di farle un regalo non gradito, visto che lei proprio non ama lo sport... E invece ora sono addirittura inseparabili!

Marta ☆☆☆
È meravigliosa, leggera e robusta allo stesso tempo. Sono contenta di averla scelta tra tutti i modelli presenti.

Lucia ☆☆☆
Detto tra di noi speravo meglio... Sì, è vero che è leggera, ma secondo me questo è dovuto alla scarsa qualità dei materiali. Tra due mesi sarà da buttare. Speriamo bene....

5 Quando un prodotto non soddisfa le nostre aspettative o non funziona, possiamo scrivere una lettera di reclamo al produttore o al venditore. Leggete quella seguente e rispondete alle domande.

Mario Rossi
Via Dante Alighieri,30
62100
Macerata (MC)

Macerata, 22 luglio

Oggetto: reclamo prodotto difettoso

Gentili Signori,
Io sottoscritto Mario Rossi, nato a Cupra Marittima in provincia di Ascoli Piceno e residente a Macerata in via Dante Alighieri 30,
HO ACQUISTATO
presso di Voi un frigorifero con congelatore corrispondendo la somma di € 789, come documentato dallo scontrino n. 776 / 23. Purtroppo a distanza di soli due mesi dalla data di acquisto mi sono accorto che il congelatore non riesce a raggiungere temperature abbastanza basse da congelare veramente i prodotti nonostante sia stato installato e utilizzato secondo le indicazioni riportate nelle istruzioni.
Ho più volte telefonato per chiedere l'intervento di un vostro tecnico, ma finora non ho ottenuto nessun risultato e
CHIEDO
quindi di essere contattato affinché si proceda alla riparazione o alla sostituzione del prodotto entro il più breve tempo possibile. Qualora ciò non avvenga procederò con la richiesta di un risarcimento dei danni.
Cordiali saluti
Mario Rossi

1 Chi è il mittente della lettera?

2 Chi è il destinatario?

3 Quale documento è importante affinché il reclamo sia accettato?

4 Che cosa si chiede?

5 Che cosa succederà se la richiesta del mittente non verrà accolta?

6 **Osservate le immagini. Scegliete un prodotto, poi scrivete una lettera di reclamo in cui spiegate cosa è successo.**

 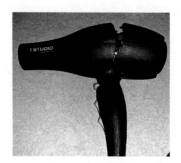 

7 **Raccontate: vi è mai capitato di comprare un prodotto che non corrispondeva alle vostre attese o non funzionava? Che cosa avete fatto? Avete mai scritto una lettera di reclamo per un prodotto o un servizio? Le vostre richieste sono state soddisfatte?**

Progettiamolo INSIEME

1 **Cercate nella classe alcune persone che, come imprenditori, vorrebbero fare/produrre la stessa cosa che piacerebbe anche a voi e formate dei gruppi.**

2 **In gruppo. Fondate la vostra impresa: scegliete la sede, il tipo d'impresa, la sua missione, il capitale, i ruoli, l'organizzazione e tutto ciò che vi sembra importante decidere in quanto imprenditori. Sulla base delle decisioni che avete preso, elaborate una pagina web di presentazione della vostra azienda, magari ispirandovi a quella della Pirelli a pag. 60 o alle pagine di altre ditte italiane importanti. Presentate la vostra impresa al resto della classe.**

PRONUNCIA E GRAFIA

1 L'acronimo è un nome formato con le lettere o le sillabe iniziali (o finali) di determinate parole di una frase o di una definizione, leggibili come se fossero un'unica parola. Leggete la lista e formate gli acronimi.

1	Fabbrica Italiana Automobili Torino	FIAT
2	Radio Audizioni Italiane	....
3	Random Access Memory	....
4	Organizzazione Nazioni Unite	....
5	Prodotto Interno Lordo	....
6	Comitato Olimpico Nazionale Italiano	....
7	Istituto Nazionale della Previdenza Sociale	....

 2 Ascoltate e controllate se gli acronimi che avete scritto nell'esercizio 1 sono corretti.

 3 In italiano si utilizzano alcune parole inglesi entrate come prestiti nella nostra lingua. Queste parole a volte sono pronunciate "all'italiana", cioè senza tenere conto della pronuncia inglese, a volte sono pronunciate "all'inglese", cioè cercando di imitare la pronuncia inglese. Ascoltate la pronuncia delle seguenti parole e inseritele nella tabella.

> ~~bus~~ shampoo Watt ~~business~~ photo gallery quiz manager leader film
> brain-storming top management cd mouse boss

Parole pronunciate "all'italiana"	Parole pronunciate imitando la pronuncia "all'inglese"
bus	business

4 Ascoltate e scrivete.

LA GRAMMATICA IN TABELLE

ALCUNI USI DEL MODO CONGIUNTIVO	
Frasi che esprimono un'opinione	Credo che un imprenditore abbia il dovere di essere onesto.
Frasi che esprimono un sentimento (speranza, paura, ecc.)	Spero che gli imprenditori siano sempre più capaci di motivare i loro collaboratori.
Frasi che esprimono un dubbio	Dubito che sia possibile guidare una grande azienda da soli.
Frasi con un verbo alla forma impersonale	Sembra che l'educazione familiare abbia avuto un forte peso nella sua vita.
Espressioni impersonali con il verbo *essere*	È importante che la responsabilità sia ripartita tra più persone. Non è giusto che l'imprenditore si vanti di meriti che spesso non sono individuali ma collettivi. È necessario che un imprenditore si impegni al massimo per chiudere dei buoni bilanci.

IL CONGIUNTIVO PRESENTE DEI VERBI REGOLARI

	collaborare	dirigere	servire
io	collabori	diriga	serva
tu	collabori	diriga	serva
lui/lei/Lei	collabori	diriga	serva
noi	collaboriamo	dirigiamo	serviamo
voi	collaboriate	dirigiate	serviate
loro	collaborino	dirigano	servano

IL CONGIUNTIVO PRESENTE DI ALCUNI VERBI IRREGOLARI DI USO FREQUENTE

essere	sia, sia, sia, siamo, siate, siano
avere	abbia, abbia, abbia, abbiamo, abbiate, abbiano
fare	faccia, faccia, faccia, facciamo, facciate, facciano
dare	dia, dia, dia, diamo, diate, diano
andare	vada, vada, vada, andiamo, andiate, vadano
stare	stia, stia, stia, stiamo, stiate, stiano
potere	possa, possa, possa, possiamo, possiate, possano
dovere	debba, debba, debba, dobbiamo, dobbiate, debbano
volere	voglia, voglia, voglia, vogliamo, vogliate, vogliano

IL CONGIUNTIVO PASSATO

	essere	avere	collaborare	servire
io	sia stato	abbia avuto	abbia collaborato	sia servito
tu	sia stato	abbia avuto	abbia collaborato	sia servito
lui/lei/Lei	sia stato	abbia avuto	abbia collaborato	sia servito
noi	siamo stati/e	abbiamo avuto	abbiamo collaborato	siamo serviti/e
voi	siate stati/e	abbiate avuto	abbiate collaborato	siate serviti/e
loro	siano stati/e	abbiano avuto	abbiano collaborato	siano serviti/e

ALCUNI USI DEL CONGIUNTIVO E DELLE CONGIUNZIONI SUBORDINATIVE

Il congiuntivo si usa dopo le congiunzioni:

purché, a condizione che, a patto che ecc.	Si può convivere a patto che si rispettino gli altri.
affinché, perché ecc.	È importante impegnarsi affinché le cose vadano meglio.
benché, sebbene, nonostante ecc.	Nonostante gli altri partecipanti abbiano quasi tutti la mia età, non riusciamo ad andare d'accordo. Sebbene ci leghi un grande affetto, non siamo mai d'accordo quando si tratta di risolvere i problemi. Benché si parli molto del lavoro di gruppo, in realtà questo si riduce a riunioni o brainstorming.
prima che	Ci vogliono ore prima che si arrivi a un accordo.
a meno che	Perdiamo molto tempo, a meno che non intervenga il nostro leader.

LE FUNZIONI COMUNICATIVE

■ **Esprimere una certezza**
Sono sicuro che essere onesto alla fine paga sempre.

■ **Esprimere un desiderio/una speranza/augurarsi qualcosa**
Spero che gli imprenditori siano sempre più capaci di motivare i loro collaboratori.
Mi auguro che alla fine si trovi una soluzione.
Magari un giorno il mio sogno si avvererà.

■ **Esprimere un dubbio**
Dubito che sia possibile guidare una grande azienda da soli.

■ **Esprimere incredulità**
Mi sembra impossibile riuscirci davvero.

■ **Esprimere sollievo e soddisfazione**
Meno male che ho cambiato idea! Sono proprio contenta.

■ **Riformulare per farsi capire**
Mi spiego meglio:...

■ **Mettere qualcosa in evidenza**
Con questo voglio sottolineare come sia difficile darsi delle regole nell'affrontare una discussione.

■ **Esprimere un'opinione**
È importante impegnarsi affinché le cose vadano meglio.

■ **Fare un'ammissione**
È vero che a volte si litiga però poi c'è sempre la possibilità di fare la pace.

IL LESSICO

■ **Economia e settori produttivi**
il PIL (Prodotto Interno Lordo), l'economia, le realtà produttive, il settore, l'agricoltura, la pesca, il credito, le attività immobiliari, i servizi professionali, l'industria, il commercio, i trasporti, le comunicazioni

■ **Le persone del mondo produttivo**
l'imprenditore, il manager, i collaboratori, il gruppo, la dirigenza, il fondatore, il leader, il top management, il consumatore, il venditore

■ **In azienda**
l'impresa, l'azienda, il bilancio, i meccanismi interni, l'esperienza, la visione, la decisione, l'accordo, l'unione, la forza, il disaccordo, il risultato, il confronto, le competenze, le abilità, le riunioni, i brainstorming, l'obiettivo, la scelta, il progetto, la responsabilità, la sfida, la modernizzazione, la concorrenza, il mestiere, i doveri, i diritti, l'esperienza, il compito, la soluzione, la mentalità, le esigenze, lo spirito di gruppo, il merito, individuale, collettivo

■ **La pagina web**
company, il profilo aziendale, il business, la storia, i contatti, la sostenibilità, la crescita sostenibile, gli investimenti socialmente responsabili, il Consiglio di Amministrazione, lo statuto, gli investitori, i rischi e le incertezze, le informazioni per azionisti, i media, i comunicati stampa, la photo gallery, la carriera, lavora con noi, i neolaureati, crescere in Pirelli

■ **Il commercio**
l'acquisto, il centro commerciale, il prezzo, la recensione, il volantino, il vantaggio, la qualità, il prezzo, l'inconveniente, il modello, lo scontrino

■ **Qualche marchio**
Pirelli, Coop, Cisalfa, Bricocenter, MarcoPolo, Spizzico, Mercatone Uno

■ **Vantaggi e accessori di un prodotto (esempio)**
Classica, semplice, equipaggiata, confortevole, il portapacchi posteriore, il carter paracatena, il cavalletto, il telaio, i componenti, il kit luci, la bici, la maneggevolezza, il comfort di utilizzo, la visibilità

■ **In caso di problemi seguiti da un acquisto**
la garanzia, il reclamo, la riparazione, la sostituzione, il risarcimento, difettoso

■ **Qualche verbo dell'economia**
dirigere, impegnarsi, decidere, imparare, risolvere, affrontare, confrontarsi, convivere, rispettare, adottare, funzionare, riuscire, terminare, servire, collaborare, guidare

Civiltà e cultura dal vivo

Leggere

1 Osservate le immagini e collegate
le attività ai tre settori produttivi.

1 Settore primario (agricoltura,
allevamento, pesca)
2 Settore secondario (industria)
3 Settore terziario (servizi)

A ☐  **B** ☐

C ☐  **D** ☐

E ☐  **F** ☐

G ☐  **H** ☐

I ☐

2 Leggete il testo e rispondete alle domande.

A partire dalla fine della Seconda guerra mondiale, l'Italia ha conosciuto profondi cambiamenti economici, che l'hanno portata a diventare una delle maggiori potenze mondiali, grazie ad un continuo processo di crescita economica, durato fino alla fine degli anni novanta del XX secolo.
Durante questa fase si è ridotta la produzione del settore primario (agricoltura, allevamento e pesca) ed è aumentata quella del settore industriale e terziario (in particolare, nel periodo del *boom economico*, negli anni Cinquanta-Settanta). La fase di industrializzazione ha raggiunto il massimo negli anni Ottanta del Novecento, quando è cominciata la *terziarizzazione* dell'economia italiana, con lo sviluppo dei servizi bancari, assicurativi, commerciali, finanziari e della comunicazione.

SETTORE PRIMARIO
La superficie agricola si concentra soprattutto nel Mezzogiorno.
I prodotti più importanti dell'agricoltura sono il vino, il granoturco, l'olio e i pomodori. Per la produzione animale abbiamo latte di vacca e di bufala, mentre un certo rilievo assume la pesca. L'Italia ha scarse risorse minerarie ed è anche un forte importatore di energia.

SETTORE SECONDARIO
La specificità dell'industria italiana consiste nel fatto che la maggior parte delle aziende è di dimensioni medio-piccole e di proprietà familiare. La maggiore produzione industriale si concentra in Lombardia, Piemonte, Veneto ed Emilia-Romagna.
L'Italia è uno dei paesi leader nella produzione e nel design di automobili, con imprese automobilistiche come il Gruppo Fiat, che include Alfa Romeo, Lancia, Fiat, Ferrari, Maserati e imprese di ciclomotori come Piaggio, Aprilia, Ducati, Cagiva, Garelli, ecc.
Molti sono i prodotti italiani famosi nel mondo che formano il cosiddetto Made in Italy.

SETTORE TERZIARIO
I servizi rappresentano il settore più importante e dinamico dell'economia italiana. Importantissime attività in Italia sono il turismo, il commercio, i servizi alle persone e alle imprese.

adattato da www.wikipedia.org

1 Qual è stato il periodo di maggior sviluppo dell'economia italiana?
2 Nella fase di sviluppo più intenso, come sono cambiati i rapporti tra i vari settori produttivi?
3 In quali zone della penisola è maggiormente sviluppata l'agricoltura?
4 Quali sono i prodotti più importanti del settore primario?
5 Quali sono le caratteristiche generali delle aziende italiane?
6 Quali sono le regioni più attive nel settore secondario?
7 Qual è il settore economico in cui si hanno più cambiamenti?

3 **Abbinate le definizioni e spiegazioni della colonna di sinistra a quelle della colonna di destra.**

1 [a] Uno dei paesi più ricchi del mondo

2 ☐ Il momento di maggior sviluppo dell'economia

3 ☐ È iniziato il passaggio da un'economia basata su agricoltura e industria ad una basata sui servizi

4 ☐ Il valore monetario dei prodotti realizzati nel Paese

5 ☐ La capacità di acquistare beni e servizi

6 ☐ È piuttosto importante

7 ☐ Poca ricchezza del sottosuolo

8 ☐ La particolarità

9 ☐ Prodotti in Italia

a una delle maggiori potenze economiche mondiali

b il Prodotto Interno Lordo

c Made in Italy

d la specificità

e il potere d'acquisto

f il *boom economico*

g scarse risorse minerarie

h assume un certo rilievo

i è cominciata la *terziarizzazione* dell'economia italiana

4 **E nel vostro Paese? Quali sono i settori produttivi più importanti? Quali sono i prodotti principali di ogni settore? Quali sono i marchi e i prodotti maggiormente esportati all'estero?**

Ascoltare

ITALIANI NELLO SPAZIO

5 **Osservate le immagini relative ad una piccola azienda italiana: secondo voi di che cosa si occupa?**

6 Ascoltate l'intervista all'ideatore di Kayser Italia e completate la tabella.

Nome dell'azienda	Kayser Italia
Sede	
Settore di attività	
Numero di dipendenti	
Fatturato annuo	
Investimenti annui	
Collaborazioni	Agenzia Spaziale Italiana, NASA e Agenzia spaziale Europea
Titolo di studio del signor Zolesi	
Prime collaborazioni del signor Zolesi	
Interesse principale del signor Zolesi	
Area occupata dall'azienda	
Piattaforme su cui sono stati utilizzati materiali Kayser	Bion Foton, Shuttle americano, HTV e Shenzhou – 8
Competenze particolari dei collaboratori	
Composizione del Consiglio di Amministrazione	
Le ragioni del successo	

7 E nel vostro Paese? Ci sono aziende attive nel settore di Kayser Italia? Conoscete delle aziende di piccole dimensioni che hanno avuto particolare successo? Fate una ricerca a proposito, preparate una piccola presentazione ed esponete in classe.

Parlare

8 Osservate una parte dei risultati di un'indagine su giovani, lavoro ed economia e provate a illustrarli e a spiegarli insieme. Poi rispondete alle domande a cui hanno risposto gli intervistati e annotate le risposte. Al termine riportate i risultati del vostro lavoro in classe e provate a elaborare una statistica come quella illustrata.

1 Per i giovani di oggi che vogliono fare carriera l'unica speranza è andare all'estero?

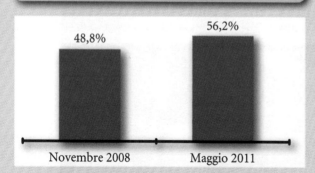

adattato da www.demos.it

2 Quale lavoro sceglierebbe per sé o per i suoi figli?

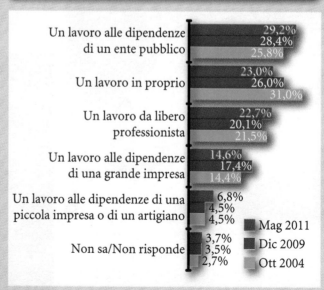

9 E nel vostro Paese? Quali sono le aspettative e le opportunità dei giovani in ambito lavorativo? Qual è il livello di soddisfazione della gente rispetto all'andamento economico del Paese e alle opportunità di lavoro?

Scrivere

10 Un vostro amico laureato in economia vuole inviare il proprio curriculum ad un'azienda italiana e vi chiede un consiglio. Sceglietene una tra quelle indicate, raccogliete le informazioni necessarie e scrivete al vostro amico per presentare l'azienda scelta.

Ragione sociale: Cooperativa	**Ragione sociale:** Catena di negozi
Sede principale: Bologna	**Sede principale:** Bologna
Opportunità di lavoro: Esperto di marketing	**Opportunità di lavoro:** Contabile
Settore: Commercio, alimentari	**Settore:** Commercio, elettronica

L'Italia in video

11 Collegatevi al sito www.loescher.it/studiareitaliano/. Guardate il video e svolgete le attività proposte.

L'Unione Industriale Torino

Facciamo il punto

Prova di comprensione della lettura

PROVA N.1

Leggete il testo e indicate l'alternativa corretta.

Cosa c'entra New York con il dolce paesaggio fiorentino? Basta andare a Greve In Chianti per scoprirlo: in centro c'è la statua di Giovanni da Verrazzano, l'esploratore che nel Cinquecento raggiunse per primo la baia della città. Al grande navigatore, che sfidò l'oceano avendo sempre nel cuore le verdi colline della sua terra di origine, è dedicato anche un ponte newyorkese.

Greve In Chianti è nota nel mondo per la produzione del Chianti classico. L'itinerario che seguiamo per scoprire questi bellissimi luoghi è quello della Via Chiantigiana che da Firenze porta a Siena attraversando la famosa zona viticola. Il nucleo abitativo del paese si è sviluppato nel Medioevo, periodo in cui Greve divenne un importante nodo commerciale. Il Mercatale, ovvero la piazza centrale di forma triangolare, ricorda ancora questa caratteristica del borgo.

Con l'auto raggiungiamo in pochi minuti il castello di Montefioralle, perfettamente conservato all'interno della sua cinta muraria. Qualche secolo fa, percorrendo queste strade, probabilmente si incontrava addirittura Lisa Gherardini, la celebre Monna Lisa la cui famiglia risiedeva a Montagliari, bella frazione nella valle sotto Panzano. È proprio qui che troviamo la nostra caratteristica dimora per questo weekend, presso la Fattoria di Montagliari, composta da diversi edifici antichi restaurati. Oggi vi si produce un ottimo Chianti classico "Gallo Nero", ma anche il "vinsanto" tradizionale toscano, l'aceto balsamico, l'olio extravergine di oliva e altri prodotti agricoli. Ad accoglierci nel caratteristico agriturismo è la famiglia Migliorini, che gestisce la struttura. "Questo locale è nato negli anni '60 come ritrovo per le merende dei viaggiatori. Noi l'abbiamo rilevato negli anni '90 trasformandolo in agriturismo e ristorante", ci raccontano i titolari, mentre la signora Bruna, da sempre abituata a preparare piccoli assaggi agli ospiti appena arrivati, prepara un meraviglioso spuntino per tutti.

Dedichiamo la seconda giornata del nostro fine settimana a delle belle passeggiate rigeneranti e a un tour delle cantine dove ci accompagna il signor David, facendoci degustare i prodotti della Fattoria di cui, prima di andar via facciamo scorta: sappiamo già che appena finiranno, torneremo nuovamente sulle orme della Gioconda.

www.viaggi.repubblica.it

1 Giovanni da Verrazzano
 a ha realizzato il primo progetto di New York.
 b è il primo che ha raggiunto New York dal mare.
 c ha costruito un ponte importante di New York.
 d è nato a New York.

2 Greve in Chianti
 a si trova tra Firenze e Siena.
 b è una porta di Siena.
 c è una strada.
 d è in una zona industriale.

3 La cittadina è
 a famosa soprattutto per la produzione di vino.
 b un noto centro di mare.
 c molto moderna.
 d poco interessante sul piano storico-artistico.

4 La piazza del paese
 a ospita un centro commerciale.
 b ha una forma particolare.
 c ha il museo su un lato.
 d è dedicata a San Francesco.

5 Montefioralle
 a è un castello in rovina.
 b ha delle strade ampie.
 c è circondata da mura.
 d si trova a due ore di viaggio da Greve.

6 Lisa Gherardini
 a è un amica di Francesca.
 b è una viaggiatrice famosa.
 c è un'attrice famosa.
 d è stata una modella di Leonardo da Vinci.

7 Francesca, l'autrice dell'articolo, cena e pernotta
 a in un bed and breakfast.
 b in un agriturismo.
 c in un albergo.
 d a casa di amici.

8 La famiglia Migliorini
 a è da sempre proprietaria della Fattoria.
 b gestisce la struttura per conto dei proprietari.
 c ha comprato la struttura negli anni '90.
 d ha trasformato la Fattoria in abitazione per la famiglia.

9 La signora Bruna di solito fa
 a la pasta a mano.
 b il vinsanto.
 c le merende ai viaggiatori.
 d l'aceto balsamico.

10 Prima di partire Francesca
 a va a fare un tour in bicicletta.
 b pensa che non tornerà mai più nei luoghi visitati.
 c compra molti prodotti locali.
 d si reca in un centro benessere.

1 PUNTO PER OGNI RISPOSTA CORRETTA
1 PUNTO IN MENO PER OGNI RISPOSTA ERRATA
PUNTEGGIO TOTALE .... /10

PROVA N.2

Leggete i due testi e indicate se le informazioni sottostanti si riferiscono al TESTO A o al TESTO B.

TESTO A

Oltre alla sua attività strettamente parlamentare, la Camera dei Deputati è andata sempre più sviluppando una vocazione come "servizio ai cittadini", che trova espressione in molte iniziative. Chi desidera visitare il Palazzo può approfittare dell'iniziativa "Montecitorio a porte aperte" che consente, in genere ogni prima domenica del mese, di farsi guidare alla scoperta degli ambienti e delle opere d'arte della Camera. Inoltre si può normalmente assistere (fino ad esaurimento dei posti disponibili) alle sedute in Aula. L'apertura di Montecitorio e degli altri palazzi della Camera porta ogni anno più di trecentomila visitatori, di cui circa centomila studenti in visita scolastica. Da ottobre a maggio, poi, viene data la possibilità alle classi dell'ultimo biennio delle scuole superiori, che abbiano sviluppato una ricerca su temi legati all'attualità politica, di trascorrere due giornate di formazione a Montecitorio. La Biblioteca della Camera (che dispone di oltre un milione di volumi) è aperta al pubblico e, con quella del Senato, forma il Polo bibliotecario parlamentare. La Camera organizza anche moltissimi convegni, mostre e presentazioni di libri.

www.camera.it

TESTO B

È possibile prenotare una visita inviando la richiesta nel periodo compreso tra il 1° aprile ed il 1° settembre, ovvero prima dell'inizio dell'anno scolastico in cui si desidera effettuare la visita. Per visitare il Palazzo di Montecitorio è necessario far pervenire, via posta elettronica, la richiesta formulata su carta intestata della scuola a firma del dirigente scolastico, indirizzata al Consigliere Capo Servizio per la Sicurezza della Camera dei Deputati. Le visite possono essere effettuate a partire dalle classi V della scuola primaria e le giornate a loro dedicate sono il lunedì e il venerdì. Il gruppo dei partecipanti alla visita non può superare le cinquanta unità, più cinque accompagnatori. Gli appuntamenti vengono programmati in ordine cronologico di arrivo delle richieste e sono comunicati con lettera di conferma inviata alla scuola. Le visite si effettuano dal lunedì al venerdì, mattina e pomeriggio ed hanno la durata di un'ora circa. I gruppi dovranno tenere un comportamento adatto al rispetto dell'istituzione parlamentare. Per i docenti e gli accompagnatori di sesso maschile è richiesto di indossare la giacca. Durante il percorso il personale addetto illustrerà i principali aspetti storici, artistici ed istituzionali del Palazzo.

www.camera.it

		TESTO A	TESTO B
1	La Camera dei Deputati ha attivato molte attività per i cittadini.	☐	☐
2	È possibile visitare il palazzo una domenica al mese.	☐	☐
3	Le scuole devono prenotare prima dell'inizio dell'anno scolastico.	☐	☐
4	Gli studenti più grandi possono compiere una visita di due giorni.	☐	☐
5	Per prenotare si deve inviare un'email.	☐	☐
6	I gruppi non possono essere di più di cinquantacinque persone.	☐	☐
7	È necessario vestirsi in maniera adeguata.	☐	☐
8	Ci sono due biblioteche.	☐	☐
9	Ogni anno molte migliaia di persone visitano Montecitorio.	☐	☐
10	Dopo la prenotazione si riceve una lettera di conferma.	☐	☐

1 PUNTO PER OGNI RISPOSTA CORRETTA
1 PUNTO IN MENO PER OGNI RISPOSTA ERRATA

PUNTEGGIO .... /10

PUNTEGGIO TOTALE DELLA PROVA DI COMPRENSIONE DELLA LETTURA .... /10 + ... /10 = ... /20

Prova di produzione scritta

PROVA N.1

Svolgete uno dei seguenti compiti a vostra scelta. *(da un minimo di 120 a un massimo di 180 parole).*

Compito n. 1

Conoscere il passato aiuta a capire il presente. Questo vale per una nazione, una famiglia o una persona. Esprimete la vostra opinione a proposito e raccontate se nella vita avete fatto delle esperienze in cui la conoscenza di ciò che era successo prima, vi è stata di aiuto.

Compito n. 2

Nel mondo si producono molti beni e ricchezza. Purtroppo la loro distribuzione non avviene in maniera adeguata e in molte nazioni la popolazione non ha cibo e cure mediche a sufficienza. Cosa pensate voi di questo problema? Quali mezzi e comportamenti potrebbero aiutare a risolverlo?

Svolgimento del compito n. ....

....

....

....

....

....

PUNTEGGIO .... /10

PROVA N.2

Svolgete uno dei seguenti compiti a vostra scelta. *(da un minimo di 80 a un massimo di 100 parole)*

Compito n. 1

Per motivi familiari avete lasciato il vostro lavoro e dovete trasferirvi a Milano. Un vostro amico lavora alla Pirelli. Scrivetegli un'email e chiedete informazioni sull'azienda, sulle opportunità di lavoro, sulle persone da contattare, ma anche sulla città di Milano, sui servizi che offre al cittadino e sulle case in affitto.

Profilo aziendale

Siamo tra i principali produttori mondiali di pneumatici, leader nel segmento Premium ad elevato contenuto tecnologico. Dalla nostra fondazione nel 1872, abbiamo raggiunto una presenza commerciale in oltre 160 paesi e contiamo oggi 22 siti produttivi in quattro continenti e 38.000 dipendenti.

www.pirelli.com

Compito n. 2

In Italia avete comprato un cellulare che dopo due settimane ha smesso di funzionare. Adesso state per ripartire per il vostro Paese quindi volete restituire il telefono e riavere il vostro denaro. Nel negozio vi hanno detto che dovete scrivere una lettera di reclamo all'azienda, spiegare qual è il problema del telefono, specificare il modello, il costo, la data di acquisto e il numero di scontrino e dire che avete bisogno di risolvere il problema velocemente perché state per ripartire, altrimenti dovrete rivolgervi a un avvocato.

Svolgimento del compito n. ....

....

....

....

....

....

PUNTEGGIO .... /10

PUNTEGGIO TOTALE DELLA PROVA DI PRODUZIONE SCRITTA .... + ... = ... /20

Prova di competenza linguistica

PROVA N.1

Completate il testo con le parole mancanti, scegliendo tra quelle sottostanti.

~~export~~ arredo settore clienti prodotti vendite commercio crisi struttura merci

Abiti, ricambi, accessori e .... : l'e.commerce degli italiani verso l'estero

Cresce sempre più l'....export.... sui canali elettronici: in Italia il leader eBay regola una transazione al secondo. Su 176 paesi importatori di merce tricolore i più attivi sono tedeschi, francesi e americani. C'è un .... che non soffre crisi. Riguarda le transazioni online: attraverso eBay, il principale marketplace che conta 4 milioni di .... anche nel nostro Paese, aziende e venditori italiani esportano i loro .... in 176 paesi. "Le nostre ultime rilevazioni – spiega Lamberto Siega, responsabile .... e innovazione del gruppo in Italia, Francia e Spagna per eBay – dimostrano come il .... verso l'estero sia un'opportunità per superare la .... delle vendite al dettaglio. È però necessario prepararsi a ricevere ordinativi da paesi lontani, creando una .... capace di gestire in modo professionale le richieste". Tra le .... del made in Italy che gli stranieri comprano più volentieri via web ci sono l'abbigliamento e gli accessori.

www.repubblica.it/economia/finanza.it

1 PUNTO PER OGNI INSERIMENTO CORRETTO
0 PUNTI PER OGNI INSERIMENTO ERRATO O MANCANTE
PUNTEGGIO TOTALE .... /9

PROVA N.2

Unite le tre frasi in una frase unica, usando le forme di collegamento corrette (congiunzioni, preposizioni, avverbi e pronomi). Se necessario eliminate o sostituite alcune parole e trasformate i verbi nel modo e nel tempo opportuni.

Es. Lucia è andata in centro.
   In centro c'è un concerto della sua band preferita.
   Lucia vuole assolutamente vedere il concerto.

Lucia è andata in centro perché c'è un concerto della sua band preferita che vuole assolutamente vedere.

1 Gianni ha una sorella.
   La sorella di Gianni abita al Lago di Garda.
   La sorella ospita spesso Gianni nel suo hotel.

2 Giovanni ha messo a posto la sua camera.
   Giovanni ha trovato una foto.
   Una sua amica di Vicenza aveva scattato la foto.

3 Abbiamo paura dell'aereo.
   Noi viaggiamo quasi sempre in macchina.
   Abbiamo preso la macchina perfino per andare a Mosca.

4 Marta non ha voglia di telefonare a Giorgio.
   Giorgio ha risposto male a Marta.
   Marta non vuole più parlare a Giorgio.

5 Devo ricordarmi di fare una cosa.
   La cosa è scrivere una mail a Michele.
   Michele mi ha scritto già da un mese.

6 Ho cercato Roberta.
   Ho cercato il fratello di Roberta.
   Devo parlare con Roberta e suo fratello.

1 PUNTO PER OGNI FRASE COMPLETA E CORRETTA
0,5 PUNTI PER FRASI ACCETTABILI MA NON COMPLETE O NON DEL TUTTO CORRETTE
0 PUNTI PER FRASI COMPLETAMENTE ERRATE O PER ASSENZA DI RISPOSTA
PUNTEGGIO TOTALE .... /6

PROVA N.3

Completate le frasi coniugando il verbo tra parentesi al tempo e modo opportuni.

Es. Mentre Giuseppe (*guidare*) ....guidava...., osservavo il bel paesaggio della campagna intorno a me.

1 Garibaldi (*nascere*) .... a Nizza e visse alcuni anni in America.

2 Penso che Cavour (*essere*) .... un uomo molto importante per la formazione della nazione italiana.

3 Roma (*essere conquistata*) .... nel 1870.

4 Vorrei restituire questo prodotto prima che (*essere*) .... troppo tardi.

5 Vorrei che le vacanze non (*finire*) .... mai.

1 PUNTO PER OGNI VERBO CORRETTO
0 PUNTI PER OGNI VERBO ERRATO O PER ASSENZA DI RISPOSTA
PUNTEGGIO TOTALE .... /5

PUNTEGGIO TOTALE DELLA PROVA DI COMPETENZA LINGUISTICA
.... + ... + ... = ... /20

Prova di comprensione dell'ascolto

PROVA N.1

26 **Ascoltate il testo e indicate l'alternativa corretta.**

1 Il maresciallo dei Carabinieri
  a è una figura molto importante per un paese o una città.
  b è punto di riferimento solo nelle grandi città.
  c ha la formula magica per la sicurezza.
  d offre una certezza.

2 Le persone considerano il maresciallo dei Carabinieri
  a il rappresentante di una istituzione ormai superata.
  b una figura che non rappresenta più l'istituzione.
  c una persona a cui si può anche chiedere un consiglio.
  d quasi come un membro di famiglia.

3 Il nostro tempo ci fa vivere
  a in modo tradizionale.
  b di paure e incertezze.
  c esclusivamente di tecnologie.
  d in un clima di reciproca fiducia.

4 L'Arma dei Carabinieri è nata
  a circa due secoli fa.
  b da più di trecento anni.
  c da meno di duecento anni.
  d in tempi molto recenti.

5 Le stazioni dei Carabinieri devono essere un luogo
  a di cui tutti hanno paura.
  b in cui tutti ricevono da mangiare e da dormire.
  c riservato ai militari dell'arma.
  d aperto ai cittadini che hanno bisogno di supporto.

6 A Milano la stazione dei Carabinieri
  a è sempre aperta.
  b ha un orario di apertura più lungo.
  c non è aperta quasi mai.
  d è aperta soltanto di giorno.

7 Secondo il colonnello Salvatore Luongo è necessario che il comandante
  a sia molto generoso.
  b abbia un rapporto stretto con la popolazione.
  c incuta timore ai cittadini.
  d tenga sempre aperta la porta di casa.

8 Il rapporto tra i Carabinieri e le varie associazioni di Roma
  a è diventato meno intenso.
  b è diventato inesistente.
  c ha portato alla soluzione di tutti i problemi.
  d si è molto rafforzato.

9 La tecnologia
  a rimane comunque molto importante.
  b non ha più molta importanza.
  c è al centro del problema.
  d non è di grande aiuto.

10 A Milano ci sono delle videocamere che
  a trasmettono immagini a diversi centri di sorveglianza.
  b sono simili a quelle usate a Buenos Aires.
  c sorvegliano tutte le strade della città.
  d disturbano un po' la privacy dei cittadini.

1 PUNTO PER OGNI RISPOSTA CORRETTA
1 PUNTO IN MENO PER OGNI RISPOSTA ERRATA
0 PUNTI PER ASSENZA DI RISPOSTA

PUNTEGGIO TOTALE .... /10

PROVA N.2

27 **Ascoltate più volte il testo e completate le informazioni con poche parole (massimo 4).**

1 Giada Michetti, 58 anni, è ....

2 Il salone si farà di nuovo e sarà ....

3 La casa e la macchina sono .... che fa una famiglia.

4 È .... anche il trasporto pubblico.

5 Il trasporto veloce su binario copre solo ....

6 Il nostro quartiere fieristico è l'unico ad avere .... praticamente sua.

7 Tutto qui è sporco di grasso d'olio, ... vissuta da sempre.

8 Veniamo da anni duri, in cui .... anche solo sopravvivere.

9 Offriamo un luogo pronto all'uso, ... per loro.

10 Noi .... a organizzare un viaggio e un turismo attorno all'auto.

1 PUNTO PER OGNI COMPLETAMENTO CORRETTO
0,5 PUNTI PER OGNI COMPLETAMENTO SOLO PARZIALMENTE CORRETTO
0 PUNTI PER COMPLETAMENTI ERRATI O MANCANTI

PUNTEGGIO TOTALE .... /10

PUNTEGGIO TOTALE DELLA PROVA DI COMPRENSIONE DELL'ASCOLTO .... + ... = ... /20

Prova di produzione orale

PROVA N.1

- Descrivete la foto.
- "L'Italia è il paese del sole!": mettete in relazione la frase alla foto e dita cosa ne pensate.
- L'Italia non è solo mare. Dite perché.

PUNTEGGIO TOTALE .... /10

PROVA N.2

1 Leggete il testo.

Autobus e Poste al centro delle lamentele nella nostra città.

La posta fa arrabbiare **Marino Polato** di Olmo, che di recente ha presentato una lamentela ufficiale. "Le bollette arrivano tardi - dice - ai primi di maggio mi sono arrivati gli estratti conto di marzo e per le analisi mediche ho dovuto aspettare una ventina di giorni. Ho presentato un reclamo poche settimane fa e la direzione mi ha risposto, ringraziandomi per la segnalazione. Si è giustificata dicendomi che ci sono problemi con i postini e stanno ristrutturando la distribuzione della posta ma i disagi continuano".

Roberto Ragazzo non usa giri di parole: "Il servizio è da piangere. Forse qualcosa è migliorato negli ultimi tempi ma non ci siamo proprio. Le bollette arrivano in ritardo, anche di settimane".

Anche la signora **Bruna Scalzari**, se la prende con i problemi del servizio postale. "Una persona amica aspettava una raccomandata proveniente da Roma. Dopo aver aspettato alcuni giorni ha scoperto che la lettera era ferma. Per non parlare di quello che succede negli autobus. Proprio nei giorni scorsi – racconta la donna – ero partita da Mirano con la corriera piena di studenti. Per tutta la corsa ho faticato ad andare avanti, così, una volta arrivata alla mia fermata, non sono riuscita a scendere".

Di autobus parla anche **Gianluca Toffoletto**, riferendo anche i problemi di infermieri e operatori socio sanitari che lavorano all'ospedale civile di Venezia. In ospedale il nostro turno finisce alle 21 ed è impossibile essere in piazzale Roma per le 21.15, quindi siamo costretti ad aspettare un'ora, fino alle 22.20, o a prendere l'auto. È per questo che stiamo raccogliendo le firme da presentare al Comune".

www./nuovavenezia.gelocal.it

2 Riassumete il testo.

3 E voi quali servizi pubblici utilizzate? Avete mai avuto un problema con la posta, i mezzi di trasporto o altri servizi? Raccontate.

PUNTEGGIO TOTALE .... /10

PUNTEGGIO TOTALE DELLA PROVA DI PRODUZIONE ORALE .... + ... = ... /20

PUNTEGGIO TOTALE DEL TEST .... + ... + ... + ... + ... = ... /100

5

Credevo che fosse agli Uffizi!

In questa unità imparate a:

A informarvi e organizzare una visita nei musei

B parlare delle vostre conoscenze a proposito di artisti e opere d'arte

C parlare di un'opera d'arte

1 Osservate le immagini e abbinatele alle seguenti didascalie.

1 [C] Giorgio Morandi, *Grande natura morta metafisica*, 1918, Pinacoteca di Brera, Milano.

2 [ ] Giacomo Manzù, *Cardinale seduto*, 1975/77, statua in bronzo, J. Paul Getty Museum, Los Angeles.

3 [ ] Gian Lorenzo Bernini, Piazza San Pietro, 1656-1667, Roma.

4 [ ] Donatello, *David*, 1440 circa, statua in bronzo, Museo nazionale del Bargello, Firenze.

5 [ ] Leonardo, *Schizzo di un edificio e di strade su due livelli*, 1490 circa, Institut de France, Parigi.

6 [ ] Sandro Botticelli, *Nascita di Venere*, 1482-1485, tempera su tela di lino, Galleria degli Uffizi, Firenze.

2 Scultura, pittura, architettura: voi che tipo di opere d'arte preferite? Avete visto alcune delle opere illustrate? Vi piacerebbe vederne qualcuna? Se sì, quale? Se no, quale altra opera vi piacerebbe vedere?

A VORREI CHE DIVENTASSE UN GRANDE ARTISTA

1 Leggete i testi sottostanti e indicate in quale troviamo:

1 informazioni sulle aperture straordinarie di un museo ☐ A

2 informazioni generali sulle visite ai musei di una città ☐

3 informazioni su un'opera d'arte ☐

A ## Martedì in arte alla Pinacoteca di Brera

La Pinacoteca di Brera apre gratuitamente il 28 settembre, dalle ore 19.30 alle ore 23.00, con ultimo ingresso alle 22.40. In quest'occasione sarà possibile visitare anche la mostra di Burri e Fontana a Brera, che chiuderà il 3 ottobre. Il calendario dei successivi appuntamenti del martedì, che manterranno gli stessi orari, è il seguente: 28 settembre, 26 ottobre, 30 novembre, 28 dicembre.

Per informazioni:
Paola Rossi, tel. 02 72263262,
paola.rossi@beniculturali.it;
Maria Cristina Bianchi,
tel. 02 72263263, mariacristina.bianchi@beniculturali.it

B ### Visite guidate a Roma, individuali e per gruppi italiani e stranieri – Attività didattiche ed escursioni per le scuole

Itinerario n. 10: Piazza San Pietro, la Basilica di San Pietro, Città del Vaticano.

Il colonnato della maestosa piazza è il capolavoro del Bernini e costituisce uno scenografico insieme, magistralmente connesso alla facciata della basilica. Le due grandi ali aperte a semicerchio rappresentano le braccia della Chiesa, protese per accogliere l'umanità intera. Al Bernini dobbiamo anche il progetto delle 140 gigantesche statue in marmo che ornano la sommità del colonnato, realizzate con l'aiuto degli allievi.

C Questo sito nasce con la volontà di offrire al turista una guida alla splendida Galleria degli Uffizi. La Guida vi parlerà anche degli altri musei dell'area fiorentina, con informazioni e orari. All'interno del sito sono presenti le strutture turistiche consigliate per organizzare al meglio le visite. Sarà possibile inoltre prenotare on-line, in modo sicuro, i biglietti per i principali musei fiorentini, evitando così di fare inutili code.

2 Leggete ancora i testi dell'attività precedente e indicate a quale dei tre luoghi indicati si riferiscono le affermazioni della colonna di sinistra della tabella.

	La Pinacoteca di Brera	Piazza San Pietro	La Galleria degli Uffizi
È presentata in un sito internet insieme ai più importanti musei della città.			✓
Si organizzano visite di gruppo per studenti.			
Apre fino a tardi in alcuni giorni particolari.			
Ha un significato simbolico.			
Ha una guida che fornisce informazioni anche su dove mangiare e dormire.			
Ospita una mostra straordinaria.			

3 Leggete lo scambio di messaggi e rispondete alle domande.

Noemi: Ehi, sei collegata! Che bello! Volevo chiamarti.

Lisa: Anch'io. Domenica vado agli Uffizi e ho un biglietto in più...

Noemi: Non lo puoi restituire?

Lisa: Non lo so. L'ho comprato dal sito. Vieni con me?

Noemi: Perché no? Voglio vedere il David di Donatello.

Lisa: COSA? Dici sul serio?

Noemi: Perché?

Lisa: Hai sbagliato museo. Il David è al Museo del Bargello.

Noemi: O mio Dio! Che figuraccia! Ti chiedo scusa.

Lisa: E di che cosa?

Noemi: Credevo che fosse agli Uffizi.

Lisa: AhahaH... A me è successo lo stesso.

Noemi: Hai cercato un'opera nel museo sbagliato?

Lisa: Più o meno...

Noemi: Senti, ti dispiace se porto anche il mio Luca piccolino?

Lisa: Certo che non mi dispiace. Vuoi che diventi un appassionato d'arte?

Noemi: Beh, magari! Io addirittura vorrei che diventasse un grande artista!

Lisa: È il tuo sogno segreto di mamma?

Noemi: Già. Mi piacerebbe che prendesse da suo nonno.

Lisa: Il biglietto per Luca?

Noemi: Ci penso io. Lo compro online così domenica non facciamo la coda...

Lisa: Fai bene. Io pensavo che a novembre ci fosse scarsa affluenza di pubblico ma mi hanno detto che non è così.

Noemi: Per fortuna che non è così!

Lisa: Dai un'occhiata al sito. Trovi il link per le prenotazioni online...

1 Dove vogliono andare Lisa e Noemi? ....

2 Quanti biglietti hanno già comprato? ....

3 Che cosa vorrebbe vedere Noemi in particolare? ....

4 Perché Noemi si scusa con Lisa? ....

5 Chi va con loro? ....

6 Che cosa si augura Noemi per Luca? ....

7 Perché Noemi preferisce comprare il biglietto in Internet? ....

4 Completate le frasi utilizzate nella chat per...

...esprimere un desiderio	Magari! Io addirittura .... un grande artista! Mi piacerebbe che .... da suo nonno.
...invitare una persona a fare qualcosa	Vieni .... ?
...esprimere una convinzione, un'opinione	.... fosse agli Uffizi. Io pensavo che a novembre .... scarsa affluenza di pubblico.
...esprimere sorpresa	.... ? Dici sul serio?
...chiedere il permesso per fare qualcosa	.... porto anche il mio Luca piccolino?
...dare un consiglio	.... al sito.

5 In coppia. Invitate il vostro compagno a visitare uno dei musei dell'attività 1 e mettetevi d'accordo per quanto riguarda giorno, orari, biglietti, opere da vedere ed eventuali altri desideri.

6 Leggete le seguenti frasi e sottolineate i verbi al congiuntivo imperfetto come nell'esempio. Poi inserite i verbi che avete sottolineato e quelli in neretto all'interno della tabella.

1 Io **pensavo** che a novembre <u>ci fosse</u> scarsa affluenza di pubblico.

2 **Speravo** che Noemi venisse con me.

3 Non **ero sicuro** che il David fosse al Museo del Bargello.

4 **Sembrava** che non ci fosse tanta fila.

5 **Era necessario** che Noemi comprasse il biglietto online.

6 **Vorrei** che Luca diventasse un grande artista.

7 **Mi piacerebbe** che Luca prendesse da suo nonno.

ALCUNI USI DEL CONGIUNTIVO IMPERFETTO	
Frasi che si riferiscono al passato	
Frasi che esprimono un'opinione, una convinzione	Io *pensavo* che a novembre *fosse* scarsa affluenza di pubblico.
Frasi che esprimono un sentimento (speranza, paura, dubbio, ecc.)	*Speravo* che Noemi *venisse* con me.
Frasi che esprimono un dubbio	Non *ero sicuro* che il David *fosse* al Museo del Bargello.
Frasi con un verbo alla forma impersonale	*Sembrava* che non ci *fosse* tanta fila.
Espressioni impersonali con il verbo *essere*	*Era necessario* che Noemi *comprasse* il biglietto online.
Frasi che si riferiscono al presente	
Frasi che esprimono un desiderio	Mi *vorrei/piacerebbe* che Luca *diventasse* un grande artista. Mi *piacerebbe* che Luca *prendesse* da suo nonno.

7 Completate le affermazioni.

Il congiuntivo imperfetto si usa nella frase secondaria quando nella principale è presente:

* un verbo al tempo passato che esprime una speranza, un'opinione, una convinzione, un sentimento, un dubbio, come ad esempio *pensavo* , *speravo* (non *ero sicuro*) , *sembrava* *ero sicuro*;
* un verbo al passato con la forma impersonale, come *era necessario* ;
* un'espressione impersonale con il verbo *essere* al passato, come *era necessario* ;
* un verbo che esprime un desiderio al condizionale, come per esempio *vorrei* , (*mi*) *piacerebbe*

8 Completate le tabelle.

IL CONGIUNTIVO IMPERFETTO (VERBI REGOLARI)			
	diventare	**prendere**	**venire**
io	diventassi	*prendessi*	venissi
tu	*diventassi*	prendessi	*venissi*
lui/lei/Lei	*diventasse*	prendesse	*venisse*
noi	diventassimo	*prendessimo*	venissimo
voi	*diventaste*	prendeste	*veniste*
loro	diventassero	*prendessero*	venissero

IL CONGIUNTIVO IMPERFETTO (ALCUNI VERBI IRREGOLARI)				
	essere	**avere**	**dare**	**stare**
io	fossi	*avessi*	dessi	*stessi*
tu	*fossi*	avessi	*dessi*	stessi
lui/lei/Lei	fosse	*avessimo*	*desse*	*stesse*
noi	*fossimo*	avessimo	dessimo	stessimo
voi	foste	*aveste*	*deste*	steste
loro	*fossero*	avessero	dessero	*stessero*

9 **Completate la mail con i verbi tra parentesi.**

Ehi, posso esprimere subito un desiderio? Vorrei che ogni tanto tu ...rispondessi.. (*rispondere*) al telefono. Perché non sei venuto alla Pinacoteca ieri? Roberto ed io ci siamo andati e speravamo che .... (*venire*) anche tu. Non ti sei ricordato? Ti abbiamo chiamato due volte, ma come al solito è stato inutile. Ero convinta che (tu) .... (*avere*) già il biglietto. Comunque è una bella cosa andare al museo dopo cena! Non riuscivo a credere che .... (*essere*) le undici di sera quando siamo usciti. C'era un sacco di gente e mi è sembrato che .... (*essere*) tutti molto contenti di questa iniziativa.

Vorrei che i musei .... (*aprire*) fino a tardi anche il venerdì e il sabato! In ogni caso dobbiamo ritornare alla Pinacoteca prima del 3 ottobre. Mi piacerebbe che (tu) mi .... (*accompagnare*) a vedere la mostra di Burri e Fontana. Dai, fatti sentire!
A presto.
Lidia

10 **In coppia. A turno immaginate di essere nella situazione indicata e completate le frasi.**

1 Il mio compagno deve lavorare il prossimo fine settimana.

Speravo che ...venisse con me al museo.............
Credevo che ....
Mi piacerebbe che ....

2 Le aperture straordinarie del museo terminano oggi.

Pensavo che ....
Non immaginavo che ....
Vorrei che ....

3 Piazza San Pietro domani mattina è chiusa ai turisti.

Mi sembrava che ....
Non sapevo che ....
Mi piacerebbe che ....

4 Mio figlio non vuole frequentare l'Accademia delle Belle Arti.

Speravo che ....
Credevo che ....
Vorrei che ....

> E ora svolgete le attività 1-3 a pp. 37-38 dell'eserciziario.

11 **Leggete il testo e inserite le seguenti parole.**

> scultura   bronzo   nudo   Donatello   italiano   Firenze   1440   celebre
> cm (x2)   conservata   artista   significati   committenza

Il David (o *Mercurio*) è una ...scultura... in ...bronzo... realizzato all'incirca nel ...1440...
da ...Donatello..., uno dei più famosi scultori italiani. Misura 158 ...cm (x2)... per un diametro
massimo di 51 ...cm... ed è ...conservata... nel Museo Nazionale del Bargello a ...Firenze... .

Opera forse più ...celebre... e al tempo stesso più particolare dell'...artista..., che la realizzò
su ...committenza... della famiglia Medici, è rappresentativa dell'intero Quattrocento ...italiano..., ed è
densa di .... non tutti completamente svelati.

12 In coppia. Rileggete ancora il testo dell'attività precedente e sottolineate le informazioni per voi nuove.
Poi insieme al vostro compagno formulate almeno tre frasi come da esempio.

> Credevo che il David fosse molto più grande!

B NON SAPEVO CHE MICHELANGELO FOSSE VISSUTO COSÌ A LUNGO!

1 Osservate le immagini e completate le didascalie con i seguenti nomi di artisti o periodi della storia dell'arte.

> L'arte etrusca
> Il gotico   L'arte romana
> Gae Aulenti
> Modigliani   Bernini
> Michelangelo

1 ...... L'arte etrusca ...... Vaso in ceramica a figure rosse

2 .... Il Duomo di Milano

3 .... Ritratto

4 .... Il Giudizio universale

5 .... La Colonna Traiana

6 .... Istituto Italiano di Cultura di Tokyo

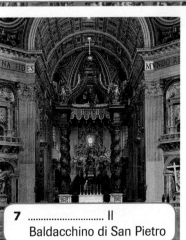

7 .... Il Baldacchino di San Pietro

2 In coppia. Rispondete alle domande del quiz e controllate i risultati.

1 Gli Etruschi sono vissuti:
- a. nel centro Italia prima e durante il periodo romano.
- b. al Nord dopo la caduta dell'Impero Romano.
- c. al Sud prima degli antichi Romani.

2 I Romani hanno costruito la Colonna Traiana per:
- a. festeggiare la vittoria di un imperatore.
- b. ricordare i martiri cristiani.
- c. chiedere protezione alle divinità.

3 Il gotico è uno stile artistico che si è diffuso:
- a. nel Medioevo.
- b. nel Seicento.
- c. in epoca moderna.

4 Il committente del *David* di Donatello è stato:
- a. un membro della famiglia Medici di Firenze.
- b. un papa.
- c. un ricco mercante.

5 Michelangelo è morto a:
- a. 78 anni.
- b. 36 anni.
- c. 89 anni.

6 Leonardo ha dipinto l'*Ultima Cena* per:
- a. il Duomo di Milano.
- b. il castello sforzesco.
- c. l'oratorio della Chiesa di Santa Maria delle Grazie.

7 Raffaello è nato a:
- a. Pesaro.
- b. Urbino.
- c. Perugia.

8 L'architetto che ha realizzato il Baldacchino della Chiesa di San Pietro a Roma è:
- a. Bernini.
- b. Bramante.
- c. Michelangelo.

9 Modigliani è stato:
- a. un pittore.
- b. un architetto.
- c. un ingegnere.

10 Gae Aulenti ha costruito a Tokyo:
- a. l'Istituto Italiano di Cultura.
- b. la stazione.
- c. l'aeroporto.

1. a; 2. a; 3. a; 4. a; 5. c; 6. c; 7. b; 8. a; 9. a; 10. a.

3 Com'è andato il test? Leggete le risposte di alcuni studenti e osservate il congiuntivo trapassato dell'esempio, poi sottolineate i congiuntivi trapassati nelle altre frasi.

Benissimo! Non ho sbagliato nemmeno una risposta.

Bene. Ho sbagliato soltanto una risposta. Non sapevo che gli Etruschi ...fossero vissuti... nel centro Italia prima e durante il periodo romano.

Malissimo. Pensavo che il mio compagno avesse studiato per copiare da lui. Ho sperato che il mio test fosse andato bene lo stesso, ma mi sono sbagliato!

Abbastanza bene. Ero convinta che Raffaello fosse nato a Perugia.

Così, così. Pensavo che i Romani avessero costruito la Colonna Traiana per chiedere protezione alle divinità e non sapevo che Michelangelo fosse vissuto così a lungo.

4 Facendo riferimento ai testi precedenti, completate le frasi in tabella e la regola sottostante.

IL CONGIUNTIVO TRAPASSATO	
La frase principale	**La frase secondaria**
Non sapevo	che Michelangelo ...fosse vissuto... così a lungo.
Pensavo	che il mio compagno ....
Ho sperato	che il test .... bene.

- Il congiuntivo trapassato si forma con gli ausiliari ...essere... e .... coniugati al .... imperfetto e il participio passato del verbo.
- Il congiuntivo trapassato si trova nella frase .... quando nella frase principale c'è un verbo al passato. Il congiuntivo trapassato si riferisce ad un tempo precedente a quello espresso nella frase ....

5 Leggete i commenti al test di alcuni studenti e completateli come nell'esempio.

1 Pensavo che gli Etruschi (*vivere*) ....*fossero vissuti*... al Nord dopo la caduta dell'Impero Romano.

2 Credevo che i Romani (*costruire*) .... la Colonna Traiana per chiedere protezione alle divinità.

3 Ero convinto che il gotico (*diffondersi*) .... nel Seicento.

4 Mi sembrava che Michelangelo (*morire*) .... a 78 anni.

5 Pensavo che Leonardo (*dipingere*) .... l'*Ultima Cena* per il Duomo di Milano.

6 Avevo letto che Raffaello da giovane era stato a Perugia e ho pensato che ci (*nascere*) ....

7 Credevo che Bramante (*realizzare*) .... il Baldacchino della Chiesa di San Pietro a Roma.

8 Ero convinto che Gae Aulenti (*costruire*) .... la stazione di Tokyo.

6 Leggete le frasi e completate la tabella inserendo il tempo e il modo dei verbi sottolineati come negli esempi.

	Frase principale	Frase secondaria	Relazione tra i verbi
Oggi	Penso che _Indicativo presente_	il mio compagno studi. _Congiuntivo presente_	Le azioni espresse dai due verbi sono contemporanee e si riferiscono al presente.
	Penso che	il mio compagno abbia studiato.	L'azione espressa con il congiuntivo passato é anteriore all'azione espressa con l'indicativo presente.
In passato	Pensavo che _Indicativo imperfetto*_	il mio compagno studiasse.	Le azioni espresse dai due verbi sono contemporanee e si riferiscono al passato.
	Ho pensato che _Indicativo passato prossimo*_	il mio compagno avesse studiato.	L'azione espressa con il congiuntivo trapassato è anteriore all'azione espressa con un tempo passato dell'indicativo.

*Tutti i tempi passati dell'indicativo ovvero passato prossimo, trapassato prossimo, imperfetto, passato remoto, trapassato remoto.

> E ora svolgete le attività 1-2 a pp. 38-39 dell'eserciziario.

CD 28 MP3 7 Ascoltate i tre commenti al test e collegateli alle seguenti immagini.

a ☺ □   b 😐 □   c ☹ □

CD 28 MP3 8 Ascoltate ancora e completate le seguenti frasi.

1 *Ho sentito dire* che il tuo test è andato benissimo.

2 Sono contento ....

3 .... avessi fatto l'Accademia anch'io!

4 Cosa c'è che .... ?

5 Ma non mi sembri .... , perché?

6 È andato .... Ho sbagliato ....

7 Dai non .... Andrà meglio ....

8 Come .... il test di storia dell'arte?

9 Il test è andato ....

10 Allora che .... ?

9 Indicate quale funzione esprimono le frasi dell'attività precedente. A una funzione possono corrispondere più frasi.

a	Riferire un'informazione	• *frase 1*
b	Informarsi sul risultato di qualcosa	• ....
c	Dire il risultato di qualcosa	• ....
d	Informarsi sui motivi di un malessere	• ....

e	Esprimere gioia per qualcun altro	• ....
f	Consolare qualcuno	• ....
g	Esprimere un rimpianto	• ....

10 Informatevi sui risultati del test dei vostri compagni e create dei brevi dialoghi simili a quelli che avete ascoltato nell'attività precedente. Non è necessario dire la verità sul risultato del vostro test!!!

> Com'è andato il test di storia dell'arte?

> Il test è andato benino.

> Sono contento per te!

C MI SONO EMOZIONATA, NONOSTANTE L'AVESSI GIÀ VISTA

1 Osservate una delle opere d'arte italiane più famose: la conoscete? Sapete dove si trova? Che cosa rappresenta?

1 ....

2 ....Zefiro....

3 ....

4 ....

5 ....

6 ....

7 ....

Autore	Sandro Botticelli	Tecnica	....
Titolo	....	Dimensioni	....
Data	....	Ubicazione	....

 2 Ascoltate la prima parte della descrizione dell'opera e completate la targhetta informativa dell'attività 1.

 3 Ascoltate la seconda parte della descrizione e indicate negli spazi dell'attività 1 chi sono i diversi personaggi che compaiono nell'opera.

 4 Ascoltate il testo per intero e rispondete alle domande.

1 In quale direzione dobbiamo "leggere" l'opera? *Da destra a sinistra.* ....

2 Come sono disposti i personaggi? ....

3 Che cosa fanno? ....

4 Realtà e fantasia si incontrano: potete fornire un esempio? ....

5 Perché si tratta di un'opera misteriosa? ....

5 In coppia. A turno, con l'aiuto delle informazioni che avete raccolto sull'opera, provate a descriverla.

6 Ascoltate i commenti di alcuni visitatori della Galleria e dite in quale dialogo le persone…

a. esprimono il desiderio di avere capacità artistiche. ....

b. ricordano un fatto dell'infanzia. ....

c. esprimono il grande piacere che scaturisce dalla vista dell'opera. ....

7 Completate le frasi contenute in tabella con le seguenti parole.

> dovunque   come se (2)   nonostante   qualsiasi   più… di (4)   magari (2)   affinché

ALCUNI USI DEL CONGIUNTIVO	
Il congiuntivo si usa:	
– dopo le congiunzioni *purché, a condizione che, a patto che, affinché, perché, benché, sebbene, nonostante, prima che, a meno che, dovunque, qualsiasi, chiunque, comunque* ecc.	
1 I tuoi genitori, ancora oggi **visitano** musei .....*dovunque*..... **vadano**.	congiuntivo presente
2 Certo, ... cosa **abbia avuto** in mente Botticelli quando l'ha realizzata, la sua opera è bellissima.	congiuntivo passato
3 Quando **ero piccolo** i miei genitori mi hanno portato qui .... **potessi** vedere quest'opera.	congiuntivo imperfetto
4 Mi **sono emozionata**, ... l'**avessi vista** già tante volte.	congiuntivo trapassato
– nelle frasi comparative con la struttura *più/meno di:*	
5 È ...*più*... bella ...*di*... quanto tu **possa** immaginare!	congiuntivo presente
6 È .... bella .... quanto tu **abbia potuto** immaginare!	congiuntivo passato
7 Era .... bella .... quanto tu **potessi** immaginare!	congiuntivo imperfetto
8 Era .... bella .... quanto tu **avessi potuto** mai immaginare!	congiuntivo trapassato
– dopo *come se:*	
9 È .... **fosse** sempre la prima volta!	congiuntivo imperfetto
10 È .... **fosse stata** la prima volta!	congiuntivo trapassato
– per esprimere un desiderio dopo la parola *magari:*	
11 .... **fossi** così brava a dipingere.	congiuntivo imperfetto
12 .... **fossi stata** così brava a dipingere.	congiuntivo trapassato

8 Completate le affermazioni.

L'uso del congiuntivo è legato ad alcune strutture particolari della frase:

- Se la frase principale ha il verbo al presente, il congiuntivo della secondaria è al presente o al ....*passato*.... .

- Se la frase principale ha il verbo al passato, il congiuntivo della secondaria è all'imperfetto o al ....

- Dopo *magari* e *come se* si possono usare o il congiuntivo imperfetto o il congiuntivo ....

9 **Completate le frasi sottolineando gli elementi giusti.**

1 La Pinacoteca di Brera mi è sembrata bellissima *nonostante* / *come se* l'altra sera fossi molto stanca.

2 Gli Uffizi sono un museo meraviglioso, molto *più bello di* / *più bello che* quanto avessi mai potuto immaginare.

3 *Chiunque* / *affinché* abbia ascoltato la descrizione della guida, è rimasto a bocca aperta.

4 Carlo mi ha detto che ai Musei Vaticani c'è tanta fila per entrare, *come se* / *benché* fosse sempre alta stagione.

5 Noemi ha detto a Luca che lo porterà al museo con sé, *a patto che* / *comunque* finisca i compiti di scuola.

6 *Magari* / *nonostante* potessi andare tre giorni a Firenze, in giro per musei!

7 *Benché* / *come se* i critici abbiano espresso tante teorie sulla *Primavera* di Botticelli, l'opera rimane comunque misteriosa.

E ora svolgete le attività 1-3 a
pp. 40-41 dell'eserciziario.

10 **Osservate le immagini di due delle opere più famose di Alessandro Botticelli ed esprimete le vostre opinioni a proposito.**

Secondo me la *Nascita di Venere* è più bella, è come se...

Nonostante io preferisca *La Primavera* devo dire che...

La *Primavera* è meravigliosa. Mi emoziona sempre!

Progettiamolo
INSIEME

1 Pensate ad alcune opere d'arte italiane che conoscete e che vi piacerebbe vedere. Cercate altri compagni che condividano il vostro desiderio. Se nessuno ha i vostri interessi cercate di mettervi d'accordo comunque e formate dei gruppi.

2 Raccogliete più informazioni possibili sulle opere che vi piacerebbe vedere, il museo in cui sono esposte e provate a organizzare una gita di gruppo per andare a visitarle. Informatevi su:

- possibilità di raggiungere la città in cui si trova il museo, con orari dei mezzi di trasporto, costo del biglietto ecc.;
- orari ed aperture del museo, eventuali possibilità di acquisto del biglietto online, prezzo ecc.;
- eventuali possibilità di visitare il museo con audio guide, accompagnati da una guida ecc.;
- informazioni sulle opere di vostro interesse, sull'artista che le ha realizzate ecc.;
- informazioni sulla città da visitare per quanto riguarda ristoranti, alberghi, locali, eventi particolari, aperture dei negozi del centro ecc.;

3 Preparate un programma abbastanza dettagliato che contenga tutte le informazioni raccolte e presentatelo ai vostri compagni. Se ne avete la possibilità, organizzatevi realmente per effettuare la visita che avete programmato.

PRONUNCIA E GRAFIA

 1 Il modo in cui si pronunciano le parole può esprimere diversi stati d'animo. Ascoltate le seguenti espressioni e indicate l'ordine degli stati d'animo pronunciati.

1 Che bello!

Gioia	Ironia	Ammirazione
1	3	2

4 Cosa c'è che non va?

Preoccupazione	Sorpresa	Consolazione

2 Davvero?

Gioia	Preoccupazione	Sorpresa

5 Hai cercato un'opera nel museo sbagliato?

Ironia	Sorpresa	Consolazione

3 Magari!

Desiderio	Rimpianto	Ironia

6 Benissimo.

Gioia	Sorpresa	Ironia

 2 Ascoltate le espressioni dell'attività precedente e ripetetele cercando di imitare il più possibile l'intonazione.

 3 Ascoltate e completate alcune frasi che avete incontrato nell'unità.

	Ammirazione	Gioia	Desiderio	Rimpianto/Tristezza	Consolazione	Preoccupazione	Sorpresa
Che bello!	X						
Carlo							
Voglio							
Sono							
Magari							
Pensavo							
Ero							
Dai, ...							
Il							
Cosa							

 4 Ascoltate ancora le frasi dell'attività precedente e indicate con una crocetta quale stato d'animo esprimono.

LA GRAMMATICA IN TABELLE

IL CONGIUNTIVO IMPERFETTO (VERBI REGOLARI)			
	diventare	**prendere**	**venire**
io	diventassi	prendessi	venissi
tu	diventassi	prendessi	venissi
lui/lei/Lei	diventasse	prendesse	venisse
noi	diventassimo	prendessimo	venissimo
voi	diventaste	prendeste	veniste
loro	diventassero	prendessero	venissero

IL CONGIUNTIVO IMPERFETTO (ALCUNI VERBI IRREGOLARI)				
	essere	**avere**	**dare**	**stare**
io	fossi	avessi	dessi	stessi
tu	fossi	avessi	dessi	stessi
lui/lei/Lei	fosse	avesse	desse	stesse
noi	fossimo	avessimo	dessimo	stessimo
voi	foste	aveste	deste	steste
loro	fossero	avessero	dessero	stessero

ALCUNI USI DEL CONGIUNTIVO IMPERFETTO	
Frasi che si riferiscono al passato	
Frasi che esprimono un'opinione, una convinzione	Io **pensavo** che a novembre ci fosse scarsa affluenza di pubblico.
Frasi che esprimono un sentimento (speranza, paura, dubbio, ecc.)	**Speravo** che Noemi venisse con me.
Frasi che esprimono un dubbio	Non **ero sicuro** che il David fosse al Museo del Bargello.
Frasi con un verbo alla forma impersonale	**Sembrava** che non ci fosse tanta fila.
Espressioni impersonali con il verbo *essere*	**Era necessario** che Noemi comprasse il biglietto online.
Frasi che si riferiscono al presente	
Frasi che esprimono un desiderio	**Vorrei** che Luca diventasse un grande artista. **Mi piacerebbe** che Luca prendesse da suo nonno.

IL CONGIUNTIVO TRAPASSATO	
La frase principale	**La frase secondaria**
Non sapevo	che Michelangelo fosse vissuto così a lungo.
Pensavo	che il mio compagno avesse studiato.
Ho sperato	che il test fosse andato bene.

	Frase principale	**Frase secondaria**	**Relazione tra i verbi**
Oggi	Penso che *Indicativo presente*	il mio compagno studi. *Congiuntivo presente*	Le azioni espresse dai due verbi sono contemporanee e si riferiscono al presente.
	Penso che *Indicativo presente*	il mio compagno abbia studiato. *Congiuntivo passato*	L'azione espressa con il congiuntivo passato è anteriore all'azione espressa con l'indicativo presente.
In passato	Pensavo che *Indicativo imperfetto**	il mio compagno studiasse. *Congiuntivo imperfetto*	Le azioni espresse dai due verbi sono contemporanee e si riferiscono al passato.
	Pensavo che *Indicativo passato prossimo**	il mio compagno avesse studiato. *Congiuntivo trapassato*	L'azione espressa con il congiuntivo trapassato è anteriore all'azione espressa con un tempo passato dell'indicativo.

*Tutti i tempi passati dell'indicativo ovvero passato prossimo, trapassato prossimo, imperfetto, passato remoto, trapassato remoto.

ALCUNI USI DEL CONGIUNTIVO	
Il congiuntivo si usa:	
– dopo le congiunzioni *purché, a condizione che, a patto che, affinché, perché, benché, sebbene, nonostante, prima che, a meno che, dovunque, qualsiasi, chiunque, comunque* ecc.	
I tuoi genitori, ancora oggi **visitano** musei dovunque **vadano**.	**congiuntivo presente**
Certo, qualsiasi cosa **abbia avuto** in mente Botticelli quando l'ha realizzata, la sua opera è bellissima.	**congiuntivo passato**
Quando **ero piccolo** i miei genitori mi hanno portato qui affinché **potessi** vedere quest'opera.	**congiuntivo imperfetto**
Mi **sono emozionata**, nonostante l'**avessi vista** già tante volte.	**congiuntivo trapassato**
– nelle frasi comparative con la struttura *più/meno di:*	
È più bella di quanto tu **possa** immaginare!	**congiuntivo presente**
È più bella di quanto tu **abbia potuto** immaginare!	**congiuntivo passato**
Era più bella di quanto tu **potessi** immaginare!	**congiuntivo imperfetto**
Era più bella di quanto tu **avessi potuto** mai immaginare!	**congiuntivo trapassato**
– dopo *come se:*	
È come se **fosse** sempre la prima volta!	**congiuntivo imperfetto**
È come se **fosse stata** la prima volta!	**congiuntivo trapassato**
– per esprimere un desiderio dopo la parola *magari:*	
Magari **fossi** così brava a dipingere.	**congiuntivo imperfetto**
Magari **fossi stata** così brava a dipingere.	**congiuntivo trapassato**

LE FUNZIONI COMUNICATIVE

■ **Parlare di un'opera d'arte**
Il David (o Mercurio) è una scultura in bronzo realizzata da Donatello all'incirca nel 1440.

■ **Esprimere gioia/emozione**
Che bello! Mi sono emozionata, nonostante l'avessi vista già tante volte.

■ **Esprimere ammirazione**
È stupenda!

■ **Esprimere una convinzione, un'opinione**
Credevo che il David fosse agli Uffizi.
Mi sembrava che Bramante avesse realizzato il Baldacchino della Chiesa di San Pietro.
Pensavo che il mio compagno avesse studiato.

■ **Esprimere un desiderio**
Vorrei che diventasse un grande artista!
Magari!

■ **Esprimere un rimpianto**
Magari avessi fatto l'Accademia anch'io!

■ **Esprimere sorpresa**
COSA? Dici sul serio?

■ **Invitare una persona a fare qualcosa**
Vieni con me?

■ **Dire che non sapevamo qualcosa**
Non sapevo che gli Etruschi fossero vissuti nel centro Italia.

■ **Chiedere il permesso per fare qualcosa**
Ti dispiace se porto anche il mio Luca piccolino?

■ **Riferire un'informazione**
Ho sentito dire che il tuo test è andato benissimo.

■ **Informarsi sul risultato di una prova**
Com'è andato il test di storia dell'arte?

■ **Dire il risultato di una prova**
Il test è andato benino.

■ **Informarsi sui motivi di un malessere**
Cosa c'è che non va?

■ **Esprimere gioia per qualcun altro**
Sono contento per te.

IL LESSICO

■ **L'arte e i suoi prodotti**
*La pittura, la scultura, l'architettura, la tempera, la tavola, la statua, il bronzo, il ritratto, il dipinto,
il capolavoro, l'opera d'arte, il paesaggio, il colonnato, la facciata, la basilica, il progetto, il marmo, lo schizzo,
la composizione, i gruppi, i personaggi, i piani, la profondità, la prospettiva, la raffigurazione, la costruzione, il progetto*

■ **I luoghi dell'arte**
*La Galleria degli Uffizi, il Museo Nazionale del Bargello, la Pinacoteca di Brera, Piazza San Pietro, l'evento, l'ingresso,
l'apertura, la mostra, la visita, l'escursione, la guida, la sala, l'orario, il biglietto, il pubblico, l'affluenza, la coda, il titolo,
l'autore, le dimensioni*

■ **I protagonisti dell'arte**
L'artista, l'allievo, il committente, il papa, il ricco mercante, il pittore, l'architetto, lo scultore

■ **I verbi dell'arte**
Dipingere, scolpire, prenotare, visitare, conservare, realizzare, concepire, interpretare, scoprire

■ **Alcuni artisti italiani**
*Gian Lorenzo Bernini, Giorgio Morandi, Donatello, Sandro Botticelli, Giacomo Manzù, Leonardo, Michelangelo, Raffaello,
Modigliani, Gae Aulenti, Bramante*

■ **Alcune opere**
*La Colonna Traiana, l'Ultima Cena, La Primavera, la Nascita di Venere, i vasi in ceramica a figure rosse, il Duomo
di Milano, il Giudizio Universale, la Scuola di Atene, il David, il Baldacchino di San Pietro, il Castello Sforzesco,
la Chiesa di Santa Maria delle Grazie, l'Istituto Italiano di Cultura di Tokyo*

■ **Alcuni periodi**
L'arte romana, il Barocco, il Seicento, l'epoca moderna, il Medioevo

Civiltà e cultura dal vivo

Leggere

1 Scrivete i nomi delle opere d'arte sotto le immagini.

> il Giudizio Universale   il Duomo di Modena   Apollo e Dafne   il Duomo di Siena

il Duomo di Modena   ....

2 Osservate le immagini dell'attività precedente e abbinatele ai seguenti periodi artistici.

a ☐ Il Romanico: XI – XII secolo   c ☐ Il Rinascimento: XIV – XVI secolo

b ☐ Il Gotico: fine XII – XIII – XIV secolo   d ☐ Il Barocco: XVII – XVIII secolo

3 Scrivete sotto ogni immagine la giusta didascalia.

> l'arco a sesto acuto   l'anatomia   le vetrate   le finestre a bifora
> le guglie   il rosone   la prospettiva   l'arco a tutto sesto

1 l'arco a sesto acuto   2 ....   3 ....   4 ....

5 ....   6 ....   7 ....   8 ....

4 Leggete il testo e sottolineate in ogni paragrafo gli elementi collegabili alle immagini dell'attività 1, come indicato nell'esempio.

L'arte romanica: XI – XII secolo

L'arte romanica è quella fase dell'arte medioevale europea che si sviluppa nell'XI e XII secolo.
Gli edifici ricordano i modelli dell'architettura tardo-antica. Un elemento tipico dell'architettura è l'arco a tutto sesto.
Nelle facciate delle chiese, invece, si trova un altro elemento ricorrente, il rosone.

L'arte gotica: fine XII – XIII – XIV secolo

Il gotico è una fase della storia dell'arte occidentale che inizia in Francia per poi diffondersi in tutta l'Europa occidentale. L'architettura è molto ricca, le chiese assumono caratteri strutturali del tutto nuovi con archi a sesto acuto, finestre a bifora, numerose guglie. La luce che filtra dalle vetrate è simbolo del soprannaturale.

Il Rinascimento: XIV – XVI secolo

L'arte del Rinascimento si sviluppa a Firenze e da qui si diffonde nel resto d'Italia e in Europa fino ai primi decenni del XVI secolo, quando si hanno le straordinarie esperienze artistiche di Leonardo da Vinci, Michelangelo e Raffaello. Gli elementi essenziali del nuovo stile sono la formulazione delle regole della prospettiva, l'attenzione all'uomo e all'anatomia.

Il Barocco: XVII – XVIII secolo

Lo stile barocco nasce a Roma intorno al terzo decennio del Seicento. Barocco significa *bizzarro*. Questo stile, grazie alla fantasia nell'elaborazione delle forme e nell'uso dei materiali, diviene in pochissimo tempo lo stile della Chiesa cattolica e delle monarchie europee.

5 Cercate un'opera d'arte italiana rappresentativa di ognuno dei periodi di cui avete letto nell'attività precedente e indicate brevemente quali sono gli elementi stilistici che la caratterizzano.

....

....

....

....

....

6 E nel vostro Paese? Quali sono gli stili artistici più importanti? E le opere d'arte correlate?

....

....

....

....

Ascoltare

7 Leggete le seguenti affermazioni ed esprimete il vostro parere. Siete d'accordo? Se sì, perché? Se no, perché?

1 Penso che il patrimonio artistico debba essere gestito dai privati.

2 Sono convinto che le opere d'arte appartengano a tutta l'umanità e debbano essere tutelate e controllate dallo Stato.

3 Credevo che i musei e i luoghi d'interesse artistico italiano fossero amministrati in maniera più moderna.

4 Secondo me l'Italia è troppo concentrata sull'arte e la bellezza e troppo poco su altri settori dell'economia.

CD
36
MP3

8 **Ascoltate l'intervista a Maria Elisa Avagnina e completate le affermazioni sottostanti con la scelta corretta tra quelle indicate.**

1 Elisa Avagnina si è sempre interessata di arte come:
   a. organizzatrice di mostre.
   b. direttrice di musei.
   c. guida turistica.

2 Nel corso della sua carriera ci sono stati:
   a. sempre grandi successi.
   b. molti periodi difficili.
   c. situazioni positive e negative.

3 I Musei Civici di Vicenza sono:
   a. un complesso che comprende diversi musei.
   b. rappresentati prevalentemente della Pinacoteca.
   c. poco conosciuti.

4 Quando la signora Avagnina ha iniziato a dirigere i musei non c'era:
   a. nessuna possibilità di fare acquisti al museo.
   b. l'orario continuato.
   c. un biglietto di ingresso.

5 I turisti in passato visitavano soprattutto:
   a. la Pinacoteca.
   b. il Teatro Olimpico.
   c. il Museo Archeologico.

6 Il biglietto unico ha fatto sì che:
   a. aumentassero i visitatori del Teatro.
   b. ci fossero più persone in visita alla Pinacoteca.
   c. i turisti tedeschi e inglesi scegliessero di andare a Vicenza.

7 Secondo la dottoressa Avagnina la Pubblica Amministrazione:
   a. ha un compito impossibile.
   b. non è capace di gestire il patrimonio artistico.
   c. incontra spesso difficoltà.

8 Secondo Elisa Avagnina, la Pubblica Amministrazione deve:
   a. occuparsi di tutti gli aspetti della gestione del patrimonio artistico.
   b. affidare il patrimonio artistico ai privati.
   c. impegnarsi a cercare risorse economiche anche presso i privati.

9 **Secondo voi quali sono le scelte migliori per quanto riguarda la gestione del patrimonio artistico di una nazione? Annotate le vostre opinioni e motivatele, poi discutetene con i compagni.**

....
....
....
....

10 **E nel vostro Paese? Chi gestisce i musei e le opere d'arte in generale? Cosa si potrebbe migliorare per valorizzare al meglio le risorse artistiche della nazione? Annotate le vostre risposte e riferite ai compagni.**

....
....
....
....

Scrivere

11 Pensate alla vostra opera d'arte preferita, cercate informazioni a proposito e compilate la scheda.

Autore	
Titolo	
Data	
Tecnica	
Dimensioni	
Ubicazione	

12 Scrivete una descrizione dell'opera.

....

....

....

Parlare

13 Leggete le seguenti domande e usatele come traccia per parlare del vostro rapporto con l'arte.

   1 Quanto vi interessa l'arte?

   2 Tra pittura, scultura e architettura, cosa preferite e perché?

   3 Quali artisti del vostro Paese vi piacciono di più?

   4 Quali artisti italiani conoscete e apprezzate?

   5 Qual è l'opera d'arte più bella che avete visto?

   6 Quale opera d'arte vorreste vedere?

   7 C'è un'opera d'arte che vi ha deluso?

   8 Vi piacerebbe essere un artista? Se sì, perché? Se no, perché?

L'Italia in video

14 Collegatevi al sito www.loescher.it/studiareitaliano/. Guardate il video e svolgete le attività proposte.

Il MART di Rovereto

6 Avrei fatto volentieri lo scrittore!

In questa unità imparate a:

A parlare di scrittori e delle loro opere
B esprimere le vostre opinioni su opere letterarie
C parlare di desideri e sogni del passato

1 Osservate le immagini e descrivetele. Che cosa hanno in comune?

2 Per voi leggere è un obbligo o un piacere? Quanto e cosa leggete in generale? In quali luoghi vi capita più spesso di leggere?

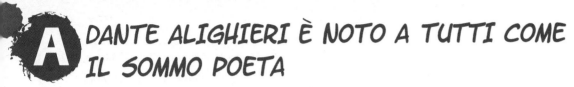

A DANTE ALIGHIERI È NOTO A TUTTI COME IL SOMMO POETA

1 Osservate i brani tratti da alcuni grandi classici della letteratura italiana e abbinateli ai seguenti tipi di testo.

1 ☐ Testo narrativo   **2** ☐ Testo poetico   **3** ☐ Testo teatrale

A Per una di queste stradicciole, tornava bel bello dalla passeggiata verso casa, sulla sera del giorno 7 novembre dell'anno 1628, don Abbondio, curato d'una delle terre accennate di sopra [...]. Diceva tranquillamente il suo ufizio, e talvolta, tra un salmo e l'altro, chiudeva il breviario, tenendovi dentro, per segno, l'indice della mano destra, e, messa poi questa nell'altra dietro la schiena, proseguiva il suo cammino, guardando a terra, e buttando con un piede verso il muro i ciottoli che facevano inciampo nel sentiero.

(..)

B

Il direttore di scena	Oh! Che fai?
Il macchinista	Che faccio? Inchiodo.
Il direttore di scena	A quest'ora? *Guarderà l'orologio.* Sono già le dieci e mezzo. A momenti sarà qui il Direttore per la prova.
Il macchinista	Ma dico, dovrò avere anch'io il mio tempo per lavorare!
Il direttore di scena	L'avrai, ma non ora.
Il macchinista	E quando?
Il direttore di scena	Quando non sarà più l'ora della prova. Su, su, portati via tutto, e lasciami disporre la scena per il secondo atto del "Giuoco delle parti".

(...)

C
Nel mezzo del cammin di nostra vita
mi ritrovai per una selva oscura
ché la diritta via era smarrita.

Ahi quanto a dir qual era è cosa dura
esta selva selvaggia e aspra e forte
che nel pensier rinova la paura!

(...)

2 Leggete i testi dell'attività precedente, abbinateli alle immagini e dite quali parole vi hanno permesso di fare il collegamento.

1 ☐

2 ☐

3 ☐

3 Completate con i nomi degli autori e delle opere.

Dante Alighieri (Firenze 1265-Ravenna 1321)   *I Promessi Sposi*   Alessandro Manzoni (Milano, 1785 – Milano, 1873)
Luigi Pirandello (Agrigento, 1867 – Roma, 1936)   *La Divina Commedia*   *Sei personaggi in cerca d'autore*

Autore

Opera

Dante Alighieri, considerato il padre della lingua italiana, è conosciuto da tutti come il Sommo Poeta. Sosteneva che la lingua volgare, derivante dal latino, meritava di diventare una lingua illustre adatta a trattare ogni genere di argomenti.

.... è il capolavoro del poeta fiorentino e rappresenta una delle opere più grandi della letteratura universale. Definita "Comedia" perché da un inizio difficile si arriva al lieto fine, l'opera narra di un viaggio immaginario del protagonista attraverso i tre regni dell'aldilà: Inferno, Purgatorio e Paradiso.

Alessandro è stato uno scrittore, poeta e drammaturgo. Con le sue opere espresse alti sentimenti patriottici e si preccupò molto della forma espressiva creando un linguaggio originale e moderno.

I Promessi è il romanzo più famoso e più letto nelle scuole italiane. La storia è ambientata in Lombardia, dal 1628 al 1630, durante il dominio spagnolo. I protagonisti sono due giovani fidanzati, Renzo e Lucia, ai quali il signore locale impedisce di sposarsi. Solo dopo molte difficoltà Renzo riuscirà a sposare la sua amata. Raccontando le avventure di due giovani del XVII secolo, lo scrittore descrive vizi e virtù della società italiana di ogni tempo.

Luigi Pirandello è stato un drammaturgo, scrittore e poeta, vincitore del Premio Nobel per la Letteratura nel 1934. La sua opera si concentra non tanto sulle azioni quanto sull'analisi psicologica dei personaggi.

Sei personaggi è stata rappresentata per la prima volta nel 1921 a Roma ed è la sua prima opera di "teatro nel teatro". Raccontata la loro vicenda, i sei personaggi convincono il capocomico a metterla in scena, ma si rifiutano di far recitare le loro parti agli attori perché vogliono rappresentare personalmente il loro dramma.

4 Scrivete il nome degli autori e le opere dell'attività precedente sotto i testi dell'attività 1.

5 Indicate se le seguenti affermazioni sono vere o false.

		V	F
1	Dante è riconosciuto come il poeta più grande della letteratura italiana.	☑	☐
2	Il protagonista della *Divina Commedia* fa un viaggio in un altro continente.	☐	☑
3	*La Divina Commedia* è scritta in latino.	☐	☑
4	Con le sue opere Manzoni cerca di contribuire all'unità italiana.	☑	☐
5	*I Promessi Sposi* sono ambientati nel periodo in cui vive il suo autore.	☑	☑
6	Luigi Pirandello ha avuto il massimo premio letterario.	☐	☑
7	I sei personaggi sono contenti di far recitare la loro parte a degli attori.	☑	☐

6 Leggete di nuovo i testi dell'attività 3 e rispondete alle domande a sinistra. Poi usate le vostre risposte per scrivere un breve riassunto di ciascun testo.

1
La Divina Commedia
- Chi? _Un uomo_
- Quando? _Nel mezzo del cammino della vita_
- Che cosa succede? _Si ritrova in un bosco selvaggio._
- Perché? _Perché ha perso la strada._
- Che cosa prova quando racconta il fatto? _Tanta paura._

Nel primo canto dell'Inferno un uomo racconta che a metà della sua vita non riesce più a trovare la strada giusta e si ritrova in un bosco senza luce. L'uomo soffre quando ricorda quanto era terribile quel luogo e ha difficoltà a parlarne.

2
I Promessi Sposi
- Chi? ....
- Quando? ....
- Che cosa dice? ....
- Che cosa fa con il dito indice? ....
- Che cosa fa con i piedi? ....

Nel primo capitolo dei Promessi Sposi *si racconta di un sacerdote che* ....

3
Sei Personaggi in cerca d'autore
- Chi? ....
- Che cosa vorrebbe fare il macchinista? ....
- Che cosa vuole fare il direttore di scena? ....
- Quando potrà lavorare il macchinista? ....

Nonostante Sei Personaggi in cerca d'autore *sia una commedia non ci sono né atti, né scene. All'inizio incontriamo* .....

7 In gruppi di tre persone. A turno scegliete uno degli autori e delle opere di cui avete letto nelle attività precedenti e poi riassumete le informazioni nuove e quelle che avevate prima di leggere. Vi piacerebbe approfondire la conoscenza dell'autore e delle sue opere? Perché?

8 Abbinate i participi passati, sottolineati nelle frasi sottostanti, alle funzioni che svolgono.

1 Dante Alighieri, considerato il padre della lingua italiana, è conosciuto da tutti come il Sommo Poeta.

2 *I Promessi sposi* è il romanzo più famoso e più letto nelle scuole italiane.

3 Solo dopo molte avversità, Renzo riuscirà a salvare la sua amata.

4 Raccontata la loro vicenda, i sei personaggi convincono il capocomico a metterla in scena.

- sostantivo ....
- aggettivo ....
- verbo ....

9 Leggete le seguenti frasi e indicate il valore del participio passato sottolineato: verbo, sostantivo, aggettivo.

1 Ho letto la classifica dei libri più venduti del momento: interessante!   _aggettivo_

2 Chiuso il libro, mi sono subito addormentata: era davvero tardi ieri sera.   ....

3 Gli scritti di quel giovane poeta sono molto commoventi.   ....

4 I fatti di questi giorni mi sembrano incoraggianti: continuiamo così.   ....

5 Finita l'intervista, l'autore ha firmato tanti autografi.   ....

6 La descrizione del personaggio è davvero ben riuscita.   ....

7. Accettata la proposta dell'editore, la scrittrice si è messa subito al lavoro.   ....

10 Leggete le seguenti frasi e rispondete alla domanda.

1 <u>Finita</u> l'intervista, l'autore ha firmato tanti autografi.

2 <u>Dopo che ha finito</u> l'intervista, l'autore ha firmato tanti autografi.

3 <u>Accettata</u> la proposta dell'editore, la scrittrice si è messa subito al lavoro.

4 <u>Dopo che ha accettato</u> la proposta dell'editore, la scrittrice si è messa subito al lavoro.

L'azione espressa con il solo participio passato è successiva o precedente all'azione espressa dal verbo della frase principale?

11 Completate le frasi con il participio passato dei seguenti verbi.

terminare finire premiare vedere uscire leggere

1 _Terminata_ la scuola, mi sono messo alla ricerca di un lavoro.

2 _Finita_ la cena, abbiamo guardato il film tratto dal romanzo della Mazzantini.

3 _veduee visto_ gli ottimi risultati del liceo, Giuseppe ha deciso di iscriversi a Filosofia.

4 _leggato letto_ _– irregolare_ il suo primo romanzo, ho subito comprato il secondo.

5 _Uscito_ di casa, mi sono subito diretto verso la biblioteca.

6 _premiato_ come miglior scrittore dell'anno, ha avuto anche grande successo di vendite.

12 Trasformate le frasi dell'attività precedente come nell'esempio.

1 _Dopo che ho finito la scuola, mi sono messo alla ricerca di un lavoro._

2 ....

3 ....

4 ....

5 ....

6 ....

> E ora svolgete le attività 1-4 a pp. 44-45 dell'eserciziario.

13 Cercate informazioni su uno scrittore che ritenete interessante e sulla sua opera più famosa. Poi parlatene ai vostri compagni.

B DOPO AVER STUDIATO L'INTERO POEMA, MI SONO RICREDUTA

1 Collegate le immagini alle didascalie.

1 ☐ Il Trecento - Francesco Petrarca, *Il Canzoniere*

2 ☐ Il Novecento - Pier Paolo Pasolini, *Ragazzi di vita*

3 ☐ L'Ottocento - Giacomo Leopardi, *Lo Zibaldone*

4 ☐ Il Cinquecento - Ludovico Ariosto, *L'Orlando Furioso*

A

B

C

D

2 Leggete gli interventi in un forum di discussione sulla letteratura italiana e completate le affermazioni sottostanti inserendo il nome dei partecipanti.

pinky ●●● Ho letto l'*Orlando Furioso* al liceo e ne ho un bellissimo ricordo. Prima di iniziare a leggerlo pensavo che fosse poco interessante e invece dopo aver studiato l'intero poema mi sono ricreduta. Le vicende dei personaggi sono avvincenti: come dimenticare la bella Angelica e la pazzia di Orlando?

salice ●●● Pier Paolo Pasolini mi è sempre piaciuto come regista di film, a mio avviso bellissimi. Ultimamente però mi sono dedicato alla lettura dei suoi romanzi. In particolare con *Ragazzi di vita* mi è sembrato di essere nella Roma del secondo dopoguerra di cui mi raccontava mio padre. Trovo che sia un peccato aver perso tanto presto un artista come Pasolini.

Giuly333 ●●● Voi che siete esperti: è da un po' che penso di comprare un'edizione commentata piuttosto recente del *Canzoniere* di Petrarca. Spendere per un libro è sempre cosa buona, ma siccome di commenti del *Canzoniere* ne esistono tanti, vorrei indovinare quello giusto. Cosa mi consigliate?

Parigina ●●● Che ne dici dell'edizione curata da Vecchi Galli? La puoi trovare anche come eBook ad un prezzo veramente basso. Ti consiglio di dare un'occhiata in Internet. Secondo me è ottima. Ti saluto e mi immergo nella rilettura del mio amato *Zibaldone*!

Giuly333 ●●● Ti piace Leopardi? Allora abbiamo gli stessi gusti!!! Il mio *Zibaldone* è a portata di mano nella mia libreria così ogni tanto posso prenderlo!!! E poi i *Canti*, gli *Idilli*, tutto ciò che ha scritto. Io Leopardi lo adoro e non mi stanco mai di rileggerlo.

1 _Pinky_ ha cambiato idea su un'opera.

2 .... apprezza in particolare alcuni protagonisti di un'opera.

3 .... suggerisce un libro in versione digitale.

4 .... ha imparato ad apprezzare un regista italiano anche come scrittore.

5 .... rilegge spesso lo stesso autore.

6 .... chiede un consiglio su un libro da acquistare.

7 .... rivive i ricordi di un genitore attraverso un romanzo.

3 Leggete le seguenti frasi e sottolineate i verbi all'infinito semplice e composto.

1 Dopo <u>aver studiato</u> l'intero poema, mi sono ricreduta.

2 Mi è sembrato di <u>essere</u> nella Roma del secondo dopoguerra.

3 È da un po' che penso di comprare un'edizione piuttosto recente del *Canzoniere* di Petrarca.

4 Spendere per un libro è sempre cosa buona.

5 La puoi trovare anche come eBook ad un prezzo veramente basso.

4 Completate la tabella con le forme dell'infinito semplice e composto.

INFINITO	
presente (infinito semplice)	**passato (infinito composto)**
studiare	~~AVERE studiato~~
~~STARE / ESSERE~~	essere stato

(share the compound tenses)

STATO/A STATI/STATE (PLURAL)

5 Abbinate le frasi dell'attività 3 alle seguenti affermazioni.

L'infinito si usa:

• dopo i verbi modali *volere*, *potere*, *dovere*, come nella frase ...5... .

• dopo alcuni verbi seguiti da una preposizione come nella frase 2 e ....

• con funzione di sostantivo come nella frase ....

• nelle frasi secondarie, per indicare un'azione precedente ad un'altra, come nella frase ....

6 Completate le frasi utilizzando i seguenti verbi, come nell'esempio.

~~studiare~~   leggere   dare   parlare   comprare

1 Prima di ...*studiare*... , mi rilasso un po'.

2 Prima di .... , devo mettere gli occhiali.

3 Prima di .... un romanzo, leggo le recensioni.

4 Prima di .... un esame, studio molto.

5 Prima di .... , ascolta cosa dicono gli altri.

a Dopo ...*aver studiato*... , mi rilasso un po'.

b Dopo .... , devo togliere gli occhiali.

c Dopo .... un romanzo, non vedo l'ora di cominciare a leggerlo.

d Dopo .... un esame, mi sento più leggero.

e Dopo .... , ho l'impressione di non essere stato ascoltato.

7 Completate le frasi con i seguenti elementi.

~~potete~~   dopo (2)   vogliamo   prima di (2)   pensi di   scrivere

1 Non ...*potete*... studiare questo autore ancora un po' prima di passare ad altro?

2 .... vedere i film di Pasolini, ho letto tutte le sue opere.

3 Quando .... scrivere l'articolo sul vincitore del premio Strega?

4 .... è da sempre il mio hobby preferito.

5 .... aver criticato tanto quell'edizione della *Divina Commedia*, hai deciso di acquistarla?

6 .... partire per il Festival della Letteratura, mi sono informato sugli eventi in programma.

7 Laura si è laureata in Lingue, ... essere stata per due anni a Londra.

8 .... esprimere tutto il nostro apprezzamento per l'ultimo libro che ha scritto.

E ora svolgete le attività 1-3 a pp. 46-47 dell'eserciziario.

8 Scrivete su un foglio il vostro intervento al forum letterario, parlando di opere, autori, esperienze di lettura ecc. Scambiate il foglio con il compagno e leggete il suo intervento. Scrivete un nuovo intervento in base a ciò che ha scritto e continuate la discussione letteraria facendo girare i fogli in classe.

C AVREI DOVUTO STUDIARE QUALCOS'ALTRO

1 Descrivete le immagini.

1

2

3

CD 37 MP3

2 Ascoltate i dialoghi, collegateli alle immagini dell'attività precedente e dite in quale conversazione c'è qualcuno che...

A rimpiange le scelte del passato

☐ Dialogo 1 ☐ Dialogo 2 ☐ Dialogo 3

B si è appena laureato

☐ Dialogo 1 ☐ Dialogo 2 ☐ Dialogo 3

C non ha fiducia nelle sue capacità

☐ Dialogo 1 ☐ Dialogo 2 ☐ Dialogo 3

CD 37 MP3

3 Ascoltate ancora e completate le seguenti battute.

1 Allora, Dottore, ...congratulazioni.. !

2 Avrei .... la discussione della tua tesi.

3 Quanto hai .... ?

4 .... non ci siano grandi possibilità al momento.

5 Io .... parlare abbastanza bene tedesco.

6 .... di più al liceo.

7 Allora .... e coraggio!

8 Non .... alla Facoltà di Lettere.

9 Anch'io .... cose nella vita.

10 Sarei .... all'Accademia di danza.

4 Collegate le frasi dell'attività 3 alla funzione che esprimono. Ad ogni funzione possono corrispondere più frasi.

a	Congratularsi	• ...frase 1
b	Informarsi sul risultato di una prova	• ....
c	Esprimere un desiderio nel passato o un rimpianto	• ....
d	Esprimere paura, insicurezza	• ....
e	Incoraggiare, esortare a fare qualcosa	• ....

5 Scrivete una frase adatta per ciascuna delle seguenti situazioni.

1 Il vostro amico si è laureato con ottimi voti.

....

2 Il vostro amico ha appena sostenuto un esame.

....

3 Il vostro amico vuole fare un dottorato ma si sente insicuro.

....

4 Il vostro amico pensa di aver sbagliato tutto nella vita.

....

6 Completate la tabella.

IL CONDIZIONALE COMPOSTO (CON AUSILIARE *ESSERE*)			
io	.sarei...............................		
tu	....	andato/a	
lui/lei/Lei	....		
noi	....		volentieri all'Accademia di Danza.
voi	....	andati/e	
loro	....		

IL CONDIZIONALE COMPOSTO (CON AUSILIARE *AVERE*)			
io	.avrei...............................		
tu	....		
lui/lei/Lei	....		
noi	....	ascoltato	volentieri la discussione della tesi.
voi	....		
loro	....		

7 Inserite le seguenti frasi in corrispondenza della funzione che in esse svolge il condizionale composto.

> Mi sarebbe piaciuto studiare danza.   Io avrei dovuto studiare qualcos'altro.
> Da bambino ero convinto che sarei diventato un grande ballerino!
> Non ho più l'età, altrimenti ti avrei accompagnato!

ALCUNI USI DEL CONDIZIONALE COMPOSTO	
Il condizionale composto si usa per esprimere...	
...desideri che non si sono realizzati nel passato	.Mi sarebbe piaciuto studiare danza..............
...desideri che non si possono realizzare nel presente e nel futuro	....
...rimpianto per azioni non realizzate	....
...il "futuro nel passato" ovvero un'azione futura rispetto ad un momento del passato	....

8 Collegate le frasi della colonna di sinistra a quelle di destra.

1 [e] Non ho mai letto la *Divina Commedia* e mi dispiace.

2 ☐ Ho scelto la facoltà sbagliata.

3 ☐ Vorrei andare a studiare a Londra per un po'.

4 ☐ Da bambina scrivevo tantissimo.

5 ☐ Ho comprato un'edizione del *Decamerone* che non mi piace.

6 ☐ L'esame non è andato come speravo.

7 ☐ Sono andata in libreria in centro ma non ho trovato quello che cercavo.

a Ti saresti dovuto informare meglio prima di iscriverti.

b Saresti dovuta andare in biblioteca: lì hanno veramente di tutto.

c Pensavi che saresti diventata una scrittrice famosa?

d Ti saresti dovuto preparare meglio.

e Avresti dovuto leggerla: è il più grande capolavoro della letteratura italiana!

f Sarebbe stato meglio chiedere prima a me: sono un esperto di Boccaccio.

g Sarei venuto volentieri con te, ma devo finire la tesi.

> E ora svolgete le attività 1-2 a p. 48 dell'eserciziario.

9 In gruppo. Cosa avreste fatto volentieri in passato? Quali sogni non avete realizzato? Avete dei rimpianti per quanto riguarda lo studio, il lavoro, la famiglia, i vostri hobby?

Progettiamolo INSIEME

Il sindacato di lettura

1 Il vostro insegnante ha portato una serie di libri da leggere. Formate dei piccoli gruppi o "sindacati" di lettura e analizzate i materiali disponibili. Ogni componente di un gruppo sceglie un libro che verrà letto da almeno un altro membro degli altri gruppi.

2 Nel corso delle due o tre settimane successive, organizzate degli incontri con il compagno/la compagna che sta leggendo lo stesso libro per uno scambio di informazioni, riflessioni ecc. sull'andamento della lettura.

3 Alla fine del percorso, riunitevi con i gruppi/sindacati e condividete con i colleghi la vostra esperienza di lettura. Questo appuntamento finale può essere videoregistrato e rivisto durante i successivi incontri.

PRONUNCIA E GRAFIA

1 Ecco un brano tratto dal primo capitolo dei *Promessi Sposi* in cui si racconta la scena dell'incontro tra Don Abbondio, il sacerdote che dovrebbe celebrare il matrimonio tra Renzo e Lucia, e due uomini mandati dal signore locale. Provate a leggerlo a voce alta fino a quando sarete soddisfatti della vostra lettura.

Diede un'occhiata, al di sopra del muricciolo, ne' campi: nessuno; un'altra più modesta sulla strada dinanzi; nessuno, fuorché i bravi. Che fare? tornare indietro, non era a tempo: darla a gambe, era lo stesso che dire, inseguitemi, o peggio. Non potendo schivare il pericolo, vi corse incontro, perché i momenti di quell'incertezza erano allora così penosi per lui, che non desiderava altro che d'abbreviarli. Affrettò il passo, recitò un versetto a voce più alta, compose la faccia a tutta quella quiete e ilarità che poté, fece ogni sforzo per preparare un sorriso; quando si trovò a fronte dei due galantuomini, disse mentalmente: ci siamo; e si fermò su due piedi.
– Signor curato, – disse un di que' due, piantandogli gli occhi in faccia.
– Cosa comanda? – rispose subito don Abbondio, alzando i suoi dal libro, che gli restò spalancato nelle mani, come sur un leggìo.
– Lei ha intenzione, – proseguì l'altro, con l'atto minaccioso e iracondo di chi coglie un suo inferiore sull'intraprendere una ribalderia, – lei ha intenzione di maritar domani Renzo Tramaglino e Lucia Mondella!
– Cioè... – rispose, con voce tremolante, don Abbondio: – cioè. Lor signori son uomini di mondo, e sanno benissimo come vanno queste faccende. Il povero curato non c'entra: fanno i loro pasticci tra loro, e poi... e poi, vengon da noi, come s'anderebbe a un banco a riscotere; e noi... noi siamo i servitori del comune.
– Or bene, – gli disse il bravo, all'orecchio, ma in tono solenne di comando, – questo matrimonio non s'ha da fare, né domani, né mai.

2 Ascoltate la lettura. Al termine leggete ancora da soli a voce alta cercando di imitare l'intonazione e il ritmo che avete ascoltato.

LA GRAMMATICA IN TABELLE

IL PARTICIPIO PASSATO		
considerare	**conoscere**	**impedire**
considerato	conosciuto	impedito

L'INFINITO	
presente (infinito semplice)	**passato (infinito composto)**
studiare	aver studiato
essere	essere stato

ALCUNI USI DEL PARTICIPIO PASSATO
Raccontata la loro vicenda, i sei personaggi convincono il capocomico a metterla in scena.
I Promessi sposi è il romanzo più famoso e più letto nelle scuole italiane.
Solo dopo molte avversità, Renzo riuscirà a sposare la sua amata.

IL CONDIZIONALE COMPOSTO (CON AUSILIARE *ESSERE*)		
io	sarei	
tu	saresti	andato/a
lui/lei/Lei	sarebbe	volentieri all'Accademia di Danza.
noi	saremmo	
voi	sareste	andati/e
loro	sarebbero	

IL CONDIZIONALE COMPOSTO (CON AUSILIARE *AVERE*)		
io	avrei	
tu	avresti	
lui/lei/Lei	avrebbe	ascoltato volentieri la discussione della tesi.
noi	avremmo	
voi	avreste	
loro	avrebbero	

ALCUNI USI DEL CONDIZIONALE COMPOSTO	
Il condizionale composto si usa per esprimere…	
… desideri che non si sono realizzati nel passato;	Mi sarebbe piaciuto studiare danza.
… desiseri che non si possono realizzare nel presente e nel futuro;	Non ho più l'età, altrimenti ti avrei accompagnato!
… rimpianto per azioni non realizzate;	Io avrei dovuto studiare qualcos'altro.
… il "futuro nel passato" ovvero un'azione futura rispetto ad un momento del passato.	Da bambino ero convinto che sarei diventato un grande ballerino!

LE FUNZIONI COMUNICATIVE

■ **Parlare di un autore**
Dante Alighieri (Firenze, 1265, Ravenna, 1321), considerato il padre della lingua italiana, è conosciuto da tutti come il Sommo Poeta.

■ **Parlare di un'opera letteraria**
La Divina Commedia è il capolavoro del poeta fiorentino e rappresenta una delle opere più grandi della letteratura universale.

■ **Esprimere un desiderio nel passato o un rimpianto**
Avrei ascoltato volentieri la discussione della tua tesi.
Sarei andato volentieri all'Accademia di Danza…

■ **Riassumere un brano**
Nel primo Canto dell'Inferno un uomo racconta che a metà della sua vita non riesce più a trovare la strada giusta…

■ **Parlare delle proprie letture**
Ho letto l'Orlando Furioso al liceo e ne ho un bel ricordo.

■ **Congratularsi**
Allora, Dottore, congratulazioni!

■ **Informarsi sul risultato di una prova**
Quanto hai preso?

■ **Esprimere paura, insicurezza**
Temo che non ci siano grandi possibilità al momento.
Io non sono sicuro di parlare abbastanza bene tedesco.

■ **Incoraggiare, esortare a fare qualcosa**
Allora prendi e vai. Di che cosa hai paura?

IL LESSICO

■ **Le persone in letteratura**
lo scrittore, il poeta, l'autore, il drammaturgo, il capocomico, i personaggi, l'artista, il protagonista

■ **Le opere letterarie**
il testo poetico, il testo narrativo, il testo teatrale, il brano, lo stile, l'argomento, la vicenda, i classici della letteratura, il capolavoro, il romanzo, la forma narrativa, il dramma, l'opera, la ricerca, la parte, il riassunto, l'edizione, la lettura, il forum, il libro, la libreria, il post, l'intervento, l'eBook, la biblioteca, la carta, la lingua italiana, la lingua volgare

■ **Qualche parola dello studio**
l'esame, la discussione della tesi, i dottorati, le borse di studio, il liceo, la Facoltà di Lettere, architettura, informatica, Scienze della Comunicazione, l'Accademia di Danza, laurearsi, sostenere, superare

■ **Qualche aggettivo per le opere letterarie**
famoso, letto, avvincente, interessante, amato

■ **Qualche verbo in letteratura**
leggere, narrare, descrivere, raccontare, mettere in scena, recitare, rappresentare, studiare, dedicarsi, curare, rileggere, apprezzare

■ **Alcuni protagonisti della letteratura italiana**
Dante Alighieri, Luigi Pirandello, Alessandro Manzoni, Francesco Petrarca, Ludovico Ariosto, Giacomo Leopardi, Pier Paolo Pasolini

■ **Alcune opere della letteratura italiana**
La Divina Commedia, I Promessi Sposi, Sei Personaggi in cerca d'autore, Il Canzoniere, L'Orlando Furioso, Lo Zibaldone, Ragazzi di vita, I Canti, gli Idilli

Civiltà e cultura dal vivo

Leggere

1 **Leggete i brevissimi estratti di alcuni documenti e opere importanti per la lingua italiana e dite di che cosa si tratta scegliendo tra:**

1 ☐ una preghiera rivolta a Dio

2 ☐ alcuni versi di un poema cavalleresco

3 ☐ un atto giuridico riguardante dei terreni

a *"Sao ko kelle terre, per kelle fini que ki contene, trenta anni le possette parte Sancti Benedicti"*

(So che quelle terre, entro quei confini che qui si descrivono, le ha possedute per trent'anni l'abbazia di San Benedetto)

b Altissimu, onnipotente, bon Signore tue so le laude, la gloria e l'honore et onne benedictione
Ad te solo, Altissimo se konfano, et nullu homo ène dignu te mentovare.

c Dirò d'Orlando in un medesmo tratto cosa non detta in prosa mai, né in rima: che per amor venne in furore e matto, d'uom che sì saggio era stimato prima;

2 **Leggete il seguente testo sulle origini della lingua italiana e inserite i titoli dei paragrafi.**

> Alla ricerca di una lingua unica   Dal latino al volgare   L'italiano per tutti

1 ....

Dopo la caduta dell'Impero romano, in Italia il latino rimane a lungo l'unica lingua utilizzata nella letteratura e nei documenti ufficiali.
I Placiti Cassinesi sono le prime testimonianze in cui la lingua volgare, derivata dal latino e usata da tutti per la comunicazione orale, viene usata in un documento scritto. I testi dei Placiti, scritti tra il 960 e il 963, riguardano la proprietà di certe terre contese tra il monastero di Montecassino e un signore locale.
La lingua volgare scritta si afferma però solo nel '200, quando viene utilizzata anche nei testi letterari. Del 1224 è il famoso *Cantico di Frate Sole* di San Francesco d'Assisi, scritto in volgare umbro, a cui fanno seguìto le liriche dei poeti siciliani della corte di Federico II di Svevia.
Il volgare fiorentino diventerà poi il più usato in letteratura perché i tre famosi scrittori in volgare del secolo, Dante, Petrarca e Boccaccio, sono tutti toscani.

2 ....

Intorno al 1470, con la diffusione della stampa, si ha un maggior numero di libri e la ricerca di regole fisse che rendano più stabile la lingua. Gli studiosi si dedicano appassionatamente alle discussioni sulla lingua. Riconosciuta ormai definitivamente la dignità letteraria del volgare, si tratta di stabilire quale sia quello di cui fare uso.
Pietro Bembo, nelle *Prose della volgar lingua* (1525), propone come modello la lingua di Petrarca per la poesia e di Boccaccio per la prosa. Ludovico Ariosto, poeta della corte ferrarese e autore del famoso poema *Orlando furioso*, contribuisce all'affermazione di tale proposta, correggendo la propria opera secondo le indicazioni fornite dal Bembo.

3 ....

All'inizio del diciannovesimo secolo si verifica un definitivo rinnovamento linguistico. La testimonianza più autorevole al riguardo è rappresentata dai *Promessi sposi* di Alessandro Manzoni, il quale, per l'edizione definitiva del 1840, adotta il fiorentino parlato dal ceto medio della città toscana. Con l'unità politica e la proclamazione del Regno d'Italia inizia il processo di unificazione linguistica della penisola, un processo facilitato dalle più frequenti occasioni di contatto tra persone di regioni diverse e dall'introduzione, nel 1877, dell'obbligo scolastico.
Il Novecento porta a compimento la diffusione della lingua italiana soprattutto per l'aumentata scolarizzazione e per la diffusione dei massmedia.

3 A quali documenti e opere citate nella lettura dell'attività precedente appartengono i testi riportati nell'attività 1?

Testo a .... Testo b .... Testo c ....

4 Indicate se le seguenti affermazioni sono vere o false.

		V	F
1	L'uso della lingua latina termina con la fine dell'Impero romano.	☐	☑
2	I Placiti Cassinesi sono dei documenti giuridici in volgare.	☐	☐
3	Intorno al Mille ci sono già documenti scritti in lingua volgare.	☐	☐
4	Nel Trecento il volgare toscano assume maggiore importanza rispetto agli altri.	☐	☐
5	La stampa spinge verso la regolarizzazione della lingua.	☐	☐
6	Pietro Bembo propone un modello di lingua basato su tutti i volgari.	☐	☐
7	La proposta di Bembo non viene accettata.	☐	☐
8	Alessandro Manzoni si pone il problema di quale lingua usare.	☐	☐
9	L'unità politica dell'Italia favorisce il contatto linguistico tra gli abitanti della penisola.	☐	☐
10	La scuola e i mezzi di comunicazione contribuiscono alla diffusione dell'italiano.	☐	☐

5 In gruppo. Scegliete ognuno un paragrafo della lettura dell'attività 2 e riassumete ai vostri compagni le informazioni principali che contiene.

6 E nel vostro Paese? Da dove deriva la vostra lingua? Chi sono stati i protagonisti della sua evoluzione? Prendete appunti su questo argomento e illustrate le tappe fondamentali della storia della vostra lingua ai compagni.

Ascoltare

7 In gruppo. Leggete la seguente parola e scrivete intorno tutto ciò che potete associarle.

.... ◀◀ **perduti** ▶▶ *appunti* ....

....

8 Dino Buzzati è stato un celebre scrittore e giornalista italiano del secolo scorso. Ascoltate la lettura di uno dei suoi racconti e provate a completare il titolo della storia.

I .... perduti

Dino Buzzati (Belluno 1906 – Milano 1972)

9 **Ascoltate ancora e mettete in ordine i seguenti avvenimenti.**

..1.. **a** Un signore di nome Ernest Kazirra vide un uomo uscire dalla sua casa con una cassa.

...... **b** In una cassa c'era il cane di cui non si era preso cura.

...... **c** L'uomo mise la cassa sul camion e partì.

...... **d** In una cassa c'era la fine di una storia d'amore che aveva vissuto con indifferenza.

...... **e** Il signor Kazirra seguì l'uomo con la sua macchina.

...... **f** L'uomo si allontanò dalla città con il camion e si fermò per buttare la cassa.

...... **g** L'uomo misterioso e le casse scomparvero nel nulla.

...... **h** Il signor Kazirra chiese all'uomo che cosa conteneva la cassa.

...... **i** Il signor Kazirra chiese di riavere le tre casse che aveva aperto ma non gli fu concesso.

...... **l** Il signor Kazirra andò a guardare dentro alcune casse che erano state buttate.

...... **m** L'uomo spiegò che nella cassa c'erano i giorni perduti.

...... **n** In una cassa c'era il fratello malato che aveva trascurato.

10 **In coppia. A turno raccontate la storia al vostro compagno.**

11 **In coppia e poi in gruppo. Discutete insieme: quali sono, secondo voi, il significato e il messaggio del racconto?**

12 **Pensate ad un racconto di un autore del vostro Paese che vi piace particolarmente. Prendete appunti sullo scrittore e sul racconto, poi parlatene ai vostri compagni.**

Parlare

13 **Leggete il testo e inserite un titolo attinente all'argomento trattato.**

....

È tra gli argomenti più attuali nell'ambiente editoriale e letterario, sui social media e nelle sezioni culturali dei giornali. La discussione tra i sostenitori del libro cartaceo e quelli della lettura digitale, ovvero degli eBook, si ripropone quasi quotidianamente con nuovi argomenti a favore di uno o dell'altro schieramento. Anche gli scrittori di fama internazionale partecipano spesso al dibattito con opinioni che la stampa e la rete provvedono a far rimbalzare ai quattro angoli del mondo.
Affrontare l'argomento per chi, come me, si occupa di un blog letterario è quasi un obbligo. Spesso mi sono sentita domandare dai lettori se preferisco il libro elettronico o quello cartaceo e la mia risposta è sempre stata univoca: il contenuto viene prima del formato. Quindi, in teoria, leggere su carta, su un eReader o un tablet non dovrebbe fare differenza. [...] Credo che la convivenza delle due forme di lettura sia la gran fortuna che è toccata alla nostra generazione. Possiamo ancora godere della bellezza di alcune edizioni cartacee e allo stesso tempo usufruire dei vantaggi offerti dalla tecnologia.

www.leultime20.it

14 Riassumete il testo.

15 Rispondete alle domande.

– Qual è l'opinione di chi scrive rispetto all'argomento trattato?
– Secondo voi, quali sono i vantaggi dei libri di carta? E quali quelli degli eBook?
– Quale preferite tra i due supporti e perché?

Scrivere

16 Il prossimo fine settimana a Mantova ci sarà il Festival della Letteratura. Leggete il programma e sottolineate gli eventi che vi sembrano più interessanti.

mercoledì 4 settembre

21.15 PIAZZA MANTEGNA · *ingresso libero*

⊜ Smurfit Kappa
Mantova

Marco Malvaldi
Hg - MERCURIO
Lavagne - gli elementi del sistema periodico

Il mercurio ha una natura ingannevole: è un metallo, eppure è liquido; è estremamente schizzinoso (non bagna le superfici comuni) ma è in grado di mangiarsi l'oro; è velenosissimo eppure era ritenuto un medicamento universale, fino a tutto l'Ottocento. Marco Malvaldi ci offre alcuni consigli per trattare questo infido elemento.
Anche quest'anno, il menu delle lavagne prevede un tris: illustrazione di questioni o teoremi scientifici, analisi di stili e linguaggi musicali e una serie speciale dedicata ai componenti elementari della materia, come grammatica di base del libro del mondo.

1 3 **21.15** TEATRO ARISTON · € 10,00

Unical

LA COTOGNA DI ISTANBUL
testo di **Paolo Rumiz**, musiche di **Alfredo Lacosegliaz**

Max Altenberg, viennese, incontra a Sarajevo Maša Dizdarevic, "occhio tartaro e femori lunghi", donna splendida e selvaggia con una storia incredibile alle spalle. Una sera lei gli canta la canzone del frutto giallo, senza sapere che essa contiene il loro destino. Tre anni dopo Maša si ammala e proprio allora l'amore divampa. Da quel momento, all'ombra della "nera signora", si leva un vento che muove anime e sensi, accende la musica e il verso, mescola lingue, strappa lacrime e sogni e procede al ritmo di ballata. Accompagnano la narrazione canti apocrifi e melodie bosniache, echi di valzer viennese e sonorità del prossimo MedioOriente, in un affresco musicale che celebra le musicalità dell'area Balcano-Danubiana attraverso suggestioni timbriche e fascinazioni linguistiche.
Ornella Serafini *canto*, Alfredo Lacosegliaz *tambouritzas e aggeggi*, Cristina Verità *violino e canto*, Daniele Furlan *clarinetto*, Orietta Fossati *tastiere*.

GIOVEDÌ
5 settembre

9.00 PIAZZA LEON BATTISTA ALBERTI · *ingresso libero*

FONDAZIONE
Cariverona

Jhumpa Lahiri con **Alberto Notarbartolo**
LE PAGINE DELLA CULTURA

Che cosa ne sarà domani delle pagine culturali, quando molti giornali saranno probabilmente scomparsi e altri si saranno definitivamente trasferiti sulla rete, entrando in concorrenza con nuovi spazi - meno controllati e più partecipati - di critica, promozione, confronto, proposta? Festivaletteratura inizia le sue giornate proprio da *Le Pagine della Cultura*, cercando di capire - con l'aiuto di alcuni degli ospiti internazionali presenti a Mantova - quali sono le riflessioni, i libri, gli eventi artistici che stanno catalizzando l'attenzione dell'opinione pubblica nelle diverse aree del pianeta e soprattutto come sta cambiando il modo di raccontare la cultura, stanti le trasformazioni in atto nel mondo dell'informazione.

9.30 > 20.00 ARCHIVIO DI STATO - SACRESTIA · *ingresso libero*

LABORATORIO RICERCHE E ALBERI
genealogie
VEDI PAGINA 8

10.00 > 22.00 CONSORZIO BONIFICA TERRITORI DEL MINCIO · *ingresso libero*

THE READING CIRCLE
VEDI PAGINA 8

BM
BANCA POPOLARE DI MANTOVA

17 Scrivete una e-mail ad un amico o un'amica, parlate del Festival e proponete di andarci insieme, elencando gli eventi a cui volete partecipare e che pensate possano piacere anche a lui/lei.

L'Italia in video

18 Collegatevi al sito www.loescher.it/studiareitaliano/.
Guardate il video e svolgete le attività proposte.

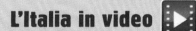

Il Festival della
Letteratura di Mantova

7 Se potessi, andrei ogni sera a un concerto!

In questa unità imparate a:

A conoscere luoghi, compositori e opere della grande musica italiana

B parlare di concerti, cantanti e preferenze musicali

C parlare di eventi musicali e di questioni organizzative

1 Osservate le immagini dei più famosi teatri italiani e abbinateli alla città in cui si trovano.

Verona   N̶a̶p̶o̶l̶i̶   Milano   Venezia   Roma

1 Teatro San Carlo (_Napoli_)

2 Il teatro dell'Opera (..........................)

3 Arena (..........................)

4 La Scala (..........................)

5 La Fenice (..........................)

A   IL PUBBLICO SI EMOZIONA ASCOLTANDO LE NOTE DELL'AIDA

1 Completate i testi con i nomi dei teatri raffigurati nelle immagini sopra.

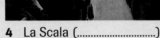

T̶e̶a̶t̶r̶o̶ ̶S̶a̶n̶ ̶C̶a̶r̶l̶o̶   La Fenice   Il teatro dell'Opera   Arena   La Scala

1 Vedi la nostra città e poi muori. Però non dimenticare di trascorrere almeno una serata al _Teatro San Carlo_ .

2 A pochi passi da Piazza San Marco, il Teatro .... è visitabile tutti i giorni.

3 L'inaugurazione della stagione operistica de .... è una tradizione del teatro milanese.

4 Nella città dell'amore, l' .... offre al pubblico gli spettacoli più emozionanti.

5 Nel cuore della capitale .... presenta ogni anno un calendario di grande prestigio.

2 **Siete mai stati in uno dei teatri citati nell'attività 1 o in altri templi della musica italiana? Se sì, quali? Se no, in quale vi piacerebbe andare?**

3 **Leggete i testi e indicate a chi si riferiscono le affermazioni riportate nella tabella a pag. 120.**

1 Giuseppe Verdi

Nel 1869, in occasione dei festeggiamenti per l'apertura del Canale di Suez, il Viceré d'Egitto si rivolse[1] al celebre compositore italiano per la realizzazione di un'opera lirica da rappresentare nel nuovo teatro. Inizialmente Verdi rifiutò, ma più tardi, avendo sentito che forse l'incarico sarebbe stato affidato al suo rivale Richard Wagner, decise di accettare. Il 24 dicembre 1871 *Aida* andò finalmente in scena al Cairo, davanti ad un Viceré così soddisfatto, da premiare il compositore con il titolo di Commendatore dell'Ordine Ottomano. Fu l'inizio di una serie di rappresentazioni di uno dei massimi capolavori della lirica verdiana: ancora oggi nei teatri di tutto il mondo il pubblico si emoziona ascoltando le note dell'*Aida*.

Aida, una principessa etiope, è catturata e condotta in schiavitù in Egitto. Radamès, un comandante militare, è combattuto tra il suo amore per Aida e la sua fedeltà al Faraone. Radamès è amato da Amneris, la figlia del Faraone, ma non ricambia il sentimento della principessa. Per salvare Aida dalla schiavitù Radamès finge di amare Amneris ma viene scoperto, imprigionato in una cripta[3] e condannato a morte per tradimento. Aida decide di nascondersi nella cripta per morire con lui e alla fine Amneris piange pregando sulla loro tomba.

3 Aida

2 Giacomo Puccini

L'idea di ispirarsi per il soggetto a una celebre fiaba teatrale veneziana del Settecento nacque nel 1920 durante un incontro fra Puccini e i librettisti[2] Adami e Simoni a Milano. Ascoltando un carillon cinese, Puccini iniziò la composizione musicale. Il maestro continuò a lavorare freneticamente all'opera *Turandot*, ma all'inizio del 1924 ebbe i primi sintomi della malattia che l'avrebbe portato alla morte in quello stesso anno. Conoscendo meglio di tutti il suo lavoro, il grande maestro Arturo Toscanini decise di terminare l'opera incompiuta e ne diresse la prima rappresentazione alla Scala di Milano, il 25 aprile 1926.

La principessa Turandot non vuole prendere marito e allora propone tre indovinelli[4] a tutti i suoi pretendenti[5]: chi li risolverà potrà sposarla, altrimenti verrà ucciso. Un principe misterioso, di cui nessuno conosce il nome, risolve gli indovinelli e Turandot, costretta a unirsi a lui in matrimonio, piange. Allora il principe le fa una proposta: se riuscirà a scoprire il suo nome prima dell'alba potrà ucciderlo, altrimenti dovrà sposarlo. Dopo molte ricerche Turandot dichiara pubblicamente di aver capito: «il suo nome è Amore». La principessa si abbandona tra le braccia del principe Calaf davanti alla folla in festa.

4 Turandot

---

1. **si rivolse:** chiese.
2. **librettisti:** coloro che scrivono i testi delle opere liriche.
3. **cripta:** parte sotterranea di una chiesa.

4. **indovinelli:** domande.
5. **pretendenti:** coloro che la vogliono sposare.

		Puccini	Verdi	Aida	Turandot
1	In un primo momento non vuole eseguire il lavoro.		✔		
2	Sceglie il soggetto dell'opera insieme a due collaboratori.				
3	Non sopporta che un altro musicista prenda il suo posto.				
4	La persona che commissiona l'opera apprezza molto il suo lavoro.				
5	Non riesce a concludere l'opera.				
6	Un grande maestro termina il lavoro e dirige la sua messa in scena.				
7	Non vuole sposarsi.				
8	Non è libera.				
9	Fa domande difficili agli uomini che si interessano a lei.				
10	I due protagonisti sono imprigionati.				
11	Un principe risponde alle sue domande.				
12	Capisce di amare il principe.				

4 **In coppia. A turno riferite brevemente al compagno ciò che avete letto a proposito di uno dei due musicisti e della sua opera. Se necessario, cercate altre informazioni e ampliate il vostro discorso.**

5 **Sottolineate i verbi al gerundio presente e passato contenuti nelle seguenti frasi.**

1 Avendo sentito che forse l'incarico sarebbe stato affidato al suo rivale, Verdi decise di accettare.

2 Il pubblico dimostra il proprio entusiasmo applaudendo a lungo.

3 Puccini iniziò la composizione musicale ascoltando un carillon cinese.

4 Conoscendo meglio di tutti il lavoro di Puccini, Arturo Toscanini decise di terminare l'opera.

5 Amneris piange pregando sulla loro tomba.

6 Essendo iniziato in ritardo, lo spettacolo finì dopo mezzanotte.

6 **Completate la tabella con le forme del gerundio contenute nelle frasi dell'attività precedente.**

IL GERUNDIO			
	iniziare	conoscere	applaudire
presente	iniziando	....	applaudendo
passato	....	avendo conosciuto	....

7 **Inserite il valore dei gerundi presenti in corrispondenza della giusta frase.**

causa ~~tempo~~ modo

IL VALORE DEL GERUNDIO	
...tempo............ (quando?)	Amneris piange pregando sulla loro tomba.
.... (come?)	Il pubblico dimostra il proprio entusiasmo applaudendo a lungo.
.... (perché?)	Conoscendo il lavoro di Puccini, Arturo Toscanini terminò l'opera.

8 **Osservate le immagini e formulate la seconda parte delle frasi utilizzando uno dei verbi elencati al gerundio presente.**

> ~~ascoltare~~   cercare   pedalare   sorridere   applaudire

1 Il compositore scrive .....*ascoltando la musica*...... .

2 Ieri ho ascoltato la musica ....

3 Il pubblico si è alzato in piedi ....
....

4 La cantante ha ringraziato tutti ....
....

5 Ho trovato un biglietto a un prezzo speciale ....
....

9 **Sostituite la parte sottolineata delle frasi con il verbo al gerundio passato, come nell'esempio.**

1 <u>Dopo essere entrato</u> nella sala del concerto, non ho più potuto rispondere al telefono.
.....*Essendo entrato*.... nella sala del concerto, non ho più potuto rispondere al telefono.

2 <u>Poiché ho sentito</u> la marcia dell'*Aida* alla radio, ho deciso di comprare il biglietto per l'Arena.
.... la marcia dell'*Aida* alla radio, ho deciso di comprare il biglietto per l'Arena.

3 <u>Siccome sono tornato</u> tardi dal lavoro, non avevo più voglia di andare a teatro.
.... tardi dal lavoro, non avevo più voglia di andare a teatro.

4 <u>Poiché ho saputo</u> del tuo successo di ieri sera, ho deciso di venire a vedere il tuo spettacolo.
.... del tuo successo di ieri sera, ho deciso di venire a vedere il tuo spettacolo.

5 <u>Dopo che abbiamo cercato</u> a lungo, finalmente abbiamo trovato un posto libero.
.... a lungo, finalmente abbiamo trovato un posto libero.

> E ora svolgete le attività 1-2 a
> pp. 52-53 dell'eserciziario.

10 **Di seguito trovate alcuni nomi di altri grandi compositori italiani e delle loro opere liriche più famose. Cercate informazioni su di loro e provate a collegare i nomi alle opere.**

1 [c] Gaetano Donizetti
2 [ ] Gioacchino Rossini
3 [ ] Pietro Mascagni
4 [ ] Ruggero Leoncavallo
5 [ ] Vincenzo Bellini

a *Cavalleria Rusticana*
b *Il Barbiere di Siviglia*
c *L'elisir d'amore*
d *Norma*
e *Pagliacci*

11 **Raccontate: conoscete i compositori di musica lirica di cui avete letto nelle attività precedenti? C'è un'opera che vi piace particolarmente? Quale? Avete mai visto un'opera dal vivo? Vi piace la musica lirica? Se sì, perché? Altrimenti, quale genere di musica preferite?**

B SE AVESSE TEMPO SUONEREBBE ANCHE ADESSO...

1 **Abbinate i musicisti ai loro strumenti.**

I musicisti

1 [c] l'orchestrale
2 ☐ il musicista jazz
3 ☐ il musicista rock
4 ☐ il cantautore
5 ☐ il concertista

Gli strumenti

a la chitarra
b il pianoforte
c il violino
d la batteria
e il sassofono

[A]
[B]
[C]
[D]
[E]

CD 40 MP3 **2** **Ascoltate il dialogo: qual è l'argomento della conversazione? Completate le affermazioni sottostanti e riassumetele.**

1 Sabrina vuole fare ...*un regalo a Maurizio per il suo compleanno*... .

2 Viola le consiglia di ....

3 A Maurizio piace ....

4 Il prossimo fine settimana, in città ....

5 In Internet le due donne ....

6 Sabrina pensa che non sarà facile ....

7 Quando erano studenti Viola e Maurizio ....

8 A Sabrina piacevano ....

9 A quei tempi Maurizio di sera ....

10 Oggi, se avesse tempo, Maurizio ....

CD 40 MP3 **3** **Ascoltate ancora e completate le seguenti frasi.**

1 ...*Se fossi in*... te, gli ...*offrirei*... una serata speciale.

2 Se .... , ci .... spessissimo.

3 Se .... , andrei ogni sera a un concerto!

4 Se .... sera, ... subito i biglietti.

5 Fa .... a casa tua.

6 È .... tra i posti a sedere ci sia ancora qualcosa.

7 .... , farei pazzie tutti i giorni!

8 Se avesse tempo, ... anche adesso.

4 **Collegate le frasi dell'attività precedente alla funzione che esprimono. Ad una funzione possono corrispondere più frasi.**

a	Dare un consiglio	• *frase 1* ....
b	Dimostrarsi gentili e accoglienti con qualcuno	• ....
c	Formulare un'ipotesi	• ....
d	Esprimere una probabilità	• ....

5 In coppia. A turno immaginate di voler fare un regalo a una persona cara, ma non vi viene in mente niente di speciale. Parlate con il vostro compagno, spiegate chi è la persona, che cosa le piace, qual è l'occasione del regalo e chiedete che cosa le regalerebbe se fosse in voi.

6 Inserite le seguenti frasi nel fumetto giusto in modo che il loro significato corrisponda a quello delle frasi sottostanti.

[annotazione a mano: → to print out → 'stampante]

> ~~Quasi sicuramente il concerto è sabato sera.~~ È difficile che trovi il tempo per andare ai concerti.
> Molto probabilmente la stampante è accesa. Purtroppo non ho tanti soldi.
> Non credo che ci siano posti liberi. Sono abbastanza sicura che riuscirete ad andare al concerto.

IL PERIODO IPOTETICO DELLA REALTÀ E DELLA POSSIBILITÀ

realtà	Quasi sicuramente il concerto è sabato sera.	*(2) È difficile che trovi il tempo per andare*	
	Se il concerto è sabato sera, **devo comprare** subito i biglietti.	**Se** la stampante è accesa, **stampo** i biglietti.	**Se riuscirete** ad andare al concerto, Maurizio **sarà** felice.
possibilità	*Non credo che ci siano posti*	*Sono abbastanza*	*Purtroppo non ho tanti soldi.*
	Se ci fossero dei posti liberi, **comprerei** i biglietti.	**Se potesse**, ci **andrebbe** spessissimo.	**Se avessi** tanti soldi, **farei** pazzie tutti i giorni!

7 Osservate le frasi dell'attività precedente e completate le seguenti affermazioni.

1 Il periodo ipotetico della ....*realtà*.... esprime una condizione che ha molte possibilità di diventare realtà.

2 Il periodo ipotetico della ....*possibilità*........ esprime una condizione che ha poche o pochissime possibilità di trasformarsi in realtà.

3 Nel periodo ipotetico della realtà la condizione è espressa con *se* + l'indicativo presente o futuro, e la conseguenza è espressa con l'indicativo ....*presente*............ o futuro.

4 Nel periodo ipotetico della possibilità la condizione è espressa con *se* + il congiuntivo ....*imperfetto*...... , e la conseguenza è espressa con il ....*condizionale*.... semplice.

[annotazione a mano: subjunctive → possibility / indicativo → reality]

8 Sottolineate il verbo corretto.

1 Se non *piove/piovesse*, il concerto sarà all'aperto.

2 Se *avessi/ho* più tempo, studierei canto e composizione. *[annotazione: I would study]*

3 Se gli studenti *studiano/studiassero*, superano l'esame.

4 Se domani *venissi/vieni* a casa mia, ti farei vedere le foto dello spettacolo.

5 Se Carlo *arrivasse/arriva* arrivato prima, troverebbe meno fila alla cassa. *[annotazione: queue]*

6 Se un giorno *guadagnerò/guadagnerei* tanti soldi, mi dedicherò alla musica. *[annotazione: If I managed to fund]*

7 Se *riuscite/riusciste* a indovinare di chi è questa canzone, vi regalo il cd. *[annotazione: l'indicativo / whoever wrote this song I would ... by the CD]*

8 Se *vincessi/vincerai* il Premio come miglior interprete, cosa faresti? *[annotazione: SUBJUNCTIVE / conditional]*

9 Completate le frasi liberamente.

1 Se domenica farà bel tempo ....

2 Se imparerò l'italiano perfettamente ....

3 Se cerchi in Internet ....

4 Se io avessi più tempo ....

5 Se il mio partner ed io fossimo ricchi ....

6 Se il mio amico fosse un musicista famoso ....

> E ora svolgete le attività 1-4 a pp. 54-55 dell'eserciziario.

10 **In gruppo. Osservate le varie offerte per il prossimo fine settimana e decidete cosa farete e cosa fareste se...**

1 ...se piove
2 ...se qualcuno ha la macchina

3 ...se aveste tutto il fine settimana libero
4 ...se aveste tanti soldi

 SE AVESSI FINITO DI LAVORARE PRESTO, SAREI VENUTA A FARE FESTA CON VOI

1 **Osservate alcune schermate tratte dalla homepage della *Festa Europea della Musica*. Secondo voi, di che tipo di manifestazione si tratta?**

2 Leggete i testi e indicate a quale dei due si riferiscono le frasi riportate sotto.

A

La filosofia

La manifestazione è "la festa di tutte le musiche", un incontro tra generi, culture e professionalità diverse, tra musica classica e rock, colta e popolare, tra passione e mestiere. Al pubblico, la Festa regala centinaia di concerti gratuiti di tutti i generi musicali, in centro e in periferia. Il progetto è un bell'esempio di come la Festa Europea della Musica diventi uno spazio di sperimentazione e stimolo alla creatività e faciliti i giovani musicisti nella realizzazione dei loro progetti.

B

Sai suonare e/o cantare?
Sei un artista? Fai parte di una band, un'orchestra, un coro e vuoi partecipare alla *Festa Europea della Musica*?

Iscriversi è semplice!

Basta compilare il form di adesione che trovi qui e inviarlo all'indirizzo l.bruzzaniti@festaeuropeadellamusica.com entro il 30 aprile. Per informazioni: 320/6798825

La *Festa Europea della Musica* si basa sull'adesione gratuita di artisti, musicisti, scuole di musica, associazioni, etichette discografiche, gestori di location, istituzioni culturali, nazionali ed internazionali. La partecipazione alla *Festa Europea della Musica* è un regalo alla città: per questo motivo ogni anno centinaia di artisti e musicisti accettano di esibirsi gratuitamente. D'altra parte, tutti i concerti sono ad ingresso libero.

	A	B			A	B
1 È un testo descrittivo.	✔	☐	**4** Indica dove sono i concerti.		☐	☐
2 È un testo informativo.	☐	☐	**5** Spiega qual è l'obiettivo della manifestazione.		☐	☐
3 Spiega che cosa è la *Festa Europea della Musica*.		☐	**6** Indica come partecipare alla Festa.		☐	☐

3 Ascoltate i dialoghi telefonici e indicate se le affermazioni seguenti sono vere o false.

Dialogo 1	V	F	Dialogo 2	V	F	Dialogo 3	V	F
La persona che telefona fa parte di un gruppo musicale.	✔	☐	Roberta non è andata alla Festa della Musica perché era stanca.	☐	☐	La persona vuole parlare con il responsabile dell'ufficio stampa.	☐	☐
Il link per accedere al modulo di adesione non è attivo.	☐	☐	Se Roberta avesse smesso prima di lavorare sarebbe uscita.	☐	☐	La persona che telefona è il direttore artistico del festival.	☐	☐
È necessario completare l'iscrizione prima della fine della settimana.	☐	☐	La serata non è stata molto divertente.	☐	☐	Il concerto della serata precedente non è andato molto bene.	☐	☐

4 Ascoltate ancora e completate le seguenti frasi.

1 Buongiorno, ...*Centro Informazioni*... "Festa della Musica", desidera?

2 Rimanga .... per favore.

3 Lo invii entro venerdì di questa settimana, ...
....

4 Grazie a Lei .... , buongiorno.

5 .... Gianluca? Sono Roberta.

6 .... presto.

7 Stammi ....

8 Pronto? .... parlare con il responsabile artistico del Festival.

9 Chi .... , mi scusi?

10 Giampiero Olivieri. Sono .... che si è esibita ieri sera in Piazza San Giovanni.

11 In cosa .... utile?

12 Mi dispiace, è occupato ....

13 Posso .... qualcosa?

14 Lo .... io.

5 Collegate le frasi dell'attività precedente alla funzione che esprimono. Ad ogni funzione possono corrispondere più frasi.

a	Rispondere al telefono in un ambiente di lavoro	• frase 1
b	Presentarsi al telefono in modo formale	• ....
c	Presentarsi al telefono in modo informale	• ....
d	Offrire il proprio aiuto	• ....
e	Chiedere di parlare con qualcuno	• ....
f	Informarsi sull'identità di una persona	• ....

g	Dare maggiori informazioni sulla propria identità	• ....
h	Chiedere di attendere in linea	• ....
i	Chiedere se si vuole lasciare un messaggio	• ....
l	Dire che si telefonerà ancora	• ....
m	Esortare qualcuno a richiamare	• ....

6 In coppia. A turno immaginate di essere nelle seguenti situazioni e fate i dialoghi telefonici.

- Telefonate al Centro Informazioni del Festival per sapere se, in che modo ed entro quando potete iscrivervi.

- Telefonate al Centro Informazioni del Festival per sapere che cosa è previsto in caso di pioggia per i concerti del fine settimana.

- Telefonate a un amico e chiedetegli perché non è venuto all'appuntamento per andare a vedere uno dei concerti del Festival.

- Telefonate a un amico per chiedergli se ha voglia di andare al Festival con voi ed eventualmente cosa gli interessa vedere.

7 Completate la tabella con le frasi elencate, collegando il loro significato a quello delle frasi della colonna di destra.

> Ho finito di lavorare tardi e per questo non sono venuta a fare festa con voi. 1
> I termini di iscrizione non sono scaduti e quindi il link non è stato disattivato. 2
> Ieri sera non sei uscita e quindi non hai visto Mirco. 3
> In passato ho smesso di studiare musica e ora ho dei rimpianti.
> Ci siamo organizzati male e per questo abbiamo avuto tanti problemi. 5

IL PERIODO IPOTETICO DELL'IMPOSSIBILITÀ	
Ho finito di lavorare tardi e per questo non sono venuta a fare festa con voi.	**Se avessi finito** di lavorare presto, **sarei venuta** a fare festa con voi.
I termini	**Se** i termini di iscrizione **fossero scaduti**, il link al form **sarebbe stato disattivato**.
Ci s	**Se ci fossimo organizzati** meglio, ieri sera non **avremmo avuto** tanti problemi.
In passato ho smesso di studiare musica	**Se non avessi smesso** di studiare musica, ora non **avrei** dei rimpianti.
3	**Se uscivi**, **vedevi** Mirco.

8 Osservate le frasi e completate le seguenti affermazioni.

1 Il periodo ipotetico dell' ...*impossibilità*... esprime una condizione che non si è realizzata nel passato e quindi non può più diventare realtà.

2 Nel periodo ipotetico dell'impossibilità la condizione è espressa con *se* + il ...*congiuntivo*... trapassato e la conseguenza è espressa con:
  - il ...*condizionale*... composto se riguarda il passato, come nella frase **Se avessi finito** *di lavorare presto,* **sarei venuta** *a fare festa con voi;*
  - il condizionale ...*semplice*... se riguarda il presente, come nella frase **Se** *non* **avessi smesso** *di studiare musica, ora non* **avrei** *dei rimpianti.*

3 Nella lingua parlata, in contesti informali, il periodo ipotetico dell'impossibilità può essere espresso con indicativo imperfetto + indicativo .... come nella frase **Se uscivi, vedevi** *Mirco.*

9 Sottolineate il verbo corretto.

1 Se non *avesse piovuto/piovesse*, il concerto *sarebbe stato/sarà* all'aperto.

2 Se *avessi avuto/avessi* più tempo, *avrei studiato/studiavo* canto e composizione.

3 Se gli studenti *studiavano/studiassero*, *superavano/avrebbero superato* sicuramente l'esame.

4 Se ieri *venissi/fossi venuto* a casa mia, ti *farei/avrei fatto* vedere le foto dello spettacolo.

5 Se Carlo *arrivasse/arriva* prima, *troverebbe/troverà* meno fila alla cassa.

6 Se in passato *guadagnassi/avessi guadagnato* tanti soldi, ora mi *dedicherò/dedicherei* alla musica.

7 Se *riuscite/foste riusciti* a indovinare di chi è questa canzone, vi *regalerei/avrei regalato* il cd.

8 Se *vinceresti/avessi vinto* il Premio come miglior interprete, cosa *farai/avresti fatto*?

9 Se *avessi/avessi avuto* voglia, ora *potevamo/saremmo potuti* uscire.

10 Completate le frasi liberamente.

1 Se lo scorso fine settimana avesse fatto bel tempo, ...

2 Se io avessi studiato, ...

3 Se avessi guardato in Internet, ...

4 Se .... , avresti vinto il primo Premio.

5 Se .... , ti saresti divertito molto.

6 Se .... , vivresti in un'altra città.

> E ora svolgete le attività 1-2 a pp. 56-57 dell'eserciziario.

11 Quali scelte del passato hanno condizionato maggiormente la vostra vita? Che cosa sarebbe cambiato se aveste fatto scelte diverse? Raccontate.

Progettiamolo INSIEME

1 Immaginate di dover organizzare la *Festa della Musica Italiana* e scegliete innanzitutto la città italiana che ritenete più adatta alla manifestazione.

2 Dividetevi in gruppi a seconda dei generi musicali che preferite: gli appassionati di musica lirica, gli appassionati di musica leggera, gli appassionati di jazz ecc. All'interno del gruppo cercate chi sono i musicisti italiani rappresentativi del genere scelto e preparate un programma di concerti da realizzare nei luoghi più interessanti della città.

3 Al termine, riunite i gruppi e insieme progettate il festival. Preparate il volantino, con foto, informazioni e tutto ciò che ritenete importante per la manifestazione.

PRONUNCIA E GRAFIA

1 Leggete le seguenti battute e scrivete la parola, comune a tutte, che manca.

1 Mamma mia quanto sono bravi. Senti come suonano? Questa sì che è .... !

2 Allora, volete rimettere a posto la stanza? Con voi è sempre la stessa ....

3 Io sono stanca e mi fa male la testa. Basta con tutto questo rumore.
Secondo te questa è .... ?

4 Sono lieto di presentarvi una delle cantanti più apprezzate del momento. .... maestro!

 2 In coppia. A turno, dopo aver trovato la parola mancante, leggete le battute a voce alta e cercate di capire qual è la giusta intonazione per pronunciarla.

3 Nei riquadri presenti alla fine di ogni frase dell'attività 1 disegnate una faccina adatta a rappresentare l'intonazione della frase.

 4 Ascoltate e ripetete le battute.

 5 In coppia. A turno ripetete le battute cercando di avvicinarvi il più possibile alla pronuncia che avete ascoltato.

 6 Ascoltate e completate.

STARE BENE A METÀ
(Pino Daniele)

Se tu ....*fossi*........ qui

a volte basta una parola

per stare .... a metà

fra l'emozione e la ....

e amarsi in questa ....

.... fossi qui io non impazzirei

per questo amore.

7 Cercate la canzone in Internet e provate a cantarla.

LA GRAMMATICA IN TABELLE

IL GERUNDIO			
	iniziare	**conoscere**	**applaudire**
presente	iniziando	conoscendo	applaudendo
passato	essendo iniziato	avendo conosciuto	avendo applaudito

IL VALORE DEL GERUNDIO	
tempo	Amneris piange pregando sulla loro tomba.
modo	Il pubblico dimostra il proprio entusiasmo applaudendo a lungo.
causa	Conoscendo il lavoro, Arturo Toscanini terminò l'opera.

IL PERIODO IPOTETICO DELLA REALTÀ E DELLA POSSIBILITÀ	
realtà	Se il concerto è sabato sera, devo comprare subito i biglietti.
	Se riuscirete ad andare al concerto, Maurizio sarà molto felice.
possibilità	Se ci fossero dei posti liberi, comprerei i biglietti.
	Se avessi tanti soldi, farei pazzie tutti i giorni!

IL PERIODO IPOTETICO DELL'IMPOSSIBILITÀ
Se avessi finito di lavorare presto, sarei venuta a fare festa con voi.
Se non avessi smesso di studiare musica, ora non avrei dei rimpianti.
Se uscivi, vedevi Mirco.

LE FUNZIONI COMUNICATIVE

■ **Dare un consiglio**
Se fossi in te, gli offrirei una serata speciale.

■ **Dimostrarsi gentili e accoglienti con qualcuno**
Fa' come se fossi a casa tua.

■ **Esprimere probabilità**
È probabile che tra i posti a sedere ci sia ancora qualcosa.

■ **Esprimere improbabilità**
Non è facile che ci siano dei posti liberi.

■ **Esprimere sollievo**
Per fortuna ce n'è ancora qualcuno a buon prezzo.

■ **Rispondere al telefono in un ambiente di lavoro**
Buongiorno, Centro Informazioni Festa della Musica, desidera?

■ **Presentarsi al telefono in modo formale**
Pronto? Buongiorno, sono Giampiero Olivieri.

■ **Presentarsi al telefono in modo informale**
Pronto Gianluca? Sono Roberta.

■ **Offrire il proprio aiuto**
Buongiorno. In cosa posso esserLe utile?

■ **Chiedere di parlare con qualcuno**
Vorrei parlare con il direttore artistico del Festival. Può passarmelo?

■ **Informarsi sull'identità di una persona**
Chi devo dire, mi scusi?

■ **Dare maggiori informazioni sulla propria identità**
Giampiero Olivieri. Sono il direttore dell'orchestra che si è esibita ieri sera in Piazza San Giovanni.

■ **Chiedere di attendere in linea**
Rimanga in linea per favore.

■ **Chiedere se si vuole lasciare un messaggio**
Posso riferire qualcosa?

■ **Dire che si telefonerà ancora**
Lo richiamo io.

■ **Esortare qualcuno a richiamare**
Fatti sentire presto.

■ **Formulare un'ipotesi**
Se il concerto è sabato sera, devo comprare subito i biglietti.
Se riuscirete ad andare al concerto, Maurizio sarà molto felice.
Se ci fossero dei posti liberi, comprerei i biglietti.
Se avessi finito di lavorare presto, sarei venuta a fare festa con voi.
Se non avessi smesso di studiare musica, ora non avrei dei rimpianti.
Se uscivi, vedevi Mirco.

IL LESSICO

■ **I protagonisti del mondo della musica**
il compositore, il cantante, il pubblico, il maestro, il musicista, il protagonista, il cantautore, il concertista, l'orchestrale, l'artista, la band, l'orchestra, la scuola di musica, le etichette discografiche, le agenzie, le istituzioni culturali, il coro, il gruppo, il direttore artistico, il direttore d'orchestra

■ **Alcuni generi musicali**
l'opera lirica, la musica rock, la musica jazz, la musica classica, la musica pop, la musica colta, la musica popolare

■ **Le manifestazioni musicali**
il concerto, l'evento musicale, la stagione operistica, lo spettacolo, la rappresentazione, il biglietto, le date, la tournée, i posti, i manifesti, il tour, l'album, il festival, la manifestazione

■ **I verbi della musica**
ascoltare, andare in scena, ispirarsi, esibirsi, suonare, cantare

■ **I grandi templi della musica**
Il Teatro San Carlo di Napoli, La Fenice di Venezia, Il Teatro dell'Opera di Roma, La Scala di Milano, l'Arena di Verona

■ **Alcuni grandi maestri del passato**
Giuseppe Verdi, Giacomo Puccini, Richard Wagner, Arturo Toscanini, Gioacchino Rossini, Vincenzo Bellini, Gaetano Donizetti, Ruggero Leoncavallo, Pietro Mascagni

■ **Alcuni musicisti italiani di oggi**
Pino Daniele, Claudio Baglioni, Mina, Francesco De Gregori, Lucio Dalla

■ **Alcune opere liriche famose**
Aida, Turandot, Il Barbiere di Siviglia, Norma, L'Elisir d'amore, Pagliacci, Cavalleria Rusticana

■ **Alcuni strumenti**
la chitarra, il pianoforte, il violino, la batteria, il sassofono

Civiltà e cultura dal vivo

Leggere

1 Osservate le immagini e dite che cosa hanno in comune.

La Bohème

Turandot

Madame Butterfly

Tosca

2 Leggete il testo e collegate i paragrafi alle immagini.

1 ☐ Un profondo amore durato tre decenni legò Giacomo Puccini al ridente borgo di Torre del Lago che, da tempo, ha cambiato il suo nome, in Torre del Lago Puccini. Il lago e il piccolo villaggio gli piacquero subito e l'accoglienza dei torrelaghesi fu entusiastica. Il musicista rimase a Torre del Lago per trent'anni e vi compose tutte le sue opere maggiori, tra cui *Tosca* (1900), *Madama Butterfly* (1904), *La Fanciulla del West* (1910), *La Rondine* (1917) e *Il Trittico* (1918).

2 ☐ La Casa Museo di Puccini, gestita con amore e competenza dalla nipote, Simonetta Puccini, parla ancora di queste cose: i pianoforti per comporre la musica, i ricordi delle grandi rappresentazioni e i premi dei trionfi internazionali. Migliaia di appassionati visitano il museo e da qui partono alla scoperta di numerosi e interessanti itinerari che si snodano in tutta la provincia di Lucca e nelle più importanti città d'arte della Toscana.

3 ☐ Quelli in cui visse il grande maestro erano anni di uno straordinario fervore artistico che coinvolgeva tutta la regione. Firenze, Livorno e anche Lucca – dove Puccini nacque – erano in contatto con Parigi e le capitali europee; le idee e le persone circolavano velocemente, pittori e musicisti si incontravano nelle case e nei caffè. I luoghi pucciniani sono rappresentati anche dai locali che il maestro amava frequentare come il *Caffè di Simo* a Lucca o lo storico *Gran Caffè Margherita* di Viareggio.

4 ☐ Ogni anno in estate, nei mesi di luglio e agosto, proprio nei luoghi che ispirarono a Puccini le sue immortali melodie, si tiene uno dei festival più importanti d'Italia e l'unico dedicato al compositore. Con il passare degli anni la manifestazione è diventata un appuntamento sempre più prestigioso e richiama migliaia di spettatori che al Festival Puccini possono ascoltare le più grandi stelle della lirica e ammirare straordinari allestimenti dei capolavori pucciniani da *Madama Butterfly*, *Turandot*, *La Bohème*, *Tosca* a *Manon Lescaut*.

3 **Completate le seguenti frasi con le informazioni contenute nel testo dell'attività precedente.**

1 Torre del Lago per Puccini ....

2 A Torre del Lago ....

3 Gli anni in cui visse Puccini ....

4 Il Festival Puccini ....

4 **E nel vostro Paese? Esiste un luogo diventato famoso grazie ad un musicista? Quali sono i luoghi più conosciuti legati alla musica?**

Ascoltare

5 **Leggete la presentazione: Che lavoro fa Mario Dradi? Che cosa lo ha reso famoso?**

> **Mario Dradi** è oggi uno degli agenti italiani più conosciuti nel mondo della musica a livello nazionale e non solo. La sua attività di manager di cantanti lirici – iniziata nei primi anni Ottanta – si è sempre alternata all'organizzazione di grandi eventi internazionali. Il più famoso di tutti è il Concerto alle Terme di Caracalla a Roma, tenutosi alla vigilia della finale della Coppa del mondo del 1990, con i famosi tre tenori Placido Domingo, José Carreras e Luciano Pavarotti.

6 **Leggete la seguente frase e formulate alcune ipotesi su come è iniziata, secondo voi, la carriera di Mario Dradi nel mondo della lirica.**

A quindici anni lavoravo in un'officina…

....

....

CD 44 MP3

7 **Ascoltate l'intervista: le ipotesi che avete formulato durante l'attività precedente sono confermate?**

CD 44 MP3

8 **Ascoltate ancora e rispondete alle domande.**

1 Chi ha obbligato Mario Dradi ad andare all'opera per la prima volta?

....

2 Qual è stata la prima opera che ha visto?

....

3 Che cosa ha deciso dopo la sua prima esperienza con l'opera lirica?

....

4 Perché la seconda volta all'opera ha avuto grande importanza per lui?

....

5 Com' è andata la sua prima collaborazione con il teatro di Ravenna?

....

6 Com' è entrato più tardi in contatto con il mondo dei grandi cantanti lirici?

....

7 Perché ad un certo punto ha deciso di andare a lavorare in Spagna?

....

8 Che cosa ha organizzato nel 1990?

....

9 Quali conseguenze ha avuto tale evento nel mondo della musica e nella carriera di Dradi?

....

9 Nell'intervista ascoltata, Mario Dradi racconta in che modo si è avvicinato al mondo della lirica e quali conseguenze importanti ha avuto tale incontro per lui. Provate a immaginare cosa sarebbe potuto accadere se…

> *Se non avesse conosciuto…*

> *Se un uomo non lo avesse portato…*

Parlare

10 Leggete il seguente articolo sulla musica italiana nel mondo e poi riassumetelo. Parlate della musica nel vostro Paese: quali sono i generi musicali e gli artisti di maggior successo? Quali i più famosi nel mondo?

Da sempre la musica classica e la musica lirica hanno garantito all'Italia un posto di prestigio nel grande palcoscenico del mondo, grazie a compositori ed interpreti di talento. Nomi come Verdi, Puccini, Rossini e Vivaldi sono noti anche a coloro che si intendono poco di musica: i loro brani vengono tutt'oggi apprezzati e goduti ovunque. Fino all'avvento di Mozart, nella seconda metà del '700, la lingua della lirica era solo l'italiano: nessun altro idioma, infatti, veniva considerato altrettanto adatto per accompagnare le vicende dell'opera, tanto che i compositori di tutta Europa concepivano i testi delle loro arie in italiano. È innegabile, inoltre, che fra i tanti eccellenti cantanti lirici al mondo, Luciano Pavarotti rimanga un nome di spicco universalmente conosciuto e lo stesso può dirsi per Andrea Bocelli, che ha al suo attivo la vendita di settanta milioni di copie di cd, sia di musica leggera che lirica.

www.cablecorp.it

Scrivere

11 Leggete le seguenti affermazioni ed esprimete la vostra opinione. Pensate che il tipo di musica che si ascolta influenzi la nostra personalità? Quanto è importante la musica per voi?

> La musica è vita.
> *Barbara Tesoro & Simona D'Agostino*

> La musica molto spesso rappresenta un aspetto del nostro carattere; infatti a seconda della musica che si ascolta, spesso cambia il modo di vestirsi, di atteggiarsi e di presentarsi agli occhi degli altri. Insomma, sembra che i diversi tipi di musica ascoltata differenzino una persona dall'altra.
>
> http://www.cablecorp.it

> Dimmi che musica ascolti e ti dirò chi sei.

L'Italia in video

12 Collegatevi al sito www.loescher.it/studiareitaliano/. Guardate il video e svolgete le attività proposte.

Viva V.E.R.D.I.

8 Alessandra dice che vorrebbe tornare a vivere in Italia

In questa unità imparate a:

A riferire le opinioni di altri ed esprimere le vostre opinioni sulla vita in Italia

B parlare di desideri e sogni vostri e degli altri

C conoscere alcuni aspetti della società italiana

1 Osservate le immagini, leggete le affermazioni sull'Italia di alcuni personaggi famosi e provate a spiegare il significato delle frasi.

Questa è l'Italia secondo...

Elizabeth Spencer
scrittrice
(Stati Uniti 1921-*)
Chiunque ha un sogno dovrebbe andare in Italia. Non importa se si pensa che il sogno è morto e sepolto, in Italia, si alzerà e camminerà di nuovo.

Orson Welles
attore e regista
(Stati Uniti 1915-1985)
L'Italia conta oltre 50 milioni di attori. I peggiori stanno sul palcoscenico.

Roger Peyrefitte
scrittore e diplomatico
(Francia 1907-2000)
L'Italia è il solo Paese dove si gusta ancora la gioia di vivere. Ci fa credere nella gioia di vivere, anche quando lei stessa non ci crede.

Khalil Gibran
poeta e pittore
(Libano 1883-1931)
L'arte degli italiani sta nella bellezza.

Winston Churchill
statista (Inghilterra 1874-1975)
Gli italiani perdono le guerre come se fossero partite di calcio e le partite di calcio come se fossero guerre.

Henryk Sienkiewicz
scrittore e giornalista
(Polonia 1846-1916)
E come si potrebbe non amare l'Italia? [...] Io credo che ogni uomo abbia due patrie; l'una è la sua personale, più vicina, e l'altra l'Italia.

Johann Wolfgang von Goethe
poeta e drammaturgo
(Germania 1749-1832)
C'è vita e animazione qui, ma non ordine e disciplina; ognuno pensa per sé.

2 In gruppo. A turno scegliete l'affermazione che condividete maggiormente e motivate la vostra scelta.

A LUCY DICE CHE HA NOTATO GRANDI DIFFERENZE TRA NORD E SUD

1 L'*Erasmus* è un programma di studio che offre la possibilità agli studenti universitari europei di frequentare per un certo periodo di tempo l'università in un altro paese dell'Unione Europea. Lo conoscete? Avete fatto esperienze di questo genere?

2 Osservate l'immagine accanto: che cosa vuol significare secondo voi? Vi piace? Perché?

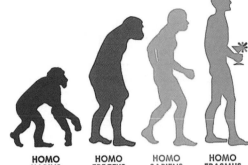

HOMO HABILIS HOMO ERECTUS HOMO SAPIENS HOMO ERASMUS

l'erasmus ti cambia la vita, **ESN te la stravolge!**

3 Alcuni studenti *Erasmus* hanno partecipato a un sondaggio sulla loro esperienza di studio in Italia. Leggete i loro pareri e scrivete la domanda a cui si riferiscono, scegliendo tra quelle riportate qui sotto.

> ~~Perché hai deciso di venire in Italia?~~   Quali sono gli aspetti negativi?
> Quali sono le tue impressioni generali?   Che cosa hai notato di diverso dalle tue aspettative?
> Dopo questa esperienza, come sei cambiato/a?

1 <u>Perché hai deciso di venire in Italia?</u>

Lucy: "Voglio migliorare la lingua."
Uli: "Mi interessa conoscere un sistema universitario diverso."
Marsida: "Mi piacciono la lingua e la cultura italiana."
Georges: "L'italia mi permette di fare ricerche su temi importanti per il mio studio."

2 ....

Lucy: "Ci sono grandi differenze tra Nord e Sud."
Uli: "Le periferie delle città spesso sono brutte. Non lo avrei mai creduto."
Marsida: "Il clima non è sempre bello."
Georges: "Ci sono tanti dialetti per me incomprensibili."

3 ....

Lucy: "Gli italiani mi sono simpatici."
Uli: "Le città e i paesaggi sono bellissimi."
Marsida: "Mi piace il cibo, compreso quello della mensa universitaria."
Georges: "C'è molta cura della persona."

4 ....

Lucy: "C'è poca privacy nelle case, le porte sono sempre aperte. Mi sento in imbarazzo."
Uli: "Il concetto di tempo è "flessibile": i miei compagni sono spesso in ritardo e lo ritengono normale. A me invece la cosa dà fastidio."
Marsida: "La famiglia è troppo presente: la mia compagna telefona continuamente alla mamma."
Georges: "L'Italiano deve sempre parlare, deve sempre riempire il silenzio."

5 ....

Lucy: "Sono molto soddisfatto perché ho sperimentato un sistema universitario diverso."
Uli: "Ho imparato a interpretare il mondo con meno testa e più emozioni."
Marsida: "Sono diventato più flessibile nell'affrontare la vita in generale e il quotidiano."
Georges: "Sono contento di aver imparato a conoscere meglio il Paese e la sua lingua."

4 Leggete e indicate a chi si riferiscono le seguenti affermazioni.

	Lucy	Uli	Marsida	Georges
1 C'è la possibilità di visitare luoghi interessanti per gli studi.				✗
2 Purtroppo anche in Italia a volte è freddo e piove.				
3 Gli italiani sono attenti all'aspetto fisico e si prendono cura di sé.				
4 In Italia non si cercano spazi riservati in cui isolarsi, nemmeno all'interno dell'abitazione.				
5 In Italia si può imparare ad affidarsi al cuore e non solo al cervello.				

5 **In gruppo. Rileggete le risposte date dai ragazzi che hanno partecipato al sondaggio, cerchiate in blu l'affermazione che condividete maggiormente e in rosso quella con cui non siete d'accordo. In piccoli gruppi motivate le vostre scelte.**

6 **Osservate l'esempio e completate la tabella.**

IL DISCORSO DIRETTO	IL DISCORSO INDIRETTO
Lucy: "Voglio migliorare la lingua."	Lucy **dice che** ...*vuole migliorare*... la lingua.
Uli: "Mi interessa conoscere un sistema universitario diverso."	Uli **dice che** gli .... un sistema universitario diverso.
Marsida: "Mi piacciono la lingua e la cultura italiana."	Marsida **dice che** le .... la lingua e la cultura italiana.
Georges: "L'Italia mi permette di fare ricerche su temi importanti per il mio studio."	Georges **dice che** l'Italia .... ricerche su temi importanti per il suo studio.

7 **Rispondete alle domande.**

1 Le frasi contenute tra due virgolette nella colonna a sinistra della tabella riportano direttamente le parole pronunciate dagli studenti: che tipo di discorsi sono?
   Discorsi diretti. ....

2 Nelle frasi della colonna a destra si riportano le parole pronunciate da alcune persone: che tipo di discorsi sono?
   ....

3 Nelle frasi nella colonna di destra da quale verbo è introdotto il discorso indiretto?
   ....

4 I verbi delle frasi nella colonna di sinistra sono al presente: qual è il tempo dei verbi nei discorsi indiretti?
   ....

5 Cosa cambia nei verbi alla prima persona nel passaggio dal discorso diretto al discorso indiretto?
   ....

6 Quali altri elementi delle frasi cambiano nel passaggio dal discorso diretto al discorso indiretto?
   ....

8 **In coppia. A turno riportate le risposte date dagli studenti Erasmus alle domande del sondaggio. Utilizzate il discorso indiretto, come nell'esempio.**

Lucy dice che ha notato grandi differenze tra Nord e Sud.

E ora svolgete le attività 1-3 a pp. 61-62 dell'eserciziario.

B LEI MI DISSE DI ANDARE

1 Osservate il grafico sulla distribuzione degli italiani che vivono all'estero. In quale continente ce ne sono di più? In quale ce ne sono di meno? Secondo voi perché?

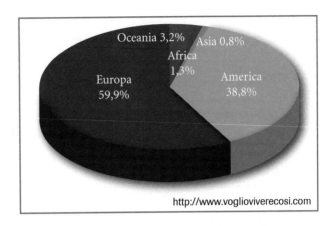

Oceania 3,2% Asia 0,8%
Africa 1,3%
America 38,8%
Europa 59,9%

http://www.voglioviverecosi.com

2 Leggete il testo e rispondete alle domande.

Gli italiani all'estero sono 4 milioni di persone che hanno in comune la ricerca di un sogno e il distacco, spesso doloroso, con il nostro Paese. Chi per necessità, chi per studio, chi per motivi professionali, chi per amore: sono tantissime le ragioni che spingono i nostri connazionali ad emigrare e a ricominciare da capo.
L'80% degli italiani all'estero, secondo i dati della Fondazione Migrantes, ha migliorato sensibilmente le proprie condizioni di vita. Secondo i dati del Ministero degli Esteri, più del 50% vive in Europa. Il paese europeo con più immigrati italiani è la Germania, con più di 515 mila

iscritti al Consolato. Segue la Svizzera, con quasi 223 mila italiani, e la Francia con 135 mila. Più di un milione e mezzo di nostri concittadini si trova in America. In Argentina vivono 660 mila italiani, 200 mila si trovano negli Stati Uniti. In questo numero enorme si mescolano diverse generazioni di emigranti. Quelli che lasciano l'Italia oggi sono meno numerosi rispetto al passato (circa 40 mila l'anno), e solitamente hanno una preparazione più elevata. Oggi in generale l'italianità viene ritenuta un fattore di grande appeal. Il successo del "Made in Italy" ne è la conferma più evidente.

1 Quanti italiani vivono all'estero?

2 Per quale motivo gli italiani scelgono di vivere in un altro Paese?

3 Com'è cambiata la vita per la maggior parte degli italiani che sono emigrati?

4 Come sono distribuiti gli italiani all'estero?

5 In che cosa sono diversi gli emigranti italiani di oggi rispetto a quelli di ieri?

6 Come viene vista oggi "l'italianità"?

3 Ascoltate il dialogo: chi sono Giuliano e Alessandra e di che cosa parlano?

4 Ascoltate di nuovo il dialogo e indicate se le seguenti affermazioni sono vere o false.

	V	F
1 Alessandra vuole parlare al papà di una sua decisione importante.	✓	
2 Alessandra ha deciso di cercare un lavoro in Italia.		✓
3 Giuliano le spiega che non è facile realizzare il suo sogno.	✓	
4 Giuliano e la moglie hanno studiato all'estero.		✓
5 Giuliano e la moglie sono emigrati per interessi culturali.		
6 Giuliano è molto contento della vita sua e della sua famiglia.		
7 Alessandra desidera conoscere a fondo un ambiente diverso da quello in cui vive.		
8 I genitori di Giuliano non hanno mai accettato la sua decisione di lasciare l'Italia.		

5 **Ascoltate ancora e completate le seguenti frasi.**

1 Ascolta papà _hai un minuto_ ?

2 Sì, ... Cosa c'è?

3 .... una cosa importante.

4 .... , io non voglio scoraggiarti.

5 Non .... , ti prego.

6 .... ? Voglio sentirmi italiana tra gli italiani.

7 .... : qui conosco già tutto, è tutto così ovvio e normale.

8 .... : "Vai, tesoro mio. L'importante per me è che tu sia felice".

9 Mio padre .... : "Sei davvero convinto della tua scelta?"

10 .... non ti hanno assolutamente ostacolato.

6 **Collegate le frasi dell'attività precedente alla funzione che esprimono. A una funzione possono corrispondere più frasi.**

a	Cominciare una conversazione	● _frase 1_	**e**	Assicurarsi che l'interlocutore abbia capito	● ....
b	Incoraggiare qualcuno a parlare	●	**f**	Aggiungere spiegazioni	● ....
c	Introdurre un argomento	●	**g**	Riportare le parole di un'altra persona	● ....
d	Esortare l'interlocutore a non interrompere il discorso	●	**h**	Assicurarsi di aver capito	● ....

7 **In coppia. A turno pensate a un sogno che vorreste realizzare o che avreste voluto realizzare e che comporta un grande cambiamento di vita. Immaginate di comunicare la vostra decisione a un familiare o a un amico e create il dialogo seguendo la traccia di quello ascoltato nell'attività 3.**

8 **Ascoltate ancora il dialogo e inserite nella tabella le frasi di Alessandra e Giuliano che corrispondono a quelle riportate nella seconda e quarta colonna.**

FRASE REGGENTE AL PRESENTE		FRASE REGGENTE AL PASSATO	
DISCORSO DIRETTO	DISCORSO INDIRETTO	DISCORSO DIRETTO	DISCORSO INDIRETTO
Alessandra: "_Vorrei parlarti di una cosa importante_".	Alessandra **dice che** vorrebbe parlare al papà di una cosa importante.	La nonna **disse**: "............... ....".	La nonna **disse che** l'importante per lei <u>era</u> che io <u>fossi</u> felice.
Giuliano: "............................... ....?"	Giuliano **chiede se** deve preoccuparsi.	Mio padre **mi chiese**: "........ ...."?	Mio padre mi **chiese se** <u>fossi</u> davvero convinto della mia scelta.
Alessandra: "No. ....".	Alessandra **risponde di** no. **Dice che** ha capito cosa vuole fare nella vita.	Io **risposi**: "........................ ...."	Io **risposi che** gli <u>avrei</u> <u>dimostrato</u> che la mia scelta <u>era</u> giusta.
Alessandra: "............................ ...."	Alessandra **dice che** cercherà un lavoro oppure continuerà a studiare.	Il nonno **disse**: "............... .... Adesso tocca a te".	Il nonno **disse che** anche lui da giovane <u>aveva avuto</u> la libertà di scegliere e che in quel momento <u>toccava</u> a me.
Giuliano: "............................ ....".	Giuliano **le dice di** lasciarlo finire.	La nonna **disse**: "............... ...."	La nonna **mi disse di** <u>andare</u>.

9 Osservate la tabella dell'attività 8 e completate le affermazioni.

Nel passaggio dal discorso diretto a quello indiretto:
– un'affermazione è spesso introdotta dal verbo ....*dire*... ;
– una domanda può essere introdotta dal verbo .... seguito da *se* o da *di*;
– una risposta può essere introdotta dal verbo .... seguito da *di* o da *che*;
– con un verbo all'imperativo come *lasciami* o *vai* trasforma il verbo in *di* + ... ;
– oltre ai cambiamenti delle persone, del .... , dei pronomi e dei possessivi possono essere necessari altri cambiamenti per parole che si riferiscono ai luoghi e ai tempi, come ad es: *adesso / in quel momento*; *oggi / quel giorno*; *ieri / il giorno prima*; *domani / il giorno dopo*.

10 Quando il verbo della frase reggente è al passato, il passaggio dal discorso diretto al discorso indiretto comporta un cambiamento del verbo della frase dipendente. Indicate il tempo e il modo dei verbi in neretto dei discorsi diretti e indiretti presenti in tabella.

DISCORSO DIRETTO		DISCORSO INDIRETTO	
Disse: "Per me **è** importante".	*Indicativo presente*	Disse che per lui **era** importante.	*Indicativo imperfetto*
Disse: "Da giovane **ho avuto** la libertà di scegliere".	....	Disse che da giovane **aveva avuto** la libertà di scegliere.	....
Risposi: "Ti **dimostrerò** che la mia scelta è giusta".	....	Risposi che gli **avrei dimostrato** che la mia scelta era giusta.	....
Ordinò: "**Rispondi**".	....	Ordinò che le **rispondesse**. / Ordinò di **rispondere**.	....
Disse: "Spero che tu **sia** felice".	....	Disse che sperava che io **fossi** felice.	....

11 Leggete le battute di Alessandra e la loro riformulazione al discorso indiretto, con frase reggente al presente e al passato. Sottolineate il verbo giusto, come nell'esempio.

1 "Ascolta papà, hai un minuto?"
   a Alessandra chiede al papà se _ha_/aveva un minuto.
   b Alessandra chiese al papà se _aveva_/ebbe un minuto.

2 "Ho capito cosa voglio fare nella vita."
   a Alessandra dice che *ha capito/aveva capito* cosa vuole fare nella vita.
   b Alessandra disse che *avesse capito/aveva capito* cosa voleva fare nella vita.

3 "Cercherò un lavoro."
   a Alessandra dice che *cercherà/cerca* un lavoro.
   b Alessandra disse che *cercherebbe/avrebbe cercato* un lavoro.

4 "Sono sempre più convinta che sia la scelta giusta."
   a Alessandra dice che *è/era* sempre più convinta della sua scelta.
   b Alessandra disse che *fosse/era* sempre più convinta della sua scelta.

5 "Papà, non tentare di scoraggiarmi."
   a Alessandra dice al papà *di non tentare/di non aver tentato* di scoraggiarla.
   b Alessandra disse al papà *di non tentare/che non avrebbe tentato* di scoraggiarla.

E ora svolgete le attività 1-3 a pp. 63-64 dell'eserciziario.

 12 In gruppo. Conversate in classe prendendo spunto dalle domande proposte.

• Nel vostro Paese ci sono molti italiani? Ne conoscete alcuni?

• Quali sono i contatti che avete o che avete avuto con gli italiani e la loro cultura nel vostro territorio?

• Quali sono le comunità straniere più numerose?

• Quali sono i Paesi scelti dai vostri connazionali che decidono di trasferirsi all'estero?

C DICONO CHE IL NOSTRO DIALETTO SIA INCOMPRENSIBILE

1 Ecco alcune poesie scritte nei dialetti regionali di Lombardia, Lazio e Campania. Provate a collegare ad ognuna il suo titolo.

L'eternità   ~~Amùr de nònu~~   Cin cin

1 *Amùr de nònu*

'L sa delégua cùma néf al sul de primavéra
'l mè cör quàndu carèzi i töö cavèi,
tì ta grignét cun amùr e 'l mè cör \ 'l spéra
la tùa cuntentèza, u neudìna mìa, di rìsciui d'or
Del mè fiöl ta sée 'l bòciul de rösa,
ta sée sénsa spìn e ta ma töghet vìa ùgni dulùr.

2 ....

Ce vo' er bicchiere suo per il bon vino
er calice dev'esse un po' abbombato
er gambo lungo lungo e affusolato
si voi gustà Barolo o Montarcino.

3 ....

Chi, d'int'a vita, nun ha maie penzato,
ca' 'o tiempo passa senza se fermà...
'e se sente confuso e frasturnato
'nnanze 'o penziero dell'eternità...?
Je pure aggiu pruvate 'st'emozione,
ca 'o tiempo passe, e vuò sapè pecchè?
L'eternità l'ho presa 'a paragone,
da 'o tiempo ca tu staie luntana 'a me'...

2 Abbinate le poesie dell'attività precedente alla loro traduzione in italiano.

a ....

Si scioglie come neve al sole di primavera
il mio cuore quando accarezzo i tuoi capelli,
tu mi sorridi con amore e il mio animo spera
la tua felicità, o nipotina mia, dai riccioli d'oro.
Di mio figlio sei il bocciolo di rosa,
sei senza spine e mi togli ogni dolore.

c ....2........

Ci vuole il bicchiere adatto per il vino buono
il calice deve essere bombato
il gambo lungo lungo e affusolato
se vuoi gustare il Barolo o il Montalcino.

b ....

Chi, in vita sua, non ha mai pensato
all'inesorabile trascorrere del tempo,
e si sente confuso e frastornato,
al solo pensiero dell'eternità?...
Anch'io ho provato questa emozione
del tempo che passa, e vuoi saper perché?
L'eternità l'ho presa a paragone del tempo che mi stai lontano...

3 Raccontate le vostre esperienze: avete mai avuto contatti con i dialetti italiani? Se sì, quale impressione avete avuto? Riuscite a capire se un italiano viene dal Nord, dal centro o dal Sud del Paese?

CD
46
MP3

4 Ascoltate cosa dicono alcuni italiani provenienti da diverse aree della penisola a proposito dei loro dialetti e collegate il loro accento alle regioni indicate.

a Veneto   ....①........... ¯

b Sicilia   .... ¯

c Toscana   ....2.......... ¯(caso asa

d Lazio   ....2.......... ¯

5 Riassumete il contenuto delle affermazioni che avete ascoltato.

1 Il signore del Lazio dice che ....

2 Il signore del Veneto dice che ....

3 La signora della Sicilia dice che ....

4 La signora della Toscana dice che ....

6 Ci sono diversi modi per esprimersi usando la forma impersonale. Leggete le seguenti frasi e completate la tabella.

> Per anni l'accento principale che si sentiva in televisione era il nostro.
>
> Dicono che il dialetto di qui sia incomprensibile.   Uno deve parlare italiano per farsi capire.
>
> Però se senti dire quella frase, la capisci soltanto perché tutti la conoscono.

LA FORMA IMPERSONALE	
si	Per anni l'accento principale che si sentiva in televisione era il nostro.
uno	Uno deve parlare italiano per farsi capire
terza persona plurale del verbo (*loro*)	
seconda persona singolare del verbo (*tu*)	

7 Completate con le forme impersonali, come nell'esempio.

1 Uno non riesce a riconoscere gli accenti regionali.

(*si*) Non .....si riescono.... a riconoscere gli accenti regionali.

(seconda persona singolare) Non .....riesci.... a riconoscere gli accenti regionali.

2 Si capisce male quando una persona parla in dialetto.

(*uno*) .... quando una persona parla in dialetto.

(seconda persona singolare) .... quando una persona parla in dialetto.

3 Leggi volentieri le poesie in dialetto.

(*si*) ....leggono........ volentieri le poesie in dialetto.

(*uno*) ....legge........ volentieri le poesie in dialetto.

4 Scherzi spesso in dialetto con amici e familiari.

(*si*) .... spesso in dialetto con amici e familiari.

(*uno*) .... spesso in dialetto con amici e familiari.

(to joke)

8 Trasformate le seguenti frasi usando la forma impersonale espressa con la terza persona plurale (*loro*).

1 Durante il convegno è stata illustrata la storia del dialetto siciliano.
Durante il convegno ...*hanno illustrato*... la storia del dialetto siciliano.

2 Sono state lette molte poesie in dialetto di epoche diverse.
.... molte poesie in dialetto di epoche diverse.

3 Come è stato pronunciato il testo?
Come .... il testo?

4 Si dice che i dialetti scompariranno.
.... che i dialetti scompariranno.

5 In passato si imparava prima il dialetto e poi l'italiano.
In passato .... prima il dialetto e poi l'italiano.

> E ora svolgete le attività 1-4 a pp. 64-65 dell'eserciziario.

9 Raccontate: voi sapete parlare il dialetto della vostra regione? Lo parlate con familiari e amici? Se sì, in quali contesti? Se no, siete almeno in grado di capirlo?

10 Cercate una poesia nel vostro dialetto e traducetela nella vostra lingua madre. A turno leggete la poesia in dialetto e la sua traduzione ai vostri compagni e chiedete quali sono le loro impressioni.

Progettiamolo INSIEME

1 Avete fatto un lungo percorso di apprendimento della lingua e della cultura italiana. Immaginate di utilizzare quello che avete imparato per realizzare un sogno che abbia a che vedere con l'Italia (vivere, studiare, viaggiare in Italia, leggere, scrivere, cantare in lingua italiana, lavorare in aziende che hanno contatti con l'Italia ecc.) e scrivetelo su un biglietto.

2 Mettete tutti i foglietti sulla cattedra e leggeteli al fine di formare gruppi di studenti che condividono un sogno uguale o simile.

3 Per trasformare un sogno in realtà è necessario raccogliere informazioni, dati, elaborare un progetto, fare i conti, mettersi in movimento. In gruppo, provate a raccogliere tutti i materiali, i dati e le informazioni utili per realizzare il progetto e trasformare il vostro sogno in realtà. Preparate una presentazione per illustrare il vostro lavoro ai compagni.

Il mio sogno è utilizzare la lingua italiana per ....

PRONUNCIA E GRAFIA

 1 **Leggete il seguente testo, poi ascoltate la registrazione della lettura.**

La lepre e la tartaruga

La lepre un giorno si vantava con gli altri
animali:
– Nessuno può battermi in velocità. – diceva –
Sfido chiunque a correre come me.
La tartaruga, con la sua solita calma, disse:
– Accetto la sfida.
– Questa è buona! – esclamò la lepre; e scoppiò
a ridere.
– Non vantarti prima di aver vinto – replicò la
tartaruga. – Vuoi fare questa gara? –
Così fu stabilito un percorso e dato il via.
La lepre partì come un fulmine: quasi non si
vedeva più, tanto era già lontana. Poi si fermò e,
per mostrare il suo disprezzo verso la tartaruga,

si sdraiò a fare un sonnellino. La tartaruga intanto camminava con fatica, un passo dopo l'altro, e quando la lepre
si svegliò, la vide vicina al traguardo.
Allora si mise a correre con tutte le sue forze, ma ormai era troppo tardi per vincere la gara.
La tartaruga sorridendo disse:
– Non serve correre, bisogna partire in tempo.

(Favole di Esopo)

2 **Provate a leggere il testo dell'attività precedente a voce alta avvicinandovi il più possibile alla lettura ascoltata.**

 3 **Ascoltate più volte la lettura del seguente testo e inserite la punteggiatura.**

La volpe e la cicogna

La volpe e la cicogna erano buone amiche Un
tempo si vedevano spesso e un giorno la volpe
invitò a pranzo la cicogna Per farle uno scherzo
le servì della minestra in una scodella poco
profonda La volpe leccava facilmente ma la
cicogna riusciva soltanto a bagnare la punta del
lungo becco e dopo pranzo era più affamata di
prima

   Mi dispiace   disse la volpe   La minestra non è
di tuo gradimento?
   Oh non ti preoccupare Spero anzi che vorrai
restituirmi la visita e che verrai presto a pranzo da
me   rispose la cicogna
Così fu stabilito il giorno in cui la volpe sarebbe
andata a trovare la cicogna.
Sedettero a tavola ma i cibi erano preparati in vasi
dal collo lungo e stretto nei quali la volpe non
riusciva ad infilare il muso Tutto ciò che poté fare fu leccare l'esterno del vaso mentre la cicogna tuffava il becco
nel brodo e ne tirava fuori saporitissime rane
   Non ti piace ciò che ho preparato   disse la cicogna ridendo
Fu così che la volpe burlona fu a sua volta presa in giro dalla cicogna

(Favole di Esopo)

4 **Provate a leggere il testo dell'attività precedente a voce alta fino ad avvicinarvi il più possibile alla lettura
ascoltata.**

LA GRAMMATICA IN TABELLE

IL DISCORSO DIRETTO	IL DISCORSO INDIRETTO
Lucy: "Voglio migliorare la lingua."	Lucy **dice che** vuole migliorare la lingua.
Uli: "Mi interessa conoscere un sistema universitario diverso."	Uli **dice che** gli interessa conoscere un sistema universitario diverso.
Marsida: "Mi piacciono la lingua e la cultura italiana."	Marsida **dice che** le piacciono la lingua e la cultura italiana.
Georges: "L'Italia mi permette di fare ricerche su temi importanti per il mio studio."	Georges **dice che** l'Italia gli permette di fare ricerche su temi importanti per il suo studio.

FRASE REGGENTE AL PRESENTE		FRASE REGGENTE AL PASSATO	
DISCORSO DIRETTO	DISCORSO INDIRETTO	DISCORSO DIRETTO	DISCORSO INDIRETTO
Alessandra: "Vorrei parlarti di una cosa importante".	Alessandra **dice che** vorrebbe parlare al papà di una cosa importante.	La nonna **disse**: "L'importante per me è che tu sia felice".	La nonna **disse che** l'importante per lei era che io fossi felice.
Giuliano: "Devo preoccuparmi?"	Giuliano **chiede se** deve preoccuparsi.	Mio padre **mi chiese**: "Sei convinto della tua scelta?"	Mio padre mi **chiese se** fossi davvero convinto della mia scelta.
Alessandra: "No. Ho capito cosa voglio fare nella vita".	Alessandra **risponde di** no. **Dice che** ha capito cosa vuole fare nella vita.	Io **risposi**: "Ti dimostrerò che la mia scelta è giusta".	Io **risposi che** gli avrei dimostrato che la mia scelta era giusta.
Alessandra: "Cercherò un lavoro oppure continuerò a studiare".	Alessandra **dice che** cercherà un lavoro oppure continuerà a studiare.	Il nonno **disse**: "Anch'io da giovane ho avuto la libertà di scegliere. Adesso tocca a te".	Il nonno **disse che** anche lui da giovane aveva avuto la libertà di scegliere e che in quel momento toccava a me.
Giuliano: "Lasciami finire".	Giuliano le **dice di** lasciarlo finire.	La nonna **disse**: "Vai".	La nonna **mi disse di** andare.

DISCORSO DIRETTO		DISCORSO INDIRETTO	
Indicativo presente	Disse: "Per me è importante."	Indicativo imperfetto	Disse che per lui era importante.
Passato prossimo	Disse: "Da giovane **ho avuto** la libertà di scegliere."	Trapassato prossimo	Disse che da giovane **aveva avuto** la libertà di scegliere.
Futuro	Risposi: "Ti **dimostrerò** che la mia scelta è giusta."	Condizionale composto	Risposi che gli **avrei dimostrato** che la mia scelta era giusta.
Imperativo	Ordinò: "**Rispondi**".	Congiuntivo imperfetto / *di* + infinito	Ordinò che le **rispondesse**. / Ordinò di **rispondere**.
Congiuntivo presente	Disse: "Spero che tu **sia** felice".	Congiuntivo imperfetto	Disse che sperava che io **fossi** felice.

LA FORMA IMPERSONALE	
si	Per anni l'accento principale che si sentiva in televisione era il nostro.
uno	Uno deve parlare italiano per farsi capire.
terza persona plurale del verbo (*loro*)	Dicono che il nostro dialetto sia incomprensibile.
seconda persona singolare del verbo (*tu*)	Però se senti dire quella frase, la capisci soltanto perché tutti la conoscono.

LE FUNZIONI COMUNICATIVE

■ **Informarsi sulle opinioni di altre persone**
Quali sono le tue impressioni generali?

■ **Riportare dei dati**
Secondo i dati del Ministero degli Esteri, più del 50% degli immigrati italiani vive in Europa.

■ **Cominciare una conversazione**
Ascolta papà, hai un minuto?

■ **Incoraggiare qualcuno a parlare**
Sì, dimmi. Cosa c'è?

■ **Introdurre un argomento**
Vorrei parlarti di una cosa importante.

■ **Esortare l'interlocutore a non interrompere il discorso**
Lasciami finire, io non voglio scoraggiarti.

■ **Assicurarsi che l'interlocutore abbia capito**
Mi capisci? Voglio sentirmi italiana tra gli italiani.

■ **Assicurarsi di aver capito**
In altre parole non ti hanno assolutamente ostacolato.

■ **Aggiungere spiegazioni**
Mi spiego meglio: qui conosco già tutto, è tutto così ovvio e normale.

■ **Riportare le parole di un'altra persona**
La nonna disse: "Vai, tesoro mio. L'importante per me è che tu sia felice".
Mio padre mi chiese se fossi davvero convinto della mia scelta.

■ **Esprimersi in dialetto**
Ce vo' er bicchiere suo per il bon vino.

IL LESSICO

■ **I luoghi**
il Nord, il Sud, il Centro, Il Paese, l'estero, il Continente

■ **Alcuni aspetti dell'Italia**
la popolazione, il clima, i paesaggi, il cibo, la cura della persona, la privacy, la famiglia

■ **Alcuni aspetti della vita da studenti**
il programma Erasmus, la cultura, le ricerche, i temi, lo studio, la mensa universitaria, il sistema universitario, la preparazione

■ **La popolazione**
gli italiani, gli emigrati, i connazionali, il Consolato, i concittadini, le generazioni, la comunità, i contatti

■ **I sentimenti**
l'italianità, le emozioni, il cuore, il distacco, l'amore, la nostalgia

■ **Gli aspetti materiali**
la necessità, lo studio, i motivi professionali, le condizioni di lavoro, le condizioni di vita, l'esperienza, il futuro, la libertà, la fortuna, l'invenzione

■ **Alcuni aggettivi**
flessibile, contento, soddisfatto, doloroso, ben visti, laureata, migliore, comprensibile, nazionale, orgogliosi

■ **Le parole della ricerca**
il grafico, la distribuzione, i dati

■ **Alcuni verbi**
risiedere, ricominciare da capo, ripartire, andare via, migliorare, scoprire, trasferirsi, reagire, scegliere, ostacolare, interrompere, ispirare, innamorarsi, pronunciare

■ **Dialetti e lingua standard**
il dialetto, la lingua standard, la lingua parlata, l'accento

Civiltà e cultura dal vivo

Leggere

1 **In coppia. Osservate i seguenti grafici sulla presenza degli stranieri in Italia e commentateli: chi sono gli stranieri residenti in Italia? Qual è stato l'andamento della loro presenza negli ultimi anni? Quale percentuale rappresentano sulla popolazione italiana complessiva? Da quali paesi provengono in maggioranza?**

a Popolazione straniera residente in Italia.

Sono considerati cittadini stranieri le persone di cittadinanza non italiana che vivono abitualmente in Italia.

www.tuttitalia.it

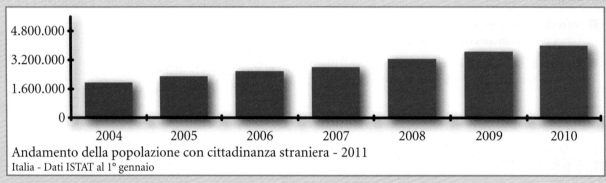

Andamento della popolazione con cittadinanza straniera - 2011
Italia - Dati ISTAT al 1° gennaio

b Distribuzione per area geografica di cittadinanza.

Gli stranieri residenti in Italia rappresentano il 7,5% della popolazione residente.

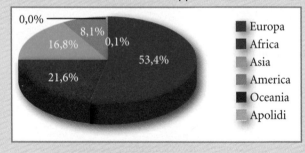

0,0% — 8,1% — 0,1% — 16,8% — 53,4% — 21,6%

- ■ Europa
- ■ Africa
- ■ Asia
- ■ America
- ■ Oceania
- ■ Apolidi

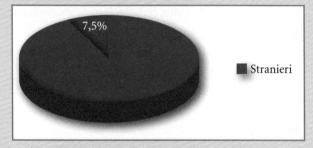

7,5%

- ■ Stranieri

c Comunità più numerose.

La comunità straniera più numerosa è quella proveniente dalla Romania con il 21,2% di tutti gli stranieri presenti sul territorio, seguita dall'Albania (10,6%) e dal Marocco (9,9%).

www.stranieriinitalia.it

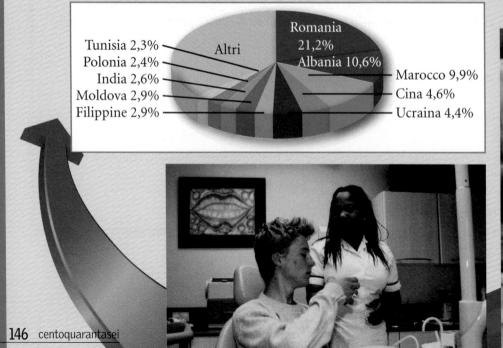

Tunisia 2,3%
Polonia 2,4%
India 2,6%
Moldova 2,9%
Filippine 2,9%
Altri
Romania 21,2%
Albania 10,6%
Marocco 9,9%
Cina 4,6%
Ucraina 4,4%

2 Leggete il testo seguente.

Negli ultimi anni si è notato che la presenza straniera in Italia aumenta, seppure di meno rispetto al passato. Gli occupati stranieri sono circa 2,5 milioni, un decimo del totale. Lavorano non solo nel settore dell'assistenza familiare, dell'edilizia e dell'agricoltura, ma anche in molti altri comparti, da quello marittimo, al calcio. Consistente è anche il numero dei titolari d'azienda, che arriva a 249 000 persone.
L'aumento dei permessi di soggiorno a lunga scadenza indica che c'è una tendenza ad inserirsi in modo stabile in Italia. Queste sono di fatto le esigenze occupazionali e demografiche del Paese (le nascite da entrambi i genitori stranieri sono stimate pari a quasi 80 000, quindi un settimo del totale), senza dimenticare che gli immigrati sono d'aiuto ai familiari rimasti in patria ai quali inviano una parte dei loro guadagni. Infine gli immigrati contribuiscono anche in termini di spesa pubblica, versando nelle casse statali un importo netto stimato pari a quasi 2 miliardi di euro all'anno. In ogni caso è certo che l'immigrazione continuerà a crescere. Secondo le previsioni sul futuro demografico del Paese, nel 2065 la popolazione complessiva (61,3 milioni di residenti) sarà il risultato di una diminuzione degli italiani a 11,5 milioni dovuto soprattutto alla scarsità delle nascite: in questo nuovo scenario demografico gli stranieri supereranno i 14 milioni. Ciò ci dimostra quanto sia necessario promuovere una politica migratoria sempre più efficace, in particolare attraverso la semplificazione delle leggi e la stabilizzazione del soggiorno di persone "che cercano un luogo dove vivere in pace".

3 Collegate le espressioni della colonna di sinistra a quelle della colonna di destra con lo stesso significato.

1	d Gli occupati stranieri.	**a**	È elevato anche il numero.
2	☐ Un decimo del totale.	**b**	Aiutano a finanziare le attività pubbliche.
3	☐ In molti altri comparti.	**c**	In numerosi altri settori.
4	☐ Consistente è anche il numero.	**d**	Le persone non italiane che hanno un lavoro.
5	☐ I titolari d'azienda.	**e**	In questa nuova composizione della società.
6	☐ Le esigenze occupazionali e demografiche.	**f**	Regolare e facilitare la permanenza degli immigrati.
7	☐ Contribuiscono anche in termini di spesa pubblica.	**g**	Il dieci per cento.
8	☐ In questo nuovo scenario demografico.	**h**	Gli imprenditori.
9	☐ Promuovere una politica migratoria più efficace.	**i**	Le necessità di lavoratori e di numero di abitanti.

4 Rispondete alle domande.

1 Qual è la tendenza della presenza di stranieri in Italia oggi?

2 Come cambierà la presenza di stranieri in futuro?

3 Quali sono gli aspetti positivi della presenza degli stranieri in Italia?

4 Cosa comporta questo fenomeno?

5 E nel vostro Paese? Quanti stranieri vivono e lavorano nel vostro Paese? Da quali Paesi provengono? La loro presenza è in crescita? In quali settori sono occupati? Quali sono gli aspetti positivi della loro presenza?

Ascoltare

6 Osservate le immagini: a che cosa si riferiscono?

CD 49 MP3

7 Ascoltate l'intervista a un esponente dell'Accademia della lingua barese e indicate se le affermazioni sono vere o false.

		V	F
1	Nell'Accademia della lingua barese il dialetto è considerato una lingua da studiare.	☐	☐
2	Secondo il dottor Giovine, i suoi concittadini non sono consapevoli della bellezza di Bari.	☐	☐
3	Il desiderio del dottor Giovine è favorire la conoscenza della cultura locale.	☐	☐
4	La mamma del dottor Giovine era contenta che lui parlasse dialetto da piccolo.	☐	☐
5	Suo padre invece diceva che era meglio parlare sempre italiano.	☐	☐
6	Secondo il dottor Giovine l'italiano rimane la lingua principale per comunicare.	☐	☐
7	I dialettologi riconoscono una grande musicalità al dialetto barese.	☐	☐
8	I dialetti non hanno niente a che vedere con la lingua italiana e il suo sviluppo.	☐	☐
9	Per gli stranieri è impossibile imparare il dialetto.	☐	☐

CD 50 MP3

8 Ascoltate la lettura dei seguenti proverbi in dialetto barese, napoletano e siciliano: secondo voi qual è il più musicale?

Le Barise so' come a
Sanda Necole: so
amande de le
frastejiere

*(I baresi sono come San
Nicola: amano i
forestieri)*

A ogne auciello pare
sempre cchiù bello 'o
nido sujo

*(A ogni uccello il suo nido
sembra il più bello)*

Ama a cu t'ama si vo'
aviri spassu, chi amari
a cu nun t'ama è tempu
persu.

*(Ama chi ti ama se vuoi
trarne piacere, perché
amare chi non ti ama è
tempo perso)*

9 E nel vostro Paese? Qual è la situazione dei dialetti? Le persone che parlano un dialetto sono incomprensibili per chi viene da un'area geografica diversa? Quali sono i dialetti più conosciuti? Quali i più apprezzati? Esistono pubblicazioni in dialetto? Di che tipo?

Scrivere

10 Un vostro amico vi ha inviato una mail in cui ha scritto:

"…. Ho deciso di trasferirmi in Italia. Per il momento non so molto di questo Paese e sicuramente devo studiare bene la lingua. La mia forse è un'avventura più che un progetto, ma devo fare questa esperienza perché altrimenti ho paura di avere dei rimpianti in seguito. Purtroppo i miei genitori non sono d'accordo e questo mi rende molto triste. Ho bisogno di te: aiutami a decidere e dimmi cosa pensi delle mie intenzioni."

Rispondete al vostro amico esprimendo la vostra ammirazione per la sua scelta, la vostra opinione sulle possibili difficoltà, il modo per risolverle e gli argomenti che potrebbe utilizzare per convincere i suoi genitori.

....
....
....
....
....

Parlare

11 Leggete il racconto di Aldo e riassumetelo.

Aldo arriva dal Marocco e secondo lui, con impegno professionale, forza di volontà e un pizzico di fortuna si può riuscire ad avere le stesse opportunità di affermazione di chiunque altro.

Ha adottato il nome Aldo in Italia, dove vive dal lontano 1988. Venuto per vedere il Festival di Sanremo, il giovane marocchino è stato molto attratto dal Bel Paese e ha deciso di costruirsi un futuro in terra italiana.

"Quello che mi ha spinto a restare in Italia sono state la simpatia della gente e la lingua, che mi è piaciuta subito. Dopo aver girato e conosciuto un po' il Bel Paese, ho dovuto far qualcosa; mi sono quindi informato su come avrei potuto frequentare la scuola alberghiera in Italia."

La scuola alberghiera l'ha frequentata a Latina e nel 1990 si è trasferito a Bolzano. Ha dormito nei campi di mele e ha girato parte del Trentino a piedi alla ricerca di un lavoro sino a diventare cameriere e responsabile di sala per tanti anni.

Oggi abita a Lon di Vezzano in una casa dove la cultura d'origine abbraccia quella del posto: "Io ho mantenuto tutte quelle che sono le mie radici, la mia cultura, tutto quello che mi apparteneva prima di lasciare il Marocco, ma vivendo nella diversità si impara un po' di qua, un po' di là. Molti sono anche i valori comuni delle due culture, come ad esempio il rispetto degli altri e di te stesso e il rispetto nei confronti del lavoro che stai svolgendo." Con questi e altri principi, Aldo, 42 anni, sta costruendo la propria vita: come marocchino, come italiano e come immigrato, sperando inoltre di trasformare in realtà anche altri sogni conservati ancora nel cassetto.

www.cinformi.it

12 Andare a vivere in un Paese diverso dal proprio: cosa pensate di questa scelta? Esprimete la vostra opinione e raccontate le vostre esperienze a tal proposito (pensando a voi stessi o a vostri familiari e conoscenti).

L'Italia in video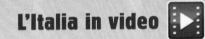

13 Collegatevi al sito www.loescher.it/studiareitaliano/. Guardate il video e svolgete le attività proposte.

Italiani all'estero

Facciamo il punto

Prova di comprensione della lettura

PROVA N.1

Leggete il testo e indicate l'alternativa corretta.

Il Decameron

Venne scritto da Boccaccio probabilmente tra il 1348 e il 1353. L'autore racconta di come, durante la terribile peste che colpì Firenze nel 1348, una compagnia di sette ragazze e tre ragazzi di elevata condizione sociale, decide di ritirarsi in un casale di campagna. I giovani trascorrono il loro tempo tra banchetti, balli e giochi e, per occupare piacevolmente le ore più calde, si raccontano ogni giorno una novella. Nell'introduzione ad ogni giornata viene descritta la vita gioiosa del gruppo, tra novella e novella c'è un commento degli ascoltatori e ogni giornata ha per conclusione una ballata, cantata a turno da uno dei giovani. Questi racconti occupano dieci giorni, tranne il sabato e la domenica. Da qui viene il titolo dell'opera: *deca* = dieci; *emeron* = giorno e riflette l'interesse di Boccaccio per il greco. Il libro si apre con un'introduzione di fondamentale importanza perché contiene gli argomenti trattati nell'opera. L'autore intende giustificare il proprio libro dicendo che ha il proposito di rallegrare le persone che soffrono per amore e dare loro dei consigli utili. Le donne sono più sensibili a queste pene amorose e quindi l'opera è rivolta a tutte le donne "che amano" e che non hanno la possibilità di giocare (ad es. a carte) e di divertirsi come gli uomini. Inoltre la missione dei giovani è contrastare la peste a Firenze, interpretata non solo come epidemia che causa la morte ma anche come evento che distrugge la bellezza, la morale e la società. Queste tematiche costituiscono la cornice del Decameron, in quanto nella concezione dell'opera è contenuto l'ideale di Boccaccio della ricerca dell'armonia, dell'equilibrio e del piacere.

www.balbruno.altervista.org

1 Il Decameron è stato scritto
- **a** nel 1348.
- **b** prima del 1348.
- **c** dopo il 1348.
- **d** nel 1353.

2 L'autore dell'opera
- **a** non è conosciuto.
- **b** sono tre ragazzi.
- **c** si chiama Boccaccio.
- **d** sono dieci ragazzi.

3 I giovani che formano la compagnia
- **a** sono tristi.
- **b** sono ricchi.
- **c** sono poveri.
- **d** sono malati.

4 Durante la giornata i ragazzi
- **a** studiano la letteratura.
- **b** lavorano la terra.
- **c** raccontano storie.
- **d** dormono a lungo.

5 La giornata si conclude
- **a** con un canto.
- **b** con una preghiera.
- **c** con un racconto.
- **d** con un banchetto.

6 Boccaccio scrive per aiutare
- **a** i malati di peste.
- **b** i poveri.
- **c** gli anziani.
- **d** gli innamorati infelici.

7 Secondo Boccaccio le donne soffrono d'amore
- **a** in modo diverso dagli uomini.
- **b** quanto gli uomini.
- **c** meno degli uomini.
- **d** più degli uomini.

8 La sofferenza delle donne è dovuta
- **a** alla natura femminile.
- **b** alla mancanza di distrazioni.
- **c** all'educazione.
- **d** alla società.

9 La distruzione della peste
- **a** riguarda soltanto i poveri.
- **b** coinvolge tanti aspetti della società.
- **c** ha soltanto un significato simbolico.
- **d** non permette di salvarsi.

10 Con la sua opera Boccaccio vuole soprattutto
- **a** raccontare la sofferenza di una città malata.
- **b** raggiungere un ideale di armonia ed equilibrio.
- **c** rappresentare la vita dei giovani nobili fiorentini.
- **d** raccontare la storia del suo tempo.

1 PUNTO PER OGNI RISPOSTA CORRETTA
1 PUNTO IN MENO PER OGNI RISPOSTA ERRATA

PUNTEGGIO TOTALE .... /10

PROVA N.2

Leggete il testo e rispondete alle domande.

Mai dal 2008 ad oggi, l'arte contemporanea ha avuto tanto successo e seguaci. Aste, fiere e musei continuano ad attrarre compratori, collezionisti e visitatori appassionati. I linguaggi della contemporaneità riescono a muovere interesse e denaro oltre ogni aspettativa. Le ultime aste di New York ne sono stata la conferma: battuti oltre 2 miliardi di dollari in opere, con prezzi eccezionali per la Pop Art storica e contemporanea e per l'Espressionismo Astratto. Così come da marzo a oggi le fiere Armory Show e Frieze a New York e Art Basel a Hong Kong hanno attratto collezionisti da tutto il mondo. In attesa della 45esima il direttore, Marc Spiegler, spiega: «Oggi assistiamo a un mercato in rapida espansione, non solo in termini geografici, ma anche per numero di collezionisti con un'apertura verso nuove forme d'arte: film, performance, fotografia e installazioni». «C'è un allargamento e un approfondimento del mercato. – riprende – Siamo nell'era del collezionista "post-passaporto", non più legato alla propria nazionalità. Tutto si muove molto più velocemente, anche i collezionisti sono più flessibili rispetto a quello che succede nel mondo».

«La domanda di arte si è polarizzata – racconta Pepi Marchetti Franchi, direttore della Gagosian Gallery di Roma – da un lato verso i giovani artisti e dall'altro sugli autori consolidati, che mantengono e accrescono il proprio valore».

Sta crescendo la domanda dei visitatori di musei e spazi di contemporaneo, insieme a un impegno sempre maggiore dei privati e del no profit in questo settore.

Una salvezza per un mondo che in Italia non ha mai avuto grandi risorse dallo Stato e dagli enti locali, fortemente concentrati sulla "grande bellezza" da tutelare e restaurare. Per fortuna il recente Decreto Cultura approvato dal Consiglio dei ministri, oltre a introdurre l'Art bonus per la manutenzione e il restauro dei beni culturali e per il sostegno degli istituti pubblici di cultura, prevede un fondo per l'occupazione giovanile in ambito culturale. Risorse che aiuteranno a rimettere in moto il patrimonio culturale, aprendo ai privati la possibilità di intervento.

www.ilsole24ore.com

1 Quali sono le novità degli ultimi anni nel settore dell'arte contemporanea?

....

2 Che cosa hanno confermato le ultime aste di arte contemporanea?

....

3 In che cosa consiste l'espansione del mercato attuale?

....

4 Chi e che cosa interessa ai collezionisti?

....

5 Recentemente come è cambiata la politica dello Stato rispetto all'arte contemporanea?

....

2 PUNTI PER OGNI RISPOSTA CORRETTA E COMPLETA
1 PUNTO PER RISPOSTE SOLO PARZIALMENTE COMPLETE E CORRETTE **PUNTEGGIO** .... /10

PUNTEGGIO TOTALE DELLA PROVA DI
COMPRENSIONE DELLA LETTURA .... /10 + ... /10 = ... /20

Prova di produzione scritta

PROVA N.1

Svolgete uno dei seguenti compiti a vostra scelta. *(da un minimo di 120 a un massimo di 180 parole).*

Compito n. 1
La bellezza e l'arte possono aiutare a capire qualcosa in più di noi stessi e del mondo. Raccontate di un'opera artistica, musicale o letteraria a cui tenete particolarmente e dei motivi per cui è così importante per voi.

Compito n. 2
Lo studio di una lingua e di una cultura arricchisce la nostra personalità. Com'è nato il vostro interesse per la lingua italiana? Quanto il suo studio ha influenzato la vostra vita?

Svolgimento del compito n. ....

....
....
....
....
....

PUNTEGGIO .... **/10**

PROVA N.2

Svolgete uno dei seguenti compiti a vostra scelta. *(da un minimo di 80 a un massimo di 100 parole)*

Compito n. 1
Da qualche tempo avete un problema di lavoro che vi preoccupa. Non volete parlarne con le persone che vi circondano e decidete di scrivere una lettera a una rubrica di un giornale per chiedere un consiglio.
Nella lettera vi presentate, descrivete il problema, spiegate le conseguenze e perché avete bisogno di una risposta urgente.

Compito n. 2

In Internet avete letto questo annuncio e avete deciso di partecipare al concorso.

> Ti piace scrivere?
> Il tuo sogno è:
> **a** pubblicare un libro tuo?
> **b** incontrare un autore contemporaneo?
> **c** partecipare alla finale di un premio letterario?
> Mandaci il tuo manoscritto e noi lo invieremo ad una giuria di scrittori. Il vincitore potrà realizzare uno dei suoi desideri.

Nella lettera che accompagna il vostro manoscritto presentatevi brevemente, descrivete la storia che avete raccontato o inventato e indicate quale sogno vorreste realizzare e perché, in caso di vittoria.

Svolgimento del compito n. ....

....
....
....
....
....

PUNTEGGIO .... **/10**

PUNTEGGIO TOTALE DELLA PROVA DI PRODUZIONE SCRITTA .... + ... = ... **/20**

Prova di competenza linguistica

PROVA N.1

Completate il testo con le parole mancanti, scegliendo tra quelle sottostanti.

italiana legato contributo mercato musicali sviluppo Paesi è crescere come dagli che quali di più si visti

Musica, la liuteria ....italiana... pronta a sbarcare in Usa

Il mercato degli strumenti .... negli Stati Uniti continua a .... E la liuteria italiana è pronta a far parte di un .... promettente: "Quello americano – afferma Antonio Piva, presidente di CremonaFiere – è un mercato .... , solo per gli strumenti ad arco, vale qualcosa .... 150 milioni .... dollari". .... positivo il bilancio del terzo appuntamento a New York della principale fiera italiana della liuteria, tra le .... importanti al mondo, MondoMusica di Cremona. La manifestazione di New York, ha visto la presenza di 100 espositori, con 14 .... rappresentati, 12 eventi. L'importanza della manifestazione .... vede anche dal fatto che: "Tra gli stand si sono .... grandi violinisti come Joshua Bell, David Carpenter ed Elizabeth Pitcairn – ha dichiarato Antonio Piva, – ma anche tanti studenti e giovani, il che fa ben sperare per lo .... di tutto il settore. Il business .... agli strumenti artigianali passa soprattutto attraverso la diffusione di cultura musicale, e Mondomusica New York è uno strumento importante per dare il nostro .... al raggiungimento di questo obiettivo". Nei tre giorni la fiera cremonese ha avuto 2.185 visitatori tra i .... compratori provenienti prevalentemente .... USA, ma anche da Canada, Australia, Giappone e Messico.

www.ilsole24ore.com

0.5 PUNTI PER OGNI INSERIMENTO CORRETTO
0 PUNTI PER OGNI INSERIMENTO ERRATO O MANCANTE

PUNTEGGIO TOTALE .... /8

PROVA N.2

Collegate le frasi con le opportune forme di collegamento (congiunzioni, preposizioni, avverbi e pronomi). Se necessario eliminate o sostituite alcune parole e trasformate i verbi nel modo e nel tempo opportuni.

Es. Lucia è andata in centro.
In centro c'è un concerto della sua band preferita.
Lucia vuole assolutamente vedere il concerto.

Lucia è andata in centro perché c'è un concerto della sua band preferita che vuole assolutamente vedere.

1 Da un po' di tempo studio la lingua italiana.
La lingua italiana mi piace molto.
Vorrei imparare velocemente la lingua italiana.

2 Ieri ho sfogliato due libri in una libreria.
Un libro era un romanzo, un libro era un testo teatrale.
Ho comprato il romanzo.

3 Ho telefonato a Marilena due giorni fa.
Ho telefonato a Marilena ieri.
Marilena non ha risposto alle mie chiamate.

4 Hai bisogno di rilassarti.
Organizza una serata divertente.
Organizza la serata per te e un'amica simpatica.

5 Sabato scorso faceva troppo caldo per stare fuori
Ho deciso di andare agli Uffizi.
Agli Uffizi ho incontrato una vecchia amica.

6 Sono andato al concerto.
Pensavo che fosse un concerto interessante.
Mi sono annoiato al concerto.

1 PUNTO PER OGNI FRASE COMPLETA E CORRETTA
0,5 PUNTI PER FRASI ACCETTABILI MA NON COMPLETE O NON DEL TUTTO CORRETTE
0 PUNTI PER FRASI COMPLETAMENTE ERRATE O PER ASSENZA DI RISPOSTA

PUNTEGGIO TOTALE .... /6

PROVA N.3

Completate le frasi coniugando il verbo tra parentesi al tempo e modo opportuni.

Es. Pensavo che la Gioconda di Leonardo (*essere*) ....*fosse*..... un quadro molto più grande.

1 Luca non immaginava che un giorno suo figlio (*diventare*) .... un bravissimo scrittore.

2 Se (*studiare*) .... il tedesco, avrei trovato lavoro a Berlino facilmente

3 (*finire*) .... l'Università, Laura è partita per un lungo viaggio.

2 PUNTI PER OGNI VERBO CORRETTO
0 PUNTI PER OGNI VERBO ERRATO O PER ASSENZA DI RISPOSTA

PUNTEGGIO TOTALE .... /6

PUNTEGGIO TOTALE DELLA PROVA DI COMPETENZA LINGUISTICA .... + ... + ... = ... /20

Prova di comprensione dell'ascolto

PROVA N.1

51 **Ascoltate il testo e indicate l'alternativa corretta.**

1 Valentina ha cambiato
   a   nazionalità.
   b   università.
   c   nazione e lavoro.
   d   compagno.

2 Valentina e il suo compagno lavoravano
   a   per un'agenzia di viaggi.
   b   per un'azienda di prodotti di bellezza.
   c   per una compagnia aerea.
   d   per un'azienda della Tanzania.

3 Valentina è
   a   di Roma.
   b   di Londra.
   c   di Dar es Salaam.
   d   di Catania.

4 L'esperienza della Tanzania per lei è
   a   uno shock.
   b   una triste necessità.
   c   un sogno che si avvera.
   d   un'esperienza come un'altra.

5 Trasferirsi in Tanzania è stato abbastanza semplice perché
   a   c'era già andata per un periodo.
   b   aveva già vissuto a lungo in Africa.
   c   sapeva bene la lingua.
   d   non aveva famiglia.

6 Per lei e il suo compagno è stato importante
   a   trovare lavoro immediatamente.
   b   comprare casa.
   c   avere una casa gratuitamente.
   d   pagare un affitto basso.

7 In Tanzania Valentina
   a   ha continuato a fare il lavoro che faceva prima.
   b   ha cercato un nuovo lavoro
   c   sta ancora cercando lavoro.
   d   si è iscritta all'università.

8 In Tanzania è possibile
   a   fare soltanto dei Safari.
   b   andare soltanto alle isole dell'arcipelago di Zanzibar.
   c   scoprire ogni giorno qualcosa di nuovo.
   d   che ci si annoi.

9 La società della Tanzania
   a   è molto ricca.
   b   è molto legata al passato.
   c   comincia ad avere una classe media.
   d   è molto povera.

10 A Valentina dell'Italia
   a   manca tutto.
   b   manca soltanto la famiglia.
   c   non manca niente.
   d   mancano alcune cose.

1 PUNTO PER OGNI RISPOSTA CORRETTA
1 PUNTO IN MENO PER OGNI RISPOSTA ERRATA
0 PUNTI PER ASSENZA DI RISPOSTA

PUNTEGGIO TOTALE .... /10

PROVA N.2

52 **Ascoltate il testo e completate le informazioni con alcune parole (massimo 4).**

1 Sono diventato scrittore .... mentre scrivevo la tesi.

2 Per la critica è uno scrittore di gialli, ... preferisce chiamare i suoi libri umoristici.

3 Chi non ha mai scritto, sceglie di cominciare ....

4 Il giallo è un genere letterario che ....

5 Molti chimici, come Primo Levi oppure Isaac Asimov, sono diventati ....

6 Ho sempre sognato di avere un bar, così .... con la fantasia.

7 L'altro giorno mi sono vantato col barista di essere lo scrittore ....

8 Il barista mi ha detto: " Vedi quella casa? .... Antonio Tabucchi".

9 Io .... soprattutto dei libri umoristici.

10 Il divertimento ....

1 PUNTO PER OGNI COMPLETAMENTO CORRETTO
0,5 PUNTI PER OGNI COMPLETAMENTO SOLO PARZIALMENTE CORRETTO
0 PUNTI PER COMPLETAMENTI ERRATI O MANCANTI

PUNTEGGIO TOTALE .... /10

PUNTEGGIO TOTALE DELLA PROVA DI COMPRENSIONE DELL'ASCOLTO   .... + ... = ... /20

Prova di produzione orale

PROVA N.1

- Descrivete la foto.
- Mi piacciono/non mi piacciono i mercatini italiani perché…
- Nel mio Paese il mercato…

| PUNTEGGIO TOTALE | ………… /10 |

PROVA N.2

1 Leggete il testo.

Lingue parlate in Italia

Ci sono circa 58 milioni di persone che parlano italiano in Italia, più 1.5 milioni di parlanti sparsi in Croazia, Francia e Slovenia, circa 500,000 in Svizzera e un ampio gruppo di immigrati italiani che si trovano in Argentina, Australia, Brasile e Stati Uniti.

I dialetti sono utilizzati all'incirca dal 60% degli italiani e sono parlati esclusivamente dal 15% della popolazione. Comunque, sebbene gli italiani conversino in dialetto nelle proprie famiglie, essi tendono a parlare un italiano standard sul posto di lavoro e quando viaggiano al di fuori della loro regione di residenza o quando si rivolgono a stranieri.

La prima lingua per circa 2.5 milioni o il 5% della popolazione è rappresentata, a seconda della zona geografica, dal francese o dal tedesco o dallo sloveno. L'Italia è terra di numerose minoranze linguistiche, ad alcune delle quali sono stati garantiti privilegi in regioni che godono di "statuti speciali", dove queste lingue vengono equiparate all'italiano. Tra queste troviamo il francese (Valle d'Aosta), tedesco (Alto Adige) e sloveno (Friuli-Venezia Giulia), che sono lingue ufficiali insegnate nelle scuole statali di queste regioni.

I principali dialetti italiani sono il sardo, il friulano e il ladino. Il sardo, parlato in Sardegna, è considerato come una lingua a se stante, simile al catalano e risale alla dominazione spagnola. Le variazioni nei dialetti possono essere estremamente forti come ad esempio nel ligure (un miscuglio tra italiano, catalano e francese), nel napoletano e nel siciliano.

L'italiano è una lingua romanza ed è una bellissima lingua, relativamente semplice da imparare in particolare per chi già conosce il francese o lo spagnolo (o il latino). La Chiesa Cattolica usa ancora il latino come lingua ufficiale delle liturgie ed è ancora insegnato nelle scuole italiane a partire dal IV ginnasio (con l'eccezione degli istituti tecnici e professionali).

L'italiano moderno deriva dal latino volgare e fu standardizzato nel tardo Medioevo (XIV secolo) dal trio letterario formato da Dante, Boccaccio e Petrarca che scrissero principalmente in dialetto fiorentino il quale conseguentemente divenne la base per l'italiano standard. Quest'ultima è la lingua insegnata nelle scuole ed usata dai media, sebbene sia spesso mescolata ai vari dialetti. L'italiano standard è stato largamente utilizzato solo a partire dall'unificazione dell'Italia avvenuta nel 1860.

www.justlanded.com

2 Riassumete il testo.

3 Raccontate la situazione della lingua del vostro Paese: ci sono gruppi che parlano altre lingue? I dialetti sono molto diffusi?

4 Parlate della vostra esperienza di studio della lingua italiana: quali sono gli aspetti più difficili? Quali quelli più appassionanti e divertenti? Quali progetti avete per il futuro rispetto all'italiano?

| PUNTEGGIO TOTALE | ………… /10 |

| PUNTEGGIO TOTALE DELLA PROVA DI PRODUZIONE ORALE | ………… + ………… = ………… /20 |

| PUNTEGGIO TOTALE DEL TEST | ………… + ………… + ………… + ………… + ………… = ………… /100 |

Eserciziario

Indice

1 Osserva il disegno e completa con le parole adatte.

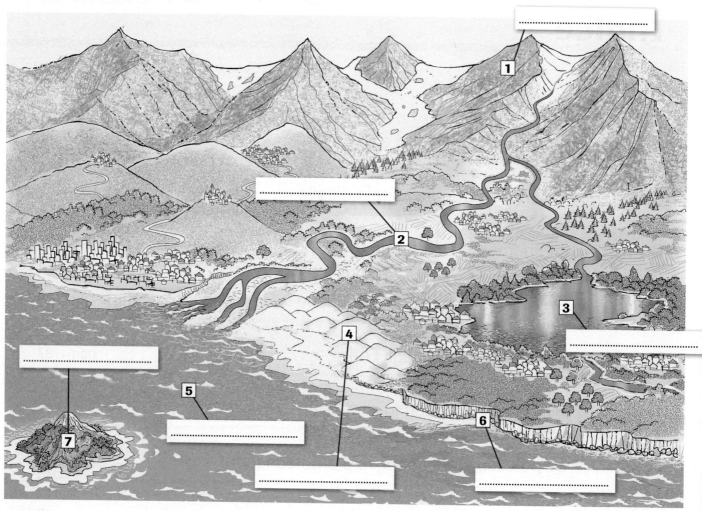

A IL MONTE BIANCO È LA MONTAGNA PIÙ ALTA D'ITALIA

1 Abbina i nomi della colonna di sinistra alle definizioni di quella di destra.

1	*g* pianura	**a**	È una grande massa di ghiaccio che si trova in montagna e nelle zone polari.
2	collina	**b**	È un accumulo di sabbia tipico del deserto e delle zone costiere.
3	montagna	**c**	È un luogo dal quale si estraggono materiali per la costruzione, come ad esempio il marmo.
4	cava	**d**	È un rilievo di almeno 600 m di altitudine sul livello del mare.
5	ghiacciaio	**e**	È il punto in cui un fiume sfocia nel mare dividendosi in diversi rami.
6	delta	**f**	È un rilievo che non supera i 600 m di altitudine sul livello del mare.
7	duna	***g***	È una distesa di terreno senza rilievi, non molto alta sul livello del mare.

2 Rifletti sulla seguente definizione: "La preposizione *di*, nella sua forma semplice o unita a un articolo, è usata molto spesso nella lingua italiana e ha valori e funzioni diversi". Completa la tabella con alcune delle funzioni più frequenti.

> indicare possesso / appartenenza   specificare un nome   indicare una materia
> mettere a confronto   indicare una quantità non precisa

LA PREPOSIZIONE *DI*	
1 Le rocce dei monti	Indicare possesso/appartenenza
2 Si aprono delle importanti pianure	
3 Il lago di Como	
4 La montagna più alta d'Italia	
5 Cave di marmo	

3 Leggi le seguenti proposte di vacanza, sottolinea le espressioni con la preposizione *di* (semplice o articolata) e inseriscile nella tabella seguente.

Puglia
Fra le coste più belle d'Italia, spiagge di sabbia bianchissima, antiche torri e boschi di pini, dune mediterranee. Un viaggio tra Mar Ionio e Adriatico, lungo le coste del Salento. Tra luoghi selvaggi e i beach club della provincia di Lecce.

Etna
Famoso per le sue spettacolari eruzioni di lava e per i suoi paesaggi lunari, il vulcano più alto d'Europa offre a tutti, grandi e bambini, una vacanza indimenticabile. Sul versante orientale si aprono dei boschi di lecci e ginestre ed è possibile percorrere suggestivi itinerari gastronomici.

Toscana
Dalle colline di creta della provincia di Siena ai borghi medievali della Val D'Orcia. *EcoTour* organizza per voi delle meravigliose gite nella regione più famosa d'Italia.

	Indicare possesso / appartenenza
	Indicare una quantità non precisa
	Specificare un nome
Le coste più belle d'Italia	Mettere a confronto
	Indicare una materia

4 Scrivi cinque frasi con la preposizione *di* (una per ciascuna funzione riportata sopra).

1 ....
2 ....
3 ....
4 ....
5 ....

B PROBABILMENTE L'AMBIENTE INFLUENZA IL CARATTERE DELLE PERSONE

1 Nella colonna di destra della tabella sono evidenziate alcune espressioni dell'attività 2 di p. 10 del manuale. Scrivi nella colonna di sinistra la loro funzione, scegliendo fra quelle elencate.

affermazione negazione ipotesi

ALCUNE ESPRESSIONI DI VALUTAZIONE	
Affermazione	Sì, **certo**, **esattamente**, sicuro, **proprio**, davvero, **appunto**, sicuramente, per l'appunto, **senza dubbio**,
	No, non, neppure, nemmeno, neanche, mica
	Forse, magari, **probabilmente**, eventualmente, possibilmente, quasi, se mai

2 Osserva con attenzione le seguenti frasi.

- Sei mai stato a Sabbioneta?
- No, <u>non</u> ci sono mai stato.

- E a Ferrara?
- No, non sono mai stato <u>neanche</u> lì.

- Ma almeno sai dov'è?
- Certo che lo so, non sono <u>mica</u> così ignorante!

Ora completa i testi con le parole elencate. Attenzione, ricorda che *neanche*, *nemmeno* e *neppure* sono sinonimi (hanno lo stesso significato).

nemmeno mica ~~non~~ non

A Non sono mai stato in Sardegna, le isole italiane le conosco poco, (1) ....*non*.... sono mai stato
(2) .... in Sicilia. Eppure mi piace viaggiare, e mi piace l'Italia. Non sono
(3) .... uno di quegli italiani che amano solo i paesi stranieri, che vanno in vacanza
alle Maldive o in Patagonia, ma che (4) .... hanno mai visto Firenze!

mica neppure non

B I vulcani mi fanno paura… è più forte di me. (1) .... sono mai stato sul Vesuvio e
(2) .... sull'Etna. Lo so che le probabilità di un'eruzione sono molto basse, non sono
(3) .... un ingenuo, ma ho paura lo stesso, è una cosa irrazionale.

> mica   neanche   mica   non   non

C Che cosa hai detto? Se so qual è la quinta montagna più alta d'Italia? Certo che (1) ....
lo so, non sono (2) .... una guida alpina! Ma scusa, perché tu sai qual è il quinto
fiume più lungo d'Italia? No eh, (3) .... lo sai, e (4) .... io lo so…
ma non vengo (5) .... a chiedertelo per farti passare da ignorante!

> neppure   non   non   nemmeno

D (1) .... è bagnata dal mare, non si trova nel Sud Italia e (2) .... nel
Nord, (3) .... è più grande del Piemonte e (4) .... più piccola della
Val d'Aosta… che regione è?

3 **Sostituisci le parole sottolineate con un sinonimo, scegliendolo tra quelli elencati qui sotto.**

> probabilmente   forse   sicuramente   certamente   neppure

Nascere e vivere a Venezia

Vivere a Venezia significa vivere nella città più bella del mondo… o no?
Dipende, dipende dai punti di vista. Per alcuni vivere in una città piena di arte e
senza macchine è <u>proprio</u> (1) .... il massimo. Per altri è
<u>probabilmente</u> (2) .... molto meno bello. Perché, naturalmente, a
Venezia bisogna spostarsi a piedi, o in barca. Le macchine non esistono, e
<u>nemmeno</u> (3) .... le biciclette. Però non è corretto dire che a
Venezia non c'è traffico… traffico ce n'è, e molto: traffico di turisti. I turisti sono
tanti, ovunque, e in tutti i periodi dell'anno. <u>Certamente</u> (4) ....
rappresentano una ricchezza, ma anche un problema, <u>forse</u> (5) ....
uno dei problemi principali, insieme a quello dell'acqua alta, dei prezzi delle case
e delle difficoltà di trasporto. Trovare una soluzione non è facile, ma perché
Venezia possa continuare a vivere, è necessario che continui a essere una città
vera, piena di abitanti, di abitanti veri, oltre che di turisti!

C LE SCARPE DA TREKKING, LE HAI PRESE?

1 Leggi il seguente consiglio rivolto ai viaggiatori, sottolinea i pronomi soggetto, diretti, indiretti, riflessivi, doppi e partitivi e completa la tabella. Poi indovina qual è il prodotto di cui si parla. Se non conosci il nome del prodotto, scoprilo leggendo il testo dell'attività 3 a p. 7.

È una cosa che <u>vi</u> consiglio di usare se andate in posti caldi e umidi. Vi suggerisco di acquistarlo prima della partenza, in quanto, se andate in luoghi non molto turistici, rischiate di non trovarlo. Ce ne sono di diversi tipi: alcuni più naturali, a base di citronella o lavanda, e altri di ultima generazione, come gli apparecchi che generano ultrasuoni e tengono lontani gli "ospiti indesiderati". Ma questi non ve li consiglio, visto che non sempre sarà possibile trovare una presa elettrica e quindi rischereste di non poterli utilizzare. Comunque, se doveste trovarvi in difficoltà, in caso di emergenza, potreste sempre seguire una dieta a base d'aglio che sicuramente terrà lontano da voi gli insetti... e anche le persone...

Il _ _ _ _ _ _ _ _ _ _ _   _ _ _   _ _   _ _ _ _ _ _

Pronome	Tipo di pronome	Si riferisce a...
vi	indiretto	a voi lettori/viaggiatori

2 Sottolinea la forma corretta tra i pronomi diretti, indiretti, riflessivi, doppi o partitivi.

Buongiorno Signora Mascagni,
in seguito alla nostra telefonata, (1) *ci/gli/<u>Le</u>* spiego in dettaglio la mia situazione. Come (2) *Le/La/mi* avevo già accennato, sto organizzando un viaggio per i 70 anni di mia madre. Lei ha deciso di (3) *festeggiarli/festeggiarlo/ festeggiarci* con me e con i miei fratelli e vorrebbe (4) *portarle/portarci/portarmi* tutti in Tanzania. Io non ho problemi, (5) *vi/si/mi* adatto facilmente a ogni situazione e così anche mia madre. Ho qualche problema con i miei fratelli: mio fratello Roberto ha chiesto di (6) *organizzargli/organizzarlo/organizzarle* la partenza da Boston, in quanto lui lavora lì e (7) *ti/si/ci* raggiungerebbe direttamente all'aeroporto di Dar es Salaam la sera del 19; mio fratello Nico e sua moglie, invece, (8) *mi/si/ci* stanno preoccupando degli alberghi (lei ha paura degli insetti!) e anche durante il safari vorrebbero dormire in un "lodge" e non in tenda; mia sorella, purtroppo, non è un'amante della natura, diciamo che non (9) *le/ci/si* piace affatto l'idea di dormire in mezzo alla savana, circondata da animali selvatici... Ma a questo punto non possiamo più cambiare idea perché è il compleanno di mia madre e ormai lei (10) *le/si/la* sta preparando anche mentalmente per quest'avventura. Inoltre, avrei bisogno di informazioni sulle vaccinazioni: bisogna (11) *farli/farle/farmele* proprio tutte? Ho perso la lista che (12) *me la/si/mi/* aveva dato in agenzia. (13) *Mi/Ti/Le* dispiacerebbe (14) *inviartela/inviarsela/inviarmela* via mail? E per quanto riguarda l'abbigliamento, (15) *ne/ve li/ci* potrebbe dare dei consigli, visto che è la prima volta che andiamo in Africa? Infine, per il visto, di foto, (16) *si/la/ne* bastano due? (18) *Lo/Le/La* ringrazio e aspetto Sue notizie.
Saluti,
Sara

3 Completa la mail con i pronomi diretti, indiretti, riflessivi, doppi o partitivi.

Cara Sara,
grazie della Sua mail e per aver contattato la nostra agenzia. (1) ....Le.... faccio un riepilogo del tour in Tanzania.
● Il 29 marzo è prevista la partenza da Roma con arrivo a Dar es Salaam alle 21.30.
● Lì incontrerete il nostro corrispondente locale, Abdou, che (2) .... accompagnerà in albergo.
● Il 30 mattina (3) .... preparerete per il safari e lascerete in albergo le cose di cui non avrete bisogno nei seguenti 4 giorni.
● Durante il safari alloggerete in un "lodge" a 4 stelle (dica a sua cognata di non (4) preoccupar........................... , in quel periodo non ci sono molti insetti).
● Il 3 aprile rientrerete in aereo a Dar es Salaam e avrete a disposizione una guida italiana che (5) .... porterà in giro per la città.
● Il 5 aprile è prevista la partenza in traghetto per Zanzibar.
● Dal 5 al 10 aprile alloggerete in un bungalow sulla spiaggia. Lì potrete (6) rilassar........................... .

Per quel che riguarda sua sorella, se vuole, posso (7) propor........................... un itinerario alternativo, senza il safari, ma non (8) .... consiglio perché il bello dell'Africa è proprio il safari nella savana.
Per le vaccinazioni, (9) .... consiglio di contattare il suo medico.
Per favore, per richiedere il visto, (10) inviate........................... entro giovedì prossimo i passaporti e 2 foto formato tessera.
Per l'abbigliamento, (11) portate........................... solo indumenti in cotone, pantaloni, magliette e qualcosa di più pesante per la sera. Non (12) .... dimentichi di dire ai suoi familiari di indossare sempre camicie a maniche lunghe per evitare le punture delle zanzare. Ho una lista di cose che (13) .... potreste portare dietro, se vuole (14) .... posso inviare. (15) .... ricordi di comprare, prima della partenza, il repellente per le zanzare, (16) .... consiglio uno naturale, a base di lavanda.

Cordiali saluti,
Marta Nistri
MondoTour Pescara

4 Leggi il racconto e poi inserisci nella riga corretta della tabella i pronomi *ci* evidenziati.

Una vacanza indimenticabile

L'estate scorsa volevo portare la mia amica Marcella in vacanza e così ho chiesto a mio cognato, che lavora in un'agenzia di viaggi, di organizzar**ci** (1) una settimana alle terme di Ischia. Io e Marcella **ci** (2) siamo affidate completamente a lui e così, ad ogni nostra richiesta (il viaggio in autobus, lo spostamento in traghetto, l'albergo, i trattamenti alle terme, ecc.), lui rispondeva: "Non vi preoccupate, **ci** (3) penso io!". Siamo partite con un autobus turistico diretto a Napoli. Quando siamo arrivate in albergo, abbiamo consegnato alla reception i nostri documenti e loro **ci** (4) hanno consegnato le chiavi della stanza.
Per i primi due giorni è andato tutto bene, **ci** (5) siamo riposate e rilassate; ma dal terzo giorno abbiamo cominciato a notare che i dipendenti dell'albergo **ci** (6) osservavano, **ci** seguivano (7), **ci** (8) facevano molte domande. Allora **ci** (9) siamo rese conto che qualcosa non andava e abbiamo chiesto spiegazioni. **Ci** (10) hanno semplicemente risposto che volevano essere gentili con noi. Il giorno della partenza, dopo aver consegnato le chiavi e ritirato i documenti, mentre uscivamo dall'albergo, due poliziotti **ci** (11) hanno fermate e **ci** (12) hanno arrestate con l'accusa di rapina a mano armata: "Siete in arresto, per aver rapinato la banca di via Roma a Genova". Io gli ho risposto che noi, a Genova, non **ci** (13) eravamo mai state. Non **ci** (14) potevo credere, eravamo lì ammanettate davanti a tutti! Poi in commissariato abbiamo finalmente scoperto l'equivoco: un mese fa **ci** (15) avevano rubato le borse dalla macchina e io e Marcella **ci** (16) eravamo dimenticate, quando avevamo fatto denuncia, di dire che nella mia borsa c'era anche una carta di credito. In seguito i ladri avevano acquistato una pistola pagando con quella carta di credito, avevano poi rapinato una banca e perso la pistola durante la fuga. Quando mio cognato ha fatto le prenotazioni, è scattata la segnalazione alla polizia che ha iniziato a seguir**ci** (17) dal nostro arrivo in quell'albergo. Una cosa è sicura, lì, noi, non **ci** (18) torneremo mai più! Ormai tutti **ci** (19) conoscono come le "rapinatrici di Genova". Che vergogna!

ALCUNI USI DI *CI*	
Pronome riflessivo	1
Pronome diretto	
Pronome indiretto	
Particella avverbiale di luogo	
Particella pronominale dimostrativa	

D ABBIAMO VISITATO PITIGLIANO E ORVIETO

1 Completa i seguenti racconti con i verbi al presente, passato prossimo, imperfetto, trapassato prossimo, futuro semplice e futuro anteriore. I verbi sono in ordine. Poi scopri l'errore geografico presente in uno dei tre racconti.

> ~~trascorrere~~ prenotare perdere volere dimenticare arrivare esserci decidere
> dimenticarsi comprare iniziare tornare dovere ripartire essere
> andare trascorrere portare riuscire divertirsi

A Maria e Roberto

Io e mia moglie (1) _abbiamo trascorso_ il fine settimana a Napoli. Siamo arrivati lì venerdì sera, ma siccome non (2) _avevamo_ l'albergo, (3) _avevamo_ tre ore per trovarne uno libero. Sabato mattina (4) .... partecipare ad un'escursione sul Vesuvio, ma poiché io (5) .... di prenotare anche quella, quando (6) .... al punto d'incontro per la gita, ci hanno detto che non (7) .... più posti disponibili. E così (8) _C'erano_ di andare al mare. Mia moglie però (9) .... di mettere i costumi da bagno in valigia... così li (10) .... in un negozio del centro. Quando poi siamo arrivati in spiaggia, (11) .... a piovere e così (12) .... in albergo e ci (13) .... rimanere fino al giorno dopo. Domenica mattina (14) .... per Milano. Mia moglie non (15) .... mai .... a Napoli, io, invece, ci (16) .... già per lavoro. Alla fine della "brevissima vacanza" mia moglie mi ha detto: "Lucio, non (17) .... un weekend così bello da tanto tempo, promettimi che anche il mese prossimo mi (18) .... da qualche altra parte". Non (19) .... a credere alla mie orecchie, mia moglie (20) .... nonostante tutto!

> ~~volere~~ dare trovare conoscersi frequentare avere
> trascorrere essere nuotare fare essere essere tornare

B Dario e Marco

Per lo scorso ponte del 2 giugno Dario e io (1) _volevamo_ trascorrere alcuni giorni all'insegna della natura. Così alla fine di maggio (2) .... un'occhiata su Internet e (3) .... un pacchetto molto conveniente in Trentino: 5 giorni fra Trento e Bolzano, hotel a 4 stelle, con la possibilità di praticare diversi sport. Io e Dario (4) .... da quando (5) .... il liceo e (6) .... sempre .... la passione per lo sport e la natura. In Trentino oltre ad aver fatto trekking, rafting e mountain bike, (7) .... l'ultimo giorno al mare. L'acqua (8) .... fantastica, forse un po' fredda, ma limpida e pulita. Mentre io (9) .... , Dario (10) .... windsurf. La costa del Trentino (11) .... una delle più belle d'Italia. Insomma (12) .... una vacanza bellissima, lontano dallo stress del lavoro e della città. Penso che ci (13) .... anche l'estate prossima!

amare crescere trascorrere organizzare partire percorrere prendere proseguire
sapere fermarsi visitare rendersi conto volerci maturare ottenere potere

C Gianluca e Serena

Io e la mia ragazza (1) _amiamo_ il mare; io perché (2) .... a Bari, una città di mare, Serena perché da bambina (3) .... le vacanze estive in Sardegna.

Per il nostro prossimo anniversario, in giugno, le (4) (io) .... un magnifico viaggio alla scoperta delle coste italiane. (5) (Noi) .... fra un mese in macchina da Rimini e (6) .... tutto il litorale adriatico fino a Termoli.

Da lì (7) (noi) .... un traghetto per le isole Tremiti e poi (8) .... verso il Salento, fino a raggiungere Santa Maria di Leuca. Poi continueremo il nostro viaggio verso la Calabria e la Campania.

Io non (9) .... ancora se (10) (noi) .... ad Amalfi oppure a Napoli, vedremo... Comunque, quando (11) .... tutti i paesini della costiera amalfitana, proseguiremo verso il Lazio e poi la Toscana e la Liguria.

Solo adesso però (12) (io) .... che per un viaggio del genere (13) .... almeno 3 settimane e io, invece, ad oggi (14) .... appena 8 giorni di ferie! Solo quando (15) (io) .... un permesso speciale dal mio capo, (16) .... fare questa sorpresa alla mia ragazza... Per il momento mi tocca aspettare!

Qual è l'errore geografico? In quale dei tre racconti si trova?

....
....
....

PRONUNCIA E GRAFIA

P3 **02** **1** **Alcuni paesi italiani hanno dei nomi molto lunghi, difficili da ricordare. Ascoltane alcuni e prova a scriverli correttamente.**

1 ....
2 ....
3 ....
4 ....
5 ....
6 ....

P3 **03** **2** **Ascolta e trascrivi le seguenti frasi. Le parole sono separate da pause brevissime, sono pronunciate quasi come fossero una parola sola.**

1 ....
2 ....
3 ....
4 ....
5 ....
6 ....

LEGGERE

1 **Leggi i seguenti testi e poi completa la tabella. Parlano di mare o montagna? Quali sono le parole chiave per capirlo?**

✗ *Dalla <u>vetta</u> non si va in nessun posto, si può solo <u>scendere</u>.*
Mauro Corona

2 *Nella mia giovinezza ho navigato lungo le coste dalmate. Isolotti a fior d'onda emergevano, ove raro un uccello sostava, scivolosi al sole belli come smeraldi.*
Umberto Saba

3 *La neve ti mette tanta malinconia. Lo ricordo quando sono nella mia stanza o a casa mia e vedo nevicare, la prima neve d'autunno, è una valanga di ricordi che ti preme il cuore.*
Mario Rigoni Stern

4 *A valle, nelle città, le parole sono aria viziata, escono dalla bocca straparlate, non portano conseguenze. [...] Quassù ce le teniamo in bocca, costano energia e calore, usiamo le necessarie, e quello che diciamo poi facciamo. Quassù le parole stanno in pari con i fatti, fanno coppia.*
Erri De Luca

5 *Ah, io non chiederei d'essere un gabbiano né un delfino; mi accontenterei d'essere uno scorfano – ch'è il pesce più brutto – pur di ritrovarmi laggiù, a scherzare in quell'acqua.*
Elsa Morante

6 *Camminare per me significa entrare nella natura. Ed è per questo che cammino lentamente, non corro quasi mai. La Natura per me non è un campo da ginnastica. Io vado per vedere, per sentire, con tutti i miei sensi. Così il mio spirito entra negli alberi, nel prato, nei fiori.*
Reinhold Messner

7 *La marea nasconde. È come se non fosse mai passato nessuno. È come se noi non fossimo mai esistiti. Se c'è un luogo, al mondo, in cui puoi pensare di essere nulla, quel luogo è qui.*
Alessandro Baricco

8 *Andavasi facendo di un azzurro livido, increspato lievemente, e seminato di fiocchi di spuma. Il sole tramontava dietro un mucchio di nuvole fantastiche, e l'ombra del castello si allungava melanconica e gigantesca sugli scogli.*
Giovanni Verga

		Parole chiave
Testi sulla montagna	1	Testo 1 : vetta, scendere Testo ...... : Testo ...... : Testo ...... :
Testi sul mare		Testo ...... : Testo ...... : Testo ...... : Testo ...... :

SCRIVERE

1 **Dopo aver letto le frasi dell'attività precedente, usa le parole delle soluzioni per scrivere 4 frasi sul mare e sulla montagna.**

ASCOLTARE

MP3 **04** **1** **Ascolta l'intervista una prima volta e indica se le affermazioni sono vere o false.**

		V	F
1	Marcello ha camminato lungo il corso del Po, dalla sorgente alla foce.	☐	☐
2	Marcello è dipendente di una ditta che si occupa di impianti idraulici.	☐	☐
3	Il paese in cui vive Marcello è attraversato dal fiume Po.	☐	☐
4	Il Po nasce a Pian del Re.	☐	☐
5	Il Ticino si butta nel Po vicino a Pavia.	☐	☐
6	Giuseppe Verdi è nato a Piacenza.	☐	☐
7	Le strade che percorrono gli argini del fiume non sono tutte asfaltate.	☐	☐
8	I familiari di Marcello lo aspettavano a Venezia.	☐	☐

MP3 **04** **2** **Ascolta l'intervista una seconda volta e traccia sulla cartina il percorso del fiume Po.**

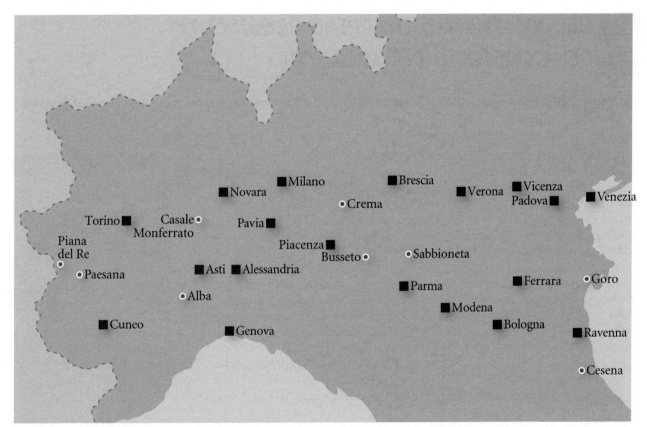

PARLARE

 1 **In coppia. Pensa ad uno dei luoghi che hai studiato nell'unità 1 e descrivilo geograficamente al tuo compagno. Il tuo compagno deve indovinare la località di cui stai parlando.**

Es. *"Si trova in Italia, ci sono delle dune, ecc."*

MP3 **05** **1** **Ascolta i quattro testi e abbinali al periodo storico.**

- **A** ☐ L'antichità
- **B** ☐ Il Medioevo
- **C** ☐ L'età moderna
- **D** ☐ L'età contemporanea

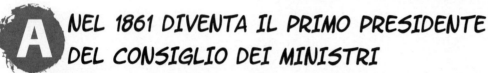

A NEL 1861 DIVENTA IL PRIMO PRESIDENTE DEL CONSIGLIO DEI MINISTRI

1 **Leggi il seguente brano, tratto dall'articolo "Garibaldi e Meucci a New York", e coniuga i verbi al presente storico.**

A New York c'è una piccola casa museo, il Garibaldi-Meucci Museum, dove l'eroe dell'unità nazionale italiana e l'inventore del telefono (*abitare*) (1) _abitano_ insieme per alcuni mesi fabbricando candele. Antonio Meucci e sua moglie Ester (*arrivare*) (2) .... a New York nel maggio del 1850, emigranti in cerca di lavoro come tanti altri. Poco tempo dopo (*apprendere*) (3) .... la notizia che, a bordo del vascello postale "Waterloo", sta per arrivare il generale Garibaldi. A quel tempo, Garibaldi (*avere*) (4) .... solo 43 anni, ma (*essere*) (5) .... già molto provato dalle avversità politiche e dalla perdita della sua amata Anita, morta durante la fuga da Roma verso Venezia. Le sue condizioni economiche (*essere*) (6) .... precarie. Dopo aver alloggiato per qualche giorno in un albergo a Manhattan, il generale (*accettare*) (7) .... l'invito di Meucci che gli (*offrire*) (8) .... di condividere la sua modesta abitazione. Lì i due uomini (*impiantare*) (9) .... una fabbrica casalinga di candele, attività a cui Garibaldi (*alternare*) (10) .... la caccia e la pesca. A ricordo del periodo trascorso insieme al generale a fabbricare candele e, come buon auspicio per l'imminente spedizione dei Mille, nel 1859, Meucci (*inviare*) (11) .... a Garibaldi delle candele prodotte con cera di tre diversi colori: bianco, rosso, verde.

Liberamente tratto da "Garibaldi e Meucci insieme a New York." di Gaetano Afeltra,
articolo sul Corriere della sera del 25/01/2001 http://archiviostorico.corriere.it

2 **Rileggi la prima parte del brano e sostituisci i verbi al presente con il passato prossimo, il trapassato prossimo e l'imperfetto.**

A New York c'è una piccola casa museo, il Garibaldi-Meucci Museum, dove l'eroe dell'unità nazionale italiana e l'inventore del telefono (1) _hanno abitato_ insieme per alcuni mesi fabbricando candele. Antonio Meucci e sua moglie Ester (2) .... a New York nel maggio del 1850, emigranti in cerca di lavoro come tanti altri. Poco tempo dopo (3) .... la notizia che, a bordo del vascello postale "Waterloo", (4) .... per arrivare il generale Garibaldi. A quel tempo, Garibaldi (5) .... solo 43 anni, ma (6) .... già molto provato dalle avversità politiche e dalla perdita della sua amata Anita, morta durante la fuga da Roma verso Venezia.

B L'ITALIA CONQUISTÒ L'INDIPENDENZA E L'UNITÀ

1 Leggi il racconto dell'incontro di Giuseppe Garibaldi con Anita e completa con i seguenti verbi al passato remoto. I verbi non sono in ordine.

> parlai ~~invitò~~ restammo potei si offrì entrai pronunciai

Mi (1) ...invitò... a bere un caffè a casa sua. (2) (io) .... nella stanza e la prima persona che (3) .... al mio sguardo fu quella giovane. Era Anita! La futura madre dei miei figli! La futura compagna della mia vita, nella buona e nella cattiva sorte!
(4) Noi .... entrambi silenziosi, guardandoci reciprocamente, come due persone che non credono di vedersi davvero per la prima volta. Finalmente io le (5) .... , e
(6) .... dirle: «Tu devi essere mia». Parlavo poco il portoghese, e perciò
(7) (io) .... queste parole in italiano. Io avevo incontrato un tesoro proibito, ma era un tesoro di grande pregio!

Liberamente tratto da Giuseppe Garibaldi, *Memorie*, a cura di D. Ponchiroli, Torino, Einaudi, 1975.

2 Completa la tabella con i verbi al passato remoto.

> lessi disse fui lesse scrissi vidi nacquero foste scrivesti dicemmo nascemmo fu vide
> fummo leggemmo videro foste dissero scriveste furono nasceste ebbi leggeste
> vedemmo avesti nacque dissi ebbe lessero avemmo scrisse dicesti aveste ebbero vedesti
> vedeste diceste scrivemmo nacqui nascesti scrissero leggesti

	essere	avere	dire	leggere	scrivere	vedere	nascere
io	....	....	....	*lessi*	....	....	....
tu	....	....	....	....	....	....	....
Lui/lei/Lei	....	....	....	....	....	....	....
noi	....	....	....	....	....	....	....
voi	....	....	....	....	....	....	....
loro	....	....	....	....	....	....	....

3 Abbina gli elementi delle tre colonne per formare delle frasi. Coniuga i verbi al passato remoto.

Giuseppe Mazzini

Camillo Benso Conte di Cavour

Giuseppe Garibaldi

Vittorio Emanuele II

nascere
morire
vivere
essere
avere
decidere
prendere parte

durante il Risorgimento
il primo Re d'Italia
a Nizza
di vestirsi sempre di nero
alla Spedizione dei Mille
molto coraggio
il primo Presidente del Consiglio dei Ministri.
nel 1878.
anche in America Latina.
di tagliarsi i baffi.
una vita triste e difficile a causa della situazione politica.
un abile uomo politico.

1 *Giuseppe Garibaldi nacque a Nizza* ....

2 ....

3 ....

4 ....

5 ....

6 ....

7 ....

8 ....

4 **Completa con i verbi al passato remoto e indovina il personaggio misterioso.**

(essere) (1) ......Fu...... uno dei grandi navigatori italiani che *(realizzare)* (2) .... le principali scoperte geografiche tra il XV e il XVI secolo.
(nascere) (3) .... a Genova intorno al 1450.
(vivere) (4) .... alcuni anni in Portogallo dove *(potere)* (5) .... fare grande esperienza di navigazione. Contemporaneamente *(coltivare)* (6) .... gli studi di geografia e di fisica terrestre.
Sosteneva la possibilità di raggiungere le terre orientali (Cina, Giappone, India) navigando sempre verso occidente nell'Atlantico, ma all'inizio non *(trovare)* (7) .... delle persone disposte a finanziare il suo viaggio. Più tardi, grazie ai suoi argomenti, *(conquistare)* (8) .... la fiducia della regina Isabella di Castiglia che gli *(fornire)* (9) .... un equipaggio di 87 uomini, in gran parte spagnoli, e 3 caravelle: la Niña, la Pinta e la Santa Maria.
(partire) (10) .... il 3 agosto 1492 da Palos, con un equipaggio complessivo di 120 uomini.

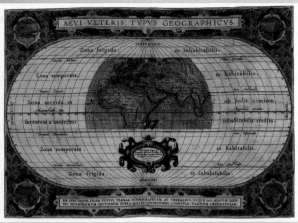

Dopo settanta giorni di viaggio, i naviganti *(vedere)* (11) .... i primi indizi di terra vicina. Alle 2 del mattino un cannone *(tuonare)* (12) .... sull'oceano dalla tolda della Pinta e qualcuno *(gridare)* (13) .... : «Terra, terra!».
Era venerdì 12 ottobre 1492.

Il personaggio è:

M I B S O F T O O C R R O L C O O

_ _ _ _ _ _ _ _ _ _   _ _ _ _ _ _

C DOPO CHE L'IMPERATORE ENRICO Ⅴ L'EBBE INCORONATA...

1 **Sottolinea una volta i verbi coniugati al passato remoto e due volte quelli coniugati al trapassato remoto.**

Galla Placidia, una donna dalla vita avventurosa

Galla Placidia <u>visse</u> una vita lunga, ma, soprattutto, avventurosa. Fu addirittura imperatrice (reggente) dei Romani e regina dei Visigoti. Nacque nel 386 (circa) d.C., probabilmente a Costantinopoli. Suo padre era l'imperatore romano Teodosio il Grande.
Nel 394 venne in Italia con il padre e il fratello Onorio. Nel 395, dopo che <u>ebbe diviso</u> l'impero in due parti, ebbe nominato il figlio Onorio imperatore della parte occidentale e il figlio Arcadio imperatore di quella orientale, Teodosio morì. Galla divenne sorella di ben due imperatori!

Nel 410, Galla si trovava a Roma quando il re dei Visigoti, Alarico, occupò la città. Dopo che l'ebbe saccheggiata, Alarico se ne andò, portando con sé, oltre a molti viveri e ricchezze, una prigioniera molto importante: Galla. Lo stesso anno Alarico morì e il suo successore, Ataulfo, sposò Galla, che divenne così regina dei Visigoti.

Un anno dopo Ataulfo fu ucciso e Galla fu restituita ai Romani, sposò un nobile senatore, ma pochi anni dopo rimase nuovamente vedova; tornò quindi a Costantinopoli. Nel 423 morì suo fratello, l'imperatore Onorio, e Galla, dopo che fu riuscita a far nominare suo figlio Valentiniano nuovo imperatore d'occidente, tornò in Italia. Amministrò il potere al posto del figlio minorenne fino al 437. Dopo che Valentiniano ebbe compiuto 18 anni, Galla restò al suo fianco. Morì nel 450 a Roma e non fu sepolta nel mausoleo che porta il suo nome e che si trova a Ravenna.

2 **Trasforma le frasi usando il trapassato remoto, come nell'esempio.**

1 L'imperatore Nerone fece allontanare sua madre Agrippina dalla corte e poi la fece uccidere.
L'imperatore Nerone, dopo che ebbe fatto allontanare sua madre Agrippina dalla corte, la fece uccidere.

2 Nel 1376 il Papa parlò con Santa Caterina da Siena e decise di riportare la sede del papato da Avignone a Roma.

....

3 Nel 1533 Caterina de' Medici sposò Enrico II, futuro re di Francia, e si trasferì a Parigi.

....

4 Artemisia Gentileschi imparò a dipingere dal padre, famoso pittore del '600, e divenne una delle prime donne pittrici della storia dell'arte.

....

5 Grazia Deledda vinse il premio Nobel per la letteratura nel 1926 e dieci anni dopo morì.

....

6 Gae Aulenti progettò la ristrutturazione del Musée d'Orsay a Parigi e divenne una delle donne architetto più famose al mondo.

....

3 **Inserisci le seguenti frasi nella tabella, in corrispondenza delle affermazione ad esse relative.**

~~Fu la donna il cui metodo rivoluzionò la scuola...~~   La donna la quale tu tanto ammiri è Matilde di Canossa.

Fu una donna il regno della quale arrivò ad estendersi su quasi un terzo dell'Italia...

L'indipendenza e il rispetto sono molto importanti per il naturale sviluppo mentale del bambino al quale si lascia libertà di scelta.

Cominciò una relazione con Palmiro Togliatti, il quale rimase al suo fianco per tutta la vita.

ALCUNI PRONOMI RELATIVI	
Il pronome relativo *cui*, tra l'articolo determinativo e il nome, significa *del quale/della quale/dei quali/delle quali*	*Fu la donna il cui metodo rivoluzionò la scuola...* (il metodo *della quale...*)
I pronomi relativi *il quale, la quale, i quali* e *le quali* possono essere:	
A. Il soggetto	....
B. L'oggetto diretto	....
C. L'oggetto indiretto	....

4 **Inserisci il pronome relativo corretto.**

il cui (x2)   la quale (x2)   della quale   ~~il quale~~

1 L'imperatore, ...*il quale*...... fece allontanare la madre dalla corte e poi la fece uccidere, fu Nerone.
2 La santa, ... convinse il Papa a riportare la sede del papato da Avignone a Roma, fu Santa Caterina da Siena.
3 Caterina de' Medici, ... sposo fu Enrico II, re di Francia, morì nel 1589.
4 Artemisia Gentileschi, ... ebbe imparato a dipingere dal padre, fu una delle prime donne pittrici della storia dell'arte.
5 Grazia Deledda, ... romanzo più famoso si intitola *Canne al vento*, vinse il premio Nobel per la letteratura nel 1926.
6 Gae Aulenti, donna architetto .... ricordiamo il progetto di ristrutturazione del Musée d'Orsay a Parigi, nacque nel 1927.

5 Sostituisci i pronomi relativi *che* e *cui* sottolineati scegliendo tra quelli elencati qui sotto.

> tra i quali   ~~la quale~~   della quale   nella quale (x2)   nelle quali

1 Agrippina, che ...la quale... aveva sposato l'imperatore romano Claudio, governò l'impero quando suo figlio Nerone era troppo giovane per governare da solo.

2 Santa Caterina da Siena, donna <u>in cui</u> .... il Papa riponeva molta fiducia, morì a Roma nel 1380.

3 La "Notte di San Bartolomeo" (1572) fu una strage per cause religiose <u>di cui</u> .... fu ritenuta organizzatrice Caterina de' Medici.

4 Quelle di Artemisia Gentileschi sono opere <u>in cui</u> .... sono evidenti le influenze della pittura di Caravaggio.

5 La Sardegna è la regione <u>in cui</u> .... , nel 1871, naque Grazia Deledda.

6 Molti sono gli edifici progettati da Gae Aulenti, <u>tra cui</u> .... , uno dei più importanti, è la sede dell'Istituto Italiano di Cultura di Tokyo.

6 Gli avverbi di tempo servono a indicare il tempo di svolgimento di un'azione. Leggi le seguenti frasi, sottolinea le parole che svolgono questa funzione e inseriscile nella tabella.

1 Attese tre giorni e tre notti <u>prima di</u> essere perdonato.

2 Questo metodo ancora oggi è usato con successo.

3 Continuiamo <u>poi</u> con Maria Montessori,

4 Allora la cultura era riservata agli uomini.

5 Dopo gli inizi da insegnante, decise di entrare in politica.

6 Si dedicò sempre con grande attenzione ai bambini.

7 Rimase presto orfana di padre.

ALCUNI AVVERBI DI TEMPO	ALCUNE LOCUZIONI AVVERBIALI DI TEMPO
..Poi.. , ... , ... , ... , ... , ora, adesso, oggi, ieri, domani, ancora, tardi, mai, ecc.	..Prima di.. , ... , ai nostri giorni, un giorno, una volta, ecc.

7 Leggi il testo e inserisci le seguenti espressioni di tempo.

> dopo   ancora oggi   prima di   ~~oggi~~   allora

Maria Montessori, ieri,
(1) ..oggi.. e domani.

Quando Maria Montessori fondò la prima "Casa dei Bambini" nel 1907 a Roma era già nota in Italia per essere una delle prime donne laureate in medicina e per le sue lotte femministe.
Il suo metodo educativo fu elaborato inizialmente per i bambini disabili, e solo (2) .... fu esteso con successo a tutti i bambini. (3) .... il suo metodo è utilizzato in tutto il mondo in moltissime scuole.
Per molti anni è stata l'unica donna a essere rappresentata su una banconota italiana.
Nacque nel 1870 vicino ad Ancona, si laureò in medicina, con il massimo dei voti. Ebbe un figlio con un suo collega, ma lo allevò dicendo che era un nipote. (4) .... non era comune avere un figlio al di fuori del matrimonio. Solo (5) .... morire, nel testamento, riconobbe il figlio illegittimo.

D MIO PADRE VOLLE ANDARE A STUDIARE LONTANO E NESSUNO HA CONTINUATO IL LAVORO DEL NONNO

1 Completa il testo con i verbi al passato remoto, passato prossimo e imperfetto.

I ricordi di infanzia di Elena

Lo scorso fine settimana (*io/passare*) (1) .....*sono passata*..... da Pienza. Erano anni che non ci tornavo. Non so descrivere l'emozione nel vedere la casa dove (*crescere*) (2) .... mia madre e dove io (*trascorrere*) (3) .... le più belle vacanze della mia vita. Mia nonna (*fare*) (4) .... la sarta per le ricche signore di Siena e mio nonno (*lavorare*) (5) .... come orologiaio. Ricordo che un giorno ero in camera di mia nonna e la guardavo mentre cuciva un bellissimo vestito che doveva consegnare quella sera stessa a una contessa di Siena. Ad un certo punto lei (*allontanarsi*) (6) .... per prendere dei bottoni ed io (*vedere*) (7) .... il gatto uscire dalla finestra. (*io/andare*) (8) .... con lui sul tetto lo (*seguire*) (9) .... per un po', ma poi lui saltò giù perché aveva visto un topolino. (*io/rimanere*) (10) .... lì ad guardarlo dall'alto, mi (*piacere*) (11) .... osservare la sua tecnica di caccia. Quel giorno però il topolino (*essere*) (12) .... molto fortunato e riuscì a nascondersi nel fienile. (*io/tornare*) (13) .... indietro verso la finestra e mi accorsi che mia nonna l'aveva chiusa. Certo non potevo mica bussare e dire: "Ciao nonna, (*io/andare*) (14) .... a fare una passeggiata sul tetto." Dopo un po' (*sentire*) (15) .... che mi (*cercare*) (16) ...., mi chiamavano, ma io non potevo rispondere. Dopo circa 4 ore di attesa sul tetto, il cane (*sentire*) (17) .... il mio odore e cominciò ad abbaiare guardando verso l'alto. Fu così che mi (*loro/scoprire*) (18) .... Aprirono la finestra e io entrai senza dire una parola. (*loro/arrabbiarsi*) (19) .... molto e mi (*dire*) (20) .... che il giorno dopo sarei dovuta tornata a casa, in città. Per me quella fu la peggior punizione. Oltre allo spavento, mia nonna non (*finire*) (21) .... il vestito per la ricca contessa che si arrabbiò con lei per colpa mia.
Ancora oggi mi sento un po' in colpa per lei…

2 Gli avverbi e le locuzioni avverbiali di luogo specificano la posizione di un oggetto nello spazio. Leggi le seguenti frasi tratte dal dialogo dell'attività 5 a p. 35 del manuale, sottolinea le parole che svolgono questa funzione e inseriscile in tabella.

1 Che ne dite di andare a vedere l'angolo del materassaio <u>di là</u>?

2 Abitava vicino alla loro casa.

3 Faticammo moltissimo per arrivare lassù.

4 Mio padre è andato a studiare lontano.

5 <u>Qui</u> nel museo ci sono in mostra anche gli attrezzi del tipografo.

6 Sono di sotto.

7 L'orologiaio è qui a sinistra…

ALCUNI AVVERBI DI LUOGO	ALCUNE LOCUZIONI AVVERBIALI DI LUOGO
Qua, ..*qui*.. , quaggiù, quassù, lì, là, laggiù, ... , fuori, dentro, dietro, davanti, sopra, ... , ... ecc.	Di qua, ...*di là*... , di sopra, ... , in su, in giù, per di qua, a destra, ... , al centro ecc.

3 Abbina con una freccia gli elementi della colonna di sinistra con quelli della colonna di destra.

1 qui, qua   **a** sopra

2 quaggiù   **b** lassù

3 fuori   **c** quassù

4 laggiù   **d** davanti

5 sotto   **e** lì, là

6 dietro   **f** dentro

4 Completa le vignette con le seguenti espressioni di luogo.

laggiù di là di sotto di sopra di qua lassù

– Non vedo Paolo…
– Ah eccolo, è ...laggiù... ! Sta salendo sull'autobus.

– Ma dov'è Sandro?
– È .... sul divano.

– Non riesco a trovare il mio libro di storia…
– Guarda .... nella libreria.

– E adesso quale sentiero prendiamo?
– Mah, direi di andare .... !

– Ciao hai visto Roberto?
– Sì, è .... con Giulio.

– Dove sono i bambini?
– Sono .... in giardino che giocano a calcio.

5 La preposizione *per* può avere valori diversi. Inserisci i seguenti significati nella tabella in corrispondenza della frase giusta.

Limitare il riferimento solo a uno o più elementi (persone, cose, animali)
Indicare a vantaggio di chi o di che cosa si fa un'azione
Indicare un periodo di tempo prolungato
Indicare la causa di un'azione o di un fatto
Indicare un movimento attraverso un luogo / verso un luogo / in un luogo

ALCUNE FUNZIONI DELLA PREPOSIZIONE *PER*	
Per me va bene…	Limitare il riferimento solo a uno o più elementi (persone, cose, animali).
Rimasi da lei per quasi due settimane	
La aiutai a cucire un materasso per una zia	
Passiamo per la piazza. Lucia è partita per Firenze.	
Sudavo per la fatica. L'ha venduta per questo motivo?	

6 Scrivi almeno tre frasi con la preposizione *per*.

1 ....

2 ....

3 ....

7 Leggi il seguente testo, sottolinea le espressioni con la preposizione *per* e inseriscile nella tabella.

Il mese scorso ho passato una settimana in Liguria. Ci sono andato con Giacomo, Fabia e Barbara. Purtroppo Nadia non è venuta perché è dovuta partire per Monaco. Abbiamo visitato le Cinque Terre e poi, prima di raggiungere Genova, siamo passati per Santa Margherita Ligure. Per i primi tre giorni il tempo è stato abbastanza bello, poi però la temperatura è scesa e per questo non abbiamo potuto fare il bagno. Per Giacomo non è stato certo un problema, visto che lui preferisce la montagna. A me invece è dispiaciuto molto perché aspettavo questa vacanza da molto tempo...

....	Limitare il riferimento solo a uno o più elementi (persone, cose, animali)
....	Indicare un periodo di tempo prolungato
....	Indicare un movimento attraverso un luogo/verso un luogo/in un luogo
....	Indicare la causa di un'azione o di un fatto

PRONUNCIA E GRAFIA

MP3 **06** **1** Ascolta le seguenti frasi e per ciascuna indica come viene pronunciata la parola indicata.

		A	**B**
1	leggere	leg**ge**re	**le**ggere ✔
2	perdono	per**do**no	**pe**rdono
3	desideri	desi**de**ri	de**si**deri
4	tenere	te**ne**re	**te**nere
5	leggere	leg**ge**re	**le**ggere
6	perdono	per**do**no	**pe**rdono
7	desideri	desi**de**ri	de**si**deri
8	tenere	te**ne**re	**te**nere
9	leggere	leg**ge**re	**le**ggere
10	perdono	per**do**no	**pe**rdono
11	desideri	desi**de**ri	de**si**deri
12	tenere	te**ne**re	**te**nere

ASCOLTARE

MP3 **07** **1** Ascolta l'intervista "Toponomastica al femminile nel Comune di Ravenna" e indica se le affermazioni sono vere o false.

		V	F
1	Al comune di Ravenna è stato presentato un film sulle donne importanti della città.	☐	☐
2	Nel libro si parla esclusivamente delle piazze dedicate alle donne.	☐	☐
3	Le donne citate nel libro provengono da tutti i ceti sociali.	☐	☐
4	Le donne nel libro sono state classificate in base alla loro professione.	☐	☐
5	In passato il ruolo delle donne è stato spesso sottovalutato.	☐	☐
6	Il numero delle piazze, dei giardini e delle strade dedicate alle donne è diminuito negli ultimi anni.	☐	☐

LEGGERE

1 Leggi il seguente articolo e rispondi alle domande.

Un'iniziativa assolutamente unica si terrà venerdì 12 luglio prossimo, alle ore 19.30, al Palace Hotel di Milano Marittima. Verrà allestito un banchettino da lustrascarpe mentre, a bordo piscina, verrà servito l'aperitivo. L'idea di Angelo Gregorio, titolare della Calzoleria Express Imolese, vuole far conoscere un lavoro ormai scomparso come quello dello *sciuscià* (parola che deriva dall'inglese "shoe-shine" e definiva i bambini napoletani che, durante la seconda guerra mondiale, per guadagnare qualche soldo, lustravano le scarpe ai soldati americani).

Angelo Gregorio è "figlio d'arte" (il padre Diodoro è da anni un famoso calzolaio, titolare della calzoleria Express Imolese), si è laureato in Scienza della Formazione e ha lavorato per dodici anni in una multinazionale statunitense nell'ambito dei servizi finanziari. Successivamente non ha saputo resistere al richiamo delle pelli e del cuoio di qualità, dedicandosi all'attività di famiglia con l'impegno e l'esperienza che il marketing gli aveva fornito, sia durante gli studi, sia nella sua attività americana.

Ma non basta. Angelo è anche un cultore delle tradizioni legate al suo lavoro, di qui l'impegno di fare qualche cosa di esclusivo, che richiami l'attenzione su un mestiere che rischia di scomparire. Ecco, allora, l'idea di attrezzare un banchetto mobile, con tutti gli strumenti del mestiere: spazzole, creme di vari tipi per i diversi pellami e panni per lucidare le scarpe. Un servizio professionale offerto in giacca, cravatta e guanti bianchi da un professionista delle calzature, oltre che da un grande appassionato di cuoio, pelli e di mestieri antichi. Angelo Gregorio, un imprenditore che ha voluto e saputo integrare modernità e tradizione in un settore, quello della calzatura, estremamente importante, non solo per l'estetica, ma soprattutto per camminare bene, con la corretta postura della schiena.

La pulizia della scarpa è un di più che viene a supporto dell'attività artigiana di Express Imolese, azienda che sta ottenendo consensi positivi grazie alla qualità dei materiali usati, dello stile e della cura con cui vengono eseguite le varie fasi di lavorazione. Ovviamente tutte a mano e nella rigorosa cura dei dettagli.

Tratto da Milanomarittima Life http://www.milanomarittimalife.it

1 Qual è l'evento organizzato presso il Palace Hotel di Milano Marittima? ....

2 Che cosa significa *sciuscià*? Da cosa deriva il termine? ....

3 Chi è Angelo Gregorio? ....

4 Perché ha deciso di organizzare questo evento? ....

PARLARE

1 Abbina le strane professioni del passato e del presente alle immagini. Poi parlane con i tuoi compagni.

L'assaggiatore di cibo per cani   L'annusatore di ascelle   Lo strillone di giornali   L'ombrellaio

SCRIVERE

1 Pensa a un personaggio famoso e scrivi una presentazione simile a quella dell'attività 4 "indovina il personaggio misterioso" di p. 14. Usa il passato remoto. Poi in classe leggi la presentazione; i tuoi compagni dovranno indovinare il personaggio misterioso.

1 Abbina i testi della colonna di destra ai nomi dei palazzi della colonna di sinistra.

1 ☐ Quirinale

a I Chigi furono una famiglia di banchieri originari di Siena che fecero fortuna a Roma. Fabio Chigi, nel 1655, fu eletto Papa con il nome di Alessandro VII. Nel 1658 acquistarono il palazzo che ancora oggi porta il loro nome.

2 ☐ Palazzo Chigi

b "Madama" significa signora, e la "madama" che diede il nome al palazzo fu Margherita d'Austria, figlia naturale del grande imperatore Carlo V, che visse a lungo a Roma.

3 ☐ Montecitorio

c L'origine del nome di questo "monte" è ancora incerta. Secondo alcuni studiosi deriverebbe dal latino *mons citatorius* e sarebbe stato il luogo in cui i cittadini romani si riunivano in assemblea per votare le decisioni politiche utili alla vita della città. Dopo secoli, quindi, la sua funzione non sarebbe cambiata di molto.

4 ☐ Palazzo Madama

d Il nome del palazzo deriva dal colle su cui sorge: uno dei mitici sette colli su cui venne fondata Roma. L'edificio, dopo il 1870, divenne il Palazzo reale dei re d'Italia e, dopo il referendum del 1946, il re venne "sostituito" dal Presidente della Repubblica.

Diego Velázquez, *Ritratto dell'Infanta doña Margherita d'Austria*, 1660

Giovan Battista Gaulli, *Ritratto di Alessandro VII Chigi*, 1667 ca.

Noè Bordignon, *Ritratto di Umberto I re d'Italia*, 1880

A I MINISTRI VENGONO NOMINATI DAL PRESIDENTE DELLA REPUBBLICA

1 Di quale istituzione fanno parte i seguenti funzionari pubblici? Inseriscili negli spazi corretti.

> il Procuratore generale   il senatore   il Ministro della giustizia   il parlamentare   il Ministro dell'economia
> il Giudice delle indagini preliminari   il Presidente del Consiglio   il deputato   il Giudice di cassazione
> il Magistrato   il Ministro degli Esteri

Parlamento	Governo	Magistratura
		Il Procuratore generale

2 Leggi con attenzione i testi e poi rispondi alle domande.

Mario Monti

Ex rettore dell'Università Bocconi di Milano, è stato Presidente del Consiglio dal 16 novembre 2011 al 28 aprile 2013.

Sandro Pertini

Ex combattente partigiano, è stato Presidente della Repubblica dal 1978 al 1985.

Gino Paoli

Famoso cantautore, è stato deputato dal 1987 al 1992.

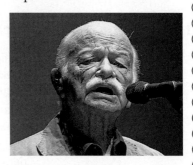

	Mario Monti	Sandro Pertini	Gino Paoli
1 Chi è stato eletto dai cittadini con votazione a suffragio universale?		✓	
2 Chi è stato nominato dal Presidente della Repubblica?	✓		
3 Chi è stato eletto dal Parlamento e dai delegati delle regioni?			✓

3 Trasforma le frasi da attive a passive e viceversa, come nell'esempio.

1 Il papà di Paolo è stato eletto rappresentante di classe dai genitori della terza B.
 I genitori della terza B hanno eletto il papà di Paolo rappresentate di classe.

2 I lavoratori scelgono il responsabile della sicurezza.
 Il responsabile della sicurezza è scelto dai lavoratori.

3 Il signor De Marchi è stato eletto amministratore dall'assemblea dei condomini.

4 Ci dividiamo in due squadre e ogni squadra sceglie un portavoce.

5 Il direttore mi ha incaricato di scrivere il verbale della riunione.

6 Nel 1900, il Re d'Italia Umberto I fu ucciso dall'anarchico Gaetano Bresci.

7 Nell'antica Roma i due consoli venivano eletti ogni anno dall'assemblea popolare.

8 L'amministratore delegato mi ha nominato responsabile dell'ufficio vendite.

4 Trasforma le frasi da attive in passive. Quando è possibile utilizza il verbo *venire*.

1 Giuseppe Mazzini fondò l'associazione "Giovine Italia" nel 1831.
 L'associazione "Giovine Italia" venne fondata da Giuseppe Mazzini nel 1831.

2 Garibaldi conquistò la Sicilia nel 1860.

3 Nell'alto medioevo il popolo e il clero romano eleggevano il Papa.

4 In Italia, i cittadini eleggono il sindaco della città ogni 5 anni.

5 **La preposizione *da* svolge funzioni diverse. Completa la tabella con le funzioni seguenti.**

> Chi compie l'azione nella forma passiva   L'uso che si fa di un oggetto
>
> Il tempo   Una separazione   Un movimento (da un luogo all'altro, verso una persona)   La provenienza

ALCUNE FUNZIONI DELLA PREPOSIZIONE *DA*	
Chi compie l'azione nella forma passiva	Il Parlamento è eletto **da** tutti i cittadini.
	La capitale d'Italia è stata trasferita **da** Firenze a Roma. Il ministro è andato **dal** Presidente del Consiglio.
	Le Alpi dividono l'Italia **dalla** Svizzera.
	Il nostro Presidente viene **da** Napoli. Il treno proviene **da** Roma ed è diretto a Napoli. Il deputato è partito **da** Milano ieri sera.
	Le consultazioni sono iniziate **da** dieci minuti. La riunione durerà **dalle** 10.00 alle 12.00.
	Al ricevimento la moglie del Presidente indossava un bellissimo abito **da** sera. Il giornalista ha riconosciuto il politico anche se indossava occhiali **da** sole scuri.

6 **Inserisci le preposizioni corrette.**

1 Il treno ....*per*.... Roma Tiburtina partirà ....*dal*.... binario 15, anziché ....*dal*.... binario 17.

2 Se vuoi, puoi chiedere direttamente .... sindaco, puoi andare .... lui ogni lunedì, riceve .... 10.00 .... 12.00.

3 Le navi .... cui Garibaldi partì .... Genova .... Sicilia non erano navi .... guerra, ma .... trasporto.

4 Giulio Cesare venne nominato console .... assemblea popolare .... l'anno 59 a.C.

5 .... Costituzione Italiana il potere legislativo deve essere separato .... quello esecutivo e .... quello giudiziario.

6 Ieri il Presidente .... Consiglio è stato ricevuto .... Vaticano .... Papa.

7 .... 1961 la sede .... governo italiano è stata trasferita .... palazzo del Viminale .... Palazzo Chigi.

8 Il Consiglio .... Ministri è iniziato .... 10 minuti e non finirà prima .... due ore.

B   IL 2 GIUGNO 1946 SI CHIAMANO GLI ITALIANI ALLE URNE

1 **Abbina le definizioni della colonna di sinistra con gli oggetti della colonna di destra.**

1 ☐ Il foglio di carta su cui si scrive il proprio voto.

2 ☐ Le persone che organizzano le operazioni di voto e leggono e registrano i risultati.

3 ☐ Il luogo dove si va per votare, spesso una scuola o un ufficio pubblico.

4 ☐ Gli elenchi dei candidati alle elezioni, divisi per partito politico.

5 ☐ La postazione in cui si entra per non far vedere agli altri per chi si vota.

6 ☐ La scatola dentro cui si mettono le schede elettorali.

Il seggio elettorale

La scheda elettorale

L'urna

La cabina elettorale

Gli scrutatori

Le liste elettorali

2 Fare politica in Italia. Osserva con attenzione lo schema e completa le frasi, come nell'esempio.

	18 anni	25 anni	40 anni	50 anni
Elettorato attivo	Votare per l'elezione di consiglieri comunali, sindaci, consiglieri provinciali, presidente della provincia, consiglieri regionali, presidente della regione e per la camera dei deputati	Votare per il senato		
Elettorato passivo	Essere eletto consigliere comunale, sindaco, consigliere provinciale, presidente della provincia, consigliere regionali, presidente della regione	Essere eletto deputato	Essere eletto senatore	Essere eletto Presidente della Repubblica

1 Se si hanno 19 anni, si può *votare per eleggere i deputati.*

2 Se si è maggiorenni, si può ....

3 Se si hanno 24 anni, si può ....

4 Se si hanno 27 anni, si può ....

5 Se si hanno 38 anni, si può ....

6 Se si hanno 42 anni, si può ....

7 Se si hanno 56 anni, si può ....

8 Se si hanno 83 anni, si può ....

3 Gli italiani… In Italia. Trasforma le frasi utilizzando il *si* impersonale e passivante, come nell'esempio.

1 Gli italiani danno grande importanza al look, al modo di vestire, all'apparenza.
   In Italia si dà grande importanza al look, al modo di vestire, all'apparenza.

2 Gli italiani hanno l'obbligo di andare a scuola fino a 16 anni.
   ....

3 Gli italiani mangiano 25 chili di pasta all'anno pro-capite (a testa).
   ....

4 Gli italiani guidano tenendo la destra.
   ....

5 Gli italiani, in media, possiedono più di un telefono cellulare a testa.
   ....

6 Gli italiani preferiscono le auto con il cambio manuale.
   ....

7 Gli italiani, nel 1946, scelsero la repubblica invece che la monarchia.
   ....

8 Gli italiani, nella maggioranza dei casi, vivono in una casa di proprietà.
   ....

4 In Italia… nel mio Paese. Osserva l'esempio e formula delle frasi mettendo a confronto alcune abitudini italiane con quelle del tuo Paese, utilizzando il *si* impersonale e passivante, come nell'esempio.

1 In Italia si *cena verso le otto di sera,*
   nel mio Paese, invece, si *cena verso le nove, d'estate anche alle dieci.*

2 In Italia si .... ,
   nel mio Paese, invece, si ....

3 In Italia si .... ,
   nel mio Paese, invece, si ....

4 In Italia si .... ,
   nel mio Paese, invece, si ....

C NON HO PIÙ MOLTA FIDUCIA NELLA POLITICA

MP3 08 **1** Ascolta il dialogo e abbina gli uffici e alla loro funzione.

Per

1 scegliere il medico di famiglia
2 pagare i contributi per la pensione
3 ricevere il Codice Fiscale
4 fare il contratto per l'energia elettrica
5 pagare la tassa sui rifiuti

Bisogna andare

a all'ENEL
b all'ASL (Azienda Sanitaria Locale)
c in Comune
d all'Agenzia delle Entrate
e all'INPS (Istituto Nazionale di Previdenza Sociale)

2 Scrivi le domande alle seguenti risposte.

1 _Quindi questo è il tuo ultimo giorno di vacanza?_   Eh, purtroppo sì…
2 _____   Sì, sono fiducioso…
3 _____   Non ho più molta fiducia…
4 _____   Non mi importa più molto…
5 _____   Quello che dici mi stupisce…
6 _____   Boh, non lo so…
7 _____   Eh, purtroppo sì…

3 Marco e Luigi lavorano all'ASL, sono colleghi d'ufficio. Abbina le frasi di Marco a quelle di Luigi.

Marco

1 Oggi c'era un traffico terribile, due ore per arrivare in ufficio… è una situazione assurda!
2 Comunque oggi è il mio ultimo giorno… da domani sono in ferie!
3 Tu invece le ferie le hai già finite tutte, vero?
4 E quindi non ne avrai più fino all'anno prossimo!
5 Non avresti dovute prenderle tutte prima dell'estate…

Luigi

a Beato te!
c Parliamo d'altro…Un anno intero!
b Non è colpa mia! Non ho scelto io quando prenderle.
d Purtroppo sì.
e Siamo tutti responsabili… anche noi veniamo al lavoro in macchina.

4 Un capo ufficio. Completa i brani con gli aggettivi e i pronomi indefiniti elencati.

> tutti   nessuno   qualche   ~~molti~~   alcuni

1 Una volta davanti a questo ufficio c'erano _molti_ parcheggi, oggi non ce n'è più _____ . Avevano detto che ne avrebbero rifatti almeno _____ , ma niente, non hanno fatto niente. Certe volte mi viene un nervoso… belli, gli alberi sono belli, non dico di no, ma le macchine da _____ parte dovremmo pure metterle no? Loro fanno giardini, come se _____ noi venissimo a lavorare a piedi, passeggiando tranquilli per i giardinetti…

> qualsiasi   nessuna   certi   tutte   qualsiasi   ogni

2 Io mi alzo _____ mattina alle cinque e mezza! _____ le mattine, _____ esclusa… e devo essere in ufficio alle otto… mezz'ora per prepararmi, un'ora di viaggio in macchina, e un'ora per trovare parcheggio! Ma vi sembra possibile? In _____ paesi un _____ impiegato avrebbe il suo bel posto macchina! E io, io che sono capo ufficio, devo cercare per un'ora un accidenti di posto dove mettere la macchina! Potrei prendere il treno, è vero… ma sono un capo ufficio! Non vorrete mica che prenda il treno come un impiegato _____ ?!?

5 Completa le seguenti frasi.

1 Qualche volta, quando penso alla mia infanzia ....

2 Ogni volta che apro il frigorifero ....

3 Tutte le volte che penso alla grammatica italiana ....

4 Sarei disposto a fare qualsiasi cosa per ....

5 Ci sono alcuni tipi di persone che non sopporto, ad esempio ....

6 Per nessuna ragione al mondo accetterei di ....

7 Certe sere, prima di addormentarmi ....

8 Nella vita ho fatto parecchi errori, ad esempio ....

PRONUNCIA E GRAFIA

MP3 **09** **1 Ascolta le parole e sottolinea quelle che senti pronunciare.**

1 costituzionale	costituzionalmente	costitutivo	costituzionalista
2 monarchico	antimonarchico	monarchia	monarca
3 parlamentare	parlamentarismo	parlamento	parlare
4 cameralismo	bicameralismo	bicamerale	camerale
5 amministrazione	amministrare	amministrativo	amministrativamente
6 elezioni	elettivo	elettivamente	elettorale
7 istituzione	istituzionalmente	istituzionale	istituzionalizzare
8 presidenziale	presidenzialismo	presidente	presiedere

MP3 **10** **2 Ascolta e scrivi le seguenti espressioni.**

1 ....

2 ....

3 ....

4 ....

5 ....

6 ....

LEGGERE

1 Leggi il testo e indica se le affermazioni seguenti sono vere o false.

Siamo in Italia, in un giorno qualunque di questo inizio di XXI secolo. Accendiamo la televisione e la maggior parte dei programmi di informazione politica si occupa delle votazioni che si terranno nel prossimo fine settimana.

Improvvisamente, abbiamo la sensazione di viaggiare nel tempo, di trovarci nel I secolo dopo Cristo e di ascoltare alcuni senatori romani discutere, in latino, di politica...*referendum, quorum, par condicio*... In effetti, il mondo della legge e delle istituzioni usa spesso un linguaggio tutto suo, abbastanza lontano dall'italiano di tutti i giorni. Di questo linguaggio fanno parte alcuni termini latini, e alcuni di essi riguardano proprio il sistema elettorale... ma andiamo con ordine.

Gli italiani sono spesso "chiamati alle urne", sono cioè invitati a recarsi ai seggi elettorali per esprimere il proprio voto. Si può trattare di elezioni

politiche nazionali o amministrative (per eleggere i rappresentanti politici della propria regione, provincia o città), ma, in alcuni casi, si può trattare di una "consultazione elettorale" molto particolare, in cui bisogna semplicemente dire sì o no... facile no?

Più o meno. Perché questo tipo di consultazione, che si chiama "referendum", in Italia può essere solo "abrogativo", può cioè essere utilizzato solo per "abrogare", per cancellare una legge che già esiste. Il risultato è che spesso, per dire sì, bisogna votare no, e per dire no, bisogna votare sì.

Facciamo un esempio. 1970, in Italia viene approvata una legge che permette il divorzio. 4 anni più tardi, nel 1974, su richiesta di alcune forze politiche contrarie al divorzio, viene organizzato un referendum per l'abrogazione della legge. In questo caso, chi voleva dire sì al divorzio, doveva indicare no sulla scheda (no all'abrogazione della legge), chi voleva dire no, doveva indicare sì. Vinsero i no: gli italiani dissero sì al divorzio.

E il "quorum"? La costituzione prevede, perché un referendum sia considerato valido, che il 50% dei cittadini che hanno diritto di voto si rechino alle urne: questo 50% rappresenta il "quorum". Quindi, una forza politica che non vuole che una legge venga abrogata, può invitare gli elettori a votare no, oppure a non andare a votare. Nel 1991 Bettino Craxi invitò gli italiani ad andare la domenica al mare (era giugno) invece che a votare per un certo referendum. La maggior parte degli italiani, invece, andò prima a votare e poi al mare...

		V	F
1	In Italia, le consultazioni elettorali si tengono nei giorni infrasettimanali.	☐	☑
2	Il sistema elettorale italiano è molto simile a quello latino.	☐	☐
3	Le elezioni politiche nazionali sono anche dette "amministrative".	☐	☐
4	Il sindaco di una città viene eletto in seguito a elezioni "amministrative".	☐	☐
5	Nel referendum è possibile scegliere fino a tre candidati di uno stesso partito.	☐	☐
6	In Italia, i referendum si possono usare solo per eliminare leggi esistenti.	☐	☐
7	La legge sul divorzio è stata approvata nel 1970.	☐	☐
8	La legge sul divorzio è stata abrogata nel 1974.	☐	☐
9	Un referendum è considerato valido indipendentemente dal numero di votanti.	☐	☐
10	Il referendum del 1991 raggiunse il quorum.	☐	☐

SCRIVERE

1 Nel testo precedente è citato un termine di origine latina: ***par condicio***. Fa' una ricerca su internet e scrivi un testo di almeno 100 parole sull'argomento.

ASCOLTARE

MP3 11 1 Italia, Francia, Germania... alcuni grandi paesi europei hanno costituzioni di tipo repubblicano, anche se molto diverse fra loro. Ma i re e le regine non sono scomparsi dall'Europa.
Ascolta il brano e rispondi alle domande.

1 La regina d'Inghilterra è anche

   a Presidente del Parlamento.

   b Capo supremo della chiesa anglicana.

   c Capo supremo del governo.

2 La regina d'Inghilterra è consultata dal primo ministro

   a settimanalmente.

   b mensilmente.

   c giornalmente.

3 La monarchia olandese ha il sostegno del

  a 50% della popolazione.

  b 25% della popolazione.

  c 75% della popolazione.

4 Una recente riforma ha

  a aumentato il peso politico della monarchia olandese.

  b diminuito il peso politico della monarchia olandese.

  c annullato il peso politico della monarchia olandese.

5 Il Re del Belgio

  a forma il governo.

  b nomina il parlamento.

  c presiede il governo.

6 La monarchia spagnola è oggi appoggiata

  a da una minoranza della popolazione.

  b dalla maggioranza della popolazione.

  c dalla totalità della popolazione.

7 Le monarchie del Nord Europa hanno un valore

  a militare.

  b politico.

  c rappresentativo.

PARLARE

1 **Sei il leader di uno dei due principali partiti politici che si presenteranno alle prossime elezioni. Domani sera incontrerai in un "faccia-a-faccia" televisivo il tuo principale rivale, il leader del partito avversario. Preparati un discorso per controbattere i 6 principali punti del suo programma politico.**

Ecco i 6 punti:

1 Riforma costituzionale in senso monarchico: creare la figura di un "re" eletto a suffragio universale, che eserciti le funzioni di capo del governo, capo dello stato, capo dell'esercito, e che resti al potere fino alla morte.

2 Riforma scolastica: classi maschili e femminili separate. Obbligo scolastico fino a 12 anni per gli uomini e 18 per le donne.

3 Riforma del lavoro: raddoppio dello stipendio per tutti i dipendenti, ma dimezzamento delle ferie e dei giorni di assenza per malattia pagati e aumento del 20% dell'orario di lavoro.

4 Riforma ambientale: privatizzazione delle montagne e delle spiagge per favorire l'industria turistica.

5 Riforma della giustizia: introduzione della pena di morte per i reati di omicidio, rapina, rapimento, spaccio di droga, violenza sessuale.

6 Riforma della difesa: introduzione del servizio militare obbligatorio maschile e femminile della durata di tre anni.

1 A quale categoria appartengono i seguenti marchi commerciali? Inserisci la categoria nella colonna corretta, come nell'esempio.

> abbigliamento sportivo   automobili   abbigliamento casual   ~~industria alimentare~~   motociclette

In ogni gruppo è compreso un marchio italiano, quale? Indicalo come nell'esempio.

1	2	3	4	5
<u>industria alimentare</u>				
A ✔ Barilla	**A** ☐ Levi's	**A** ☐ FILA	**A** ☐ HONDA	**A** ☐ RENAULT
B ☐ Nestlé	**B** ☐ DIESEL	**B** ☐ adidas	**B** ☐ YAMAHA	**B** ☐ LANCIA
C ☐ Kraft	**C** ☐ Wrangler	**C** ☐ NIKE	**C** ☐ KTM	**C** ☐ OPEL
D ☐ DANONE	**D** ☐ Lee	**D** ☐ asics	**D** ☐ aprilia	**D** ☐ SEAT

SONO CONVINTO CHE UN IMPRENDITORE ABBIA IL DOVERE DI ESSERE ONESTO

1 Osserva la pagina web della Technogym. Sotto quale menu inseriresti le seguenti sezioni?

> Chi siamo   Dieta e alimentazione   Dove trovare Technogym   ~~Società sportive~~
> Assistenza per privati   Cyclette   Servizi di progettazione

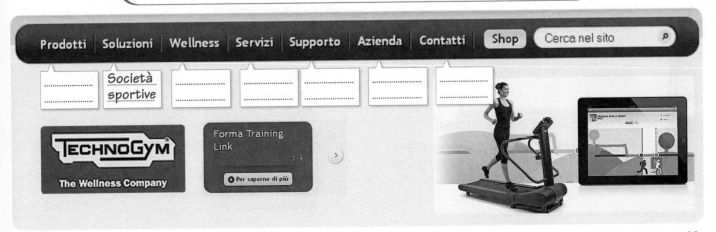

2 Osserva i loghi delle aziende di p. 29, completa le domande coniugando i verbi tra parentesi e rispondi scegliendo tra le seguenti soluzioni.

> ~~Francese~~   Björn Borg   nel rally   a San Francisco   Volkswagen
> Anima Sana In Corpore Sano (motto latino)   Austria   In Giappone

1 Di quale Paese pensi che (*essere*) _sia_ la Danone?   _Francese_

2 In quale città credi che (*trovarsi*) .... la sede centrale della Levi's?   ....

3 In quale Paese immagini che (*nascere*) .... la Yamaha?   ....

4 Cosa pensi che (*significare*) .... le lettere A.S.I.C.S.?   ....

5 Quale grande tennista, vincitore di 5 Wimbledon, pensi (*essere*) .... , negli anni '70 e '80, sponsorizzato dalla FILA?   ....

6 Di quale grande gruppo automobilistico credi che (*fare parte*) .... la spagnola SEAT?   ....

7 In quale nazione ritieni che l'ingegnere Hans Trunkenpolz (*fondare*) .... la KTM?   ....

8 In quale tipo di corse automobilistiche pensi che la Lancia (*vincere*) .... 10 campionati del mondo costruttori? Nel rally o nella Formula 1?   ....

3 Completa le frasi con il congiuntivo passato e poi abbina le frasi ai seguenti settori dell'industria.

> industria informatica   ~~industria nautica~~   industria tessile   industria alimentare   industria automobilistica
> industria calzaturiera   industria alimentare   industria chimica

1 Sai perché Pietro Riva è famoso?

Credo che (*fondare*) _abbia fondato_ un cantiere di barche di lusso.
Industria nautica

2 Sai chi è Sergio Pininfarina?

Credo che (*essere*) .... un imprenditore e designer e che (*disegnare*) .... diversi modelli della Ferrari.

....

3 Sai perché Giulio Natta ha ricevuto il premio Nobel?

Penso che (*inventare*) .... un tipo di plastica utilizzata nell'industria per produrre utensili di uso comune come lo scolapasta e i contenitori.

....

4 Che cosa mi sai dire dei fratelli Carli?

Credo che (*lavorare*) .... prima nella tipografia di famiglia e poi, a partire dagli anni Venti penso, (*dedicarsi*) .... alla produzione di olio d'oliva.

....

5 Che cosa mi sai dire dell'azienda Mutti?

Penso che nel 1951 (*loro/lanciare*) .... il concentrato di pomodoro nel tubetto di plastica.

....

6 Sai perché Camillo Olivetti è così famoso?

Credo che (*costituire*) .... la prima fabbrica italiana di macchine per scrivere e poi di computer.

....

7 Conosci la Lanerossi Vicenza?

Sì, credo che (*essere*) .... la maggiore impresa laniera italiana dei primi anni del Novecento.

....

8 E i Fratelli Rossetti?

Credo che negli anni Quaranta (*loro/iniziare*) .... con la produzione di scarpe sportive e poi, all'inizio degli anni Cinquanta, (*passare*) .... alla produzione di scarpe classiche.

....

9 Sai chi ha contribuito allo sviluppo dell'economia italiana nel passato?

Non so, immagino che (*essere*) .... le piccole e medie imprese del settore manifatturiero.

SI PUÒ CONVIVERE A PATTO CHE SI RISPETTINO GLI ALTRI

1 Sottolinea il connettivo corretto.

1 _Sebbene_ / _A patto che_ Monica studi molto, non riesce a ottenere buoni voti.

2 _Affinché_ / _Prima che_ qualcuno si lamenti, speriamo di portare a termine il nostro progetto.

3 Avviserò i miei colleghi, _prima che_ / _nonostante_ vengano a sapere la notizia da altri.

4 _Nonostante_ / _Perché_ sia abituato a lavorare con i giovani, a volte, non riesco a farmi capire.

5 Ti regaleremo la macchina _sebbene_ / _a patto_ che tu finisca l'università in tempo.

6 _A condizione che_ / _Benché_ non ami molto la loro compagnia, a volte esco con i colleghi di lavoro.

7 Cercherò di tornare presto a casa, _sebbene_ / _affinché_ tu possa uscire in tempo per l'appuntamento.

8 Mi dispiace, ma non potrà sostenere l'esame, _a meno che_ / _affinché_ non abbia frequentato almeno il 70% del corso.

9 Potrete iscrivervi al corso di formazione, _nonostante_ / _purché_ vi siano ancora dei posti disponibili.

10 Parteciperò ugualmente alla selezione, _perché_ / _benché_ Giampiero non sia d'accordo.

2 Forma delle frasi come nell'esempio.

Vi spiegherò come sono andate le cose

Ti consiglio di sbrigarti

Tornate subito a casa

Rimetteremo tutto a posto

Verrò con te

Ti preparerò i bagagli

Il signor Neri ha acquistato una villa enorme

Continua a piovere

Stasera parlerò con Luca

purché/a patto che/a condizione che
affinché/perché
benché/sebbene/nonostante
prima che
a meno che

tu non voglia arrivare in ritardo.

possiate dirmi qualcosa.

si vada d'accordo.

mio padre se ne accorga.

venga a piovere.

non ne abbia molta voglia.

non ce ne sia bisogno.

siamo già a luglio.

la vostra presenza lì non sia indispensabile.

tu possa partire presto.

sia troppo tardi.

guadagni poco.

ci sia anche tu.

1 _Ti consiglio di sbrigarti a meno che tu non voglia arrivare in ritardo._

2 ....

3 ....

4 ....

5 ....

6 ....

7 ....

8 ....

9 ....

C SONO CONTENTA DI AVERLA SCELTA TRA TUTTI I MODELLI PRESENTI

1 Pensate a un vostro acquisto recente. Indicate il nome del prodotto, attribuitegli le stelle che secondo voi merita e scrivete una breve recensione.

....

☆☆☆☆☆

2 In gruppo. Confrontatevi con i compagni: c'è qualcuno che ha acquistato il vostro stesso prodotto? La sua opinione coincide con la vostra?

3 Completa le seguenti frasi con gli avverbi di intensità *addirittura, perfino* e *affatto*.

1 _Perfino_ mia moglie è entusiasta.

2 Non è .... vero che la posizione di guida risulta più comoda grazie al manubrio rialzato.

3 "Gianni ha vinto la gara di mountain bike!" – "_Addirittura!_ "

4 Questa bici è ottima e l'ho pagata .... meno di quella che avevo comprato cinque anni fa.

5 Ho comprato i ricambi online ma non mi piacciono ....

6 Avete attraversato .... le Alpi in bicicletta?

4 Inserisci gli avverbi giusti, tra quelli dell'attività precedente.

1 Hanno un significato molto simile e possono essere scambiati fra loro: .... / ....

2 Può stare da solo in una frase: ....

3 Si usa in frasi negative e ha lo stesso significato di "per niente": ....

5 Indovina il prodotto! Completa le seguenti frasi con *affatto, perfino, addirittura* e poi abbina le frasi al prodotto.

> pneumatici   bicicletta   scarpe da ginnastica   cellulare   elettrodomestici   kiwi   automobile   finestre

1 – Con questo modello puoi fare _addirittura/perfino_ 17 km con un litro!
– Ma dai!

| automobile |

2 Non sono .... scomode, puoi usarle sia per passeggiare che per fare sport!

3 – Grazie ai nuovi incentivi per il risparmio energetico puoi pagare fino al 50% in meno!
– .... !

4 Non è .... vero che puoi tenerli per 3 anni; devi cambiarli ogni 40.000 km!

5 Prima per noi italiani era solo un frutto esotico, oggi siamo diventati .... il primo produttore mondiale!

6 Ma cosa dici, non è .... legno! Sono di alluminio, così non si rovinano con il gelo, il sole, la pioggia... e hanno delle guarnizioni di gomma isolanti.

7 Ne ho comprato uno economico e semplicissimo, ma avrei potuto comprarne uno .... più economico, tanto lo uso solo per mandare sms!

8 No, non sono .... stanco... con questa potrei pedalare fino a domani!

6 Le preposizioni *tra/fra* svolgono funzioni diverse. Inserisci le seguenti funzioni al posto giusto.

> Un ~~movimento~~   Una distanza   Il tempo   Una relazione

ALCUNE FUNZIONI DELLE PREPOSIZIONI *TRA E FRA*	
Un movimento	Passo **tra** le macchine con i fari.
....	**Tra** 4 km sono arrivata.
....	**Tra** due mesi sarà da buttare.
....	Sono contenta di averla scelta **tra** tutti i modelli presenti. Detto **tra** di noi, speravo meglio…

7 Leggi il seguente testo, sottolinea le espressioni con la preposizione *tra/fra* e inseriscile nella tabella.

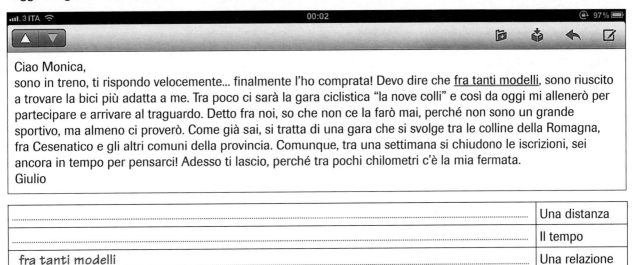

Ciao Monica,
sono in treno, ti rispondo velocemente… finalmente l'ho comprata! Devo dire che <u>fra tanti modelli</u>, sono riuscito a trovare la bici più adatta a me. Tra poco ci sarà la gara ciclistica "la nove colli" e così da oggi mi allenerò per partecipare e arrivare al traguardo. Detto fra noi, so che non ce la farò mai, perché non sono un grande sportivo, ma almeno ci proverò. Come già sai, si tratta di una gara che si svolge tra le colline della Romagna, fra Cesenatico e gli altri comuni della provincia. Comunque, tra una settimana si chiudono le iscrizioni, sei ancora in tempo per pensarci! Adesso ti lascio, perché tra pochi chilometri c'è la mia fermata.
Giulio

....	Una distanza
....	Il tempo
fra tanti modelli	Una relazione

8 Completa con *tra/fra* o *da*.

1 Pratico il nuoto ....*da*........ diversi anni.

2 .... qualche settimana uscirà il nuovo modello della Fiat.

3 .... Bologna a Taranto ci vogliono circa 8 ore in macchina.

4 "Gentili Signori, ... pochi minuti atterreremo all'aeroporto di Milano Malpensa".

5 .... Firenze e Bologna c'è l'Appennino Tosco-Emiliano.

6 La gara è iniziata .... pochi minuti.

7 I miei amici vengono .... Palermo.

8 Siamo partiti .... due ore e arriveremo a destinazione .... poco.

9 Completa il disegno con le seguenti parole.

> ~~pedali~~   ~~sellino~~   cavalletto   manubrio   ruota   portapacchi   luci   telaio

4 _A_ _ _ _ _ _ _

8 SELLINO

1 P _ _ _ _ _ _ _ _

7 _ _ _ _ _ _ _ _ _

5 L _ _ _

2 _E_ _ _ _

3 PEDALI

6 _ _ _ _ A

Completa il seguente modo di dire ricavando le lettere dalle parole del disegno.

"HAI VOLUTO LA BICICLETTA? ADESSO _ _ _ _ _ _!"

Cosa significa secondo te questo modo di dire?

a Se non pedali la bicicletta non va avanti.

b Hai fatto una scelta e adesso ne paghi le conseguenze.

c La scelta che hai fatto è sicuramente quella giusta.

10 Metti in ordine le seguenti parti di una lettera di reclamo.

⑥ **a**
CHIEDO
quindi di essere contattato affinché si proceda
alla sostituzione del prodotto entro il più
breve tempo possibile.
Qualora ciò non avvenga procederò con la
richiesta di un risarcimento dei danni.

☐ **e**
Firma
Francesco Bianchi

☐ **f**
Oggetto: reclamo prodotto difettato

☐ **b**
Cordiali saluti

☐ **g**
Purtroppo, a distanza di soli pochi giorni dalla data di
acquisto, mi sono accorto che il televisore mostra delle
bande verticali e molti pixel spenti.
Ho più volte telefonato per chiedere l'intervento di un
vostro tecnico, ma finora non ho ottenuto nessun
risultato e

☐ **c**
Francesco Bianchi
Via P. Togliatti, 52
00100 Roma

☐ **d**
Gentili Signori,
Io sottoscritto Francesco Bianchi residente a
Roma in via P. Togliatti, 52
ho acquistato in data 05/05/2014 presso di Voi
un televisore corrispondendo la somma di € 750
come documentato dallo scontrino n. 158.

☐ **h**
Spettabile...
Via del Lavoro, 198
20100 Assago (Milano)

☐ **i**
Roma, 18 maggio 2014

PRONUNCIA E GRAFIA

1 Abbina le sigle al loro significato e alla loro definizione.

1 ASL
2 CGIL
3 FS
4 TFR
5 PD
6 CAF

A Ferrovie dello Stato
B Trattamento di Fine Rapporto
C Centro di Assistenza Fiscale
D Azienda Sanitaria Locale
E Partito Democratico
F Confederazione Generale
   Italiana del Lavoro

a È il principale partito politico italiano di
   centro-sinistra.

b Organizzazione a livello locale del Servizio
   Sanitario Nazionale.

c È chiamato anche "liquidazione" o "buonuscita".
   È costituito da una parte della retribuzione che
   viene data al lavoratore al termine del suo
   rapporto di lavoro.

d È la più importante società ferroviaria italiana.

e Aiuta i cittadini italiani a capire come pagare le
   tasse.

f È il principale sindacato italiano.

MP3 **12 2** Ascolta il testo e indica quali, fra le seguenti sigle, vengono pronunciate.

1 ☐ CAF		**4** ☐ FS		**7** ☐ RAI	
2 ☐ PD		**5** ☐ ASL		**8** ☐ FIAT	
3 ☐ TFR		**6** ☐ PIL		**9** ☐ CGIL	

LEGGERE

1 Leggi il seguente articolo e rispondi alle domande.

Meno è meglio: ecco la bicicletta senza raggi, brevetto di un giovane ingegnere italiano

Una pieghevole futuristica
Il primo a riuscire in questa impresa è stato Gianluca Sada, che si è laureato in ingegneria dell'autoveicolo al Politecnico di Torino proprio con una tesi sulla sua bicicletta futuristica. «Tutto è nato come una sfida, senza alcuna finalità precisa», racconta Sada. «Volevo semplicemente mettermi alla prova e vedere se ero in grado di realizzare questa idea. Il presupposto, semmai, è stato quello di fare una bicicletta senza raggi, ma allo stesso tempo adatta a girare per la città, quindi senza scendere a compromessi sulla dimensione della ruota. Nel mio progetto, infatti, ho adottato un cerchio da 26 pollici, quello delle mountain bike per intenderci». Ruote piccole, equilibrio precario: è un'equazione che qualunque ciclista conosce bene. Ma Sada, che prima ancora di discutere la tesi ha depositato alla Camera di Commercio di Torino il brevetto della sua invenzione, non si è accontentato di realizzare una bicicletta con le ruote prive di raggi. Ha voluto che il telaio si potesse anche piegare ritenendo – a ragione – questa funzione un valore aggiunto decisivo nella mobilità urbana, soprattutto per chi, agli spostamenti in bicicletta, deve aggiungere qualche trasferimento in treno o metropolitana. E così ecco che il telaio della Sada Bike si piega, diventa poco più voluminoso di un ombrello e, insieme alle ruote, si può sistemare in uno zaino o, ancora meglio, in un trolley da tirare come una piccola valigia.

Tre ruotine sostituiscono i raggi
L'aspetto tecnico più intrigante della Sada Bike è senz'altro quello che riguarda l'ancoraggio delle ruote al telaio. Il sistema ideato da Sada prevede delle piccole rotelle fissate al telaio che permettono ai cerchi di girare e, allo stesso tempo, li mantengono in posizione. Completata la fase di progettazione, Gianluca Sada ha deciso di realizzare un prototipo, indispensabile per coinvolgere partner e investitori.

Il prototipo pagato 4.000 euro di tasca propria
Per questo ha investito 4.000 euro di tasca propria e, grazie alla collaborazione con Palmec, azienda specializzata in meccanica di precisione, ha potuto finalmente portare in giro per fiere e manifestazioni il suo gioiellino. «Adesso ovviamente è molto pesante perché, per questione di costi, il telaio è stato ricavato dal pieno», spiega. «Tuttavia in base ai miei calcoli, in seguito a un processo di industrializzazione, si potrebbe arrivare intorno ai 10 kg di peso per il telaio in alluminio. E ancora meno per quello in fibra di carbonio». Sada ha calcolato che il prezzo al pubblico per la sua bicicletta potrebbe essere intorno ai 1.500 euro, il doppio nel caso del telaio in carbonio. «Può sembrare una cifra molto elevata», conclude, «ma, se confrontata con alcuni modelli pieghevoli, ci può stare benissimo. Anche perché io vorrei che fosse un prodotto di qualità, rigorosamente made in Italy». Difficile, al momento, ipotizzare i tempi per l'arrivo della Sada Bike sul mercato.

Tratto da: http://www.ilsole24ore.com

1 Chi è Gianluca Sada?
....

2 Quali sono le caratteristiche di questa bicicletta?
....

3 Come e perché ha fatto costruire il prototipo?
....

4 Quali sono le speranze di Gianluca Sada circa il suo progetto?
....

SCRIVERE

1 Leggi nuovamente il volantino della bici da donna a p. 66 del manuale. Cerca su Internet le informazioni relative a diversi modelli di scarpe da ginnastica e completa il seguente volantino.

ASCOLTARE

MP3 13 1 Ascolta più volte la presentazione della Pontificia Fonderia di Campane della famiglia Marinelli e indica se le affermazioni sono vere o false.

		V	F
1	La famiglia Marinelli produce campane dal 1200.	☐	☐
2	In passato c'erano 60 fonderie in tutta Europa, adesso ne sono rimaste 10.	☐	☐
3	La fonderia Marinelli è l'azienda più antica del mondo.	☐	☐
4	Continuano a produrre campane con la stessa tecnica di 1000 anni fa.	☐	☐
5	La tradizione ha reso moderna la fonderia.	☐	☐
6	La fonderia produce campane in onore di ogni papa.	☐	☐
7	Le campane della fonderia Marinelli sono apprezzate solo in Italia.	☐	☐

2 Quali materiali vengono usati per la produzione delle campane?

a ☐ alluminio   **d** ☐ ferro   **g** ☐ bronzo

b ☐ argilla   **e** ☐ terra   **h** ☐ acciaio

c ☐ mattoni   **f** ☐ legno   **i** ☐ sabbia

PARLARE

1 *Team building*. Leggi alcuni esempi di attività di team building tratte da www.manageronline.it e parlane con i tuoi compagni di classe. Poi, insieme, inventate un'attività di team building divertente e provatela in classe.

"Due verità e una bugia" è un esercizio breve che si svolge tra un piccolo gruppo che può andare da tre a dieci collaboratori, e che permette di imparare cose nuove in modo divertente. Ogni membro scrive due dichiarazioni veritiere su un pezzo di carta e una falsa, e gli altri membri devono indovinare qual è quella falsa. Ciò stimolerà l'interesse della squadra e renderà tutti più partecipativi.

La **"toxic waste"**, ovvero una piccola e coinvolgente attività di gruppo. Date a un gruppo una corda elastica e un secchio: l'obiettivo è quello di capire come trasportare un secchio pieno di rifiuti in un altro secchio, senza usare le mani, ma solo la corda. Può essere usato per mettere in evidenza quasi ogni aspetto del lavoro di squadra o di leadership.

Campo minato. Spargere precedentemente degli oggetti in una location: a coppie, un dipendente deve guidare il compagno bendato, verbalmente, attraverso il campo minato, senza fargli toccare le "mine".

www.manageronline.it

1 In questo schema sono scritte, in verticale e in orizzontale, da sinistra verso destra e dall'alto verso il basso, 11 parole collegate alle seguenti definizioni. Prova a trovarle tutte!

A	R	C	H	I	T	E	T	T	U	R	A	H	I	N
A	U	B	H	V	D	A		Z	Q	N	S	Z	R	I
U	Q	G	M	R	L	G	D	M	R	V	C	D	H	H
S	A	R	C	H	I	T	E	T	T	O	U	M	O	S
Z	G	F	M	H	U	E	U	Z	Q	N	L	G	D	G
Q	T	Z	R	C	L	D	A	P	I	T	T	O	R	E
D	Z	P	G	D	S	S	R	A	M	C	O	U	M	L
I	S	I	H	N	S	C	U	L	T	U	R	A	O	H
P	T	T	Q	H	Q	O	S	A	M	C	E	Q	Z	R
I	U	T	D	D	I	L	B	Z	B	N	Z	C	G	G
N	T	U	H	Q	O	P	R	Z	S	F	P	D	G	M
T	V	R	P	N	Z	I	C	O	S	T	A	T	U	A
O	S	A	R	E	M	R	P	R	D	O	H	S	O	H
D	I	P	I	N	G	E	R	E	S	E	Q	F	Q	N

1 La persona che scolpisce. ....

2 La persona che dipinge. ....

3 La persona che progetta edifici. ....

4 Un'opera del pittore. ....

5 Un'opera dello scultore. *statua*

6 Un'opera dell'architetto. ....

7 L'azione dello scultore. ....

8 L'azione del pittore. ....

9 L'arte del dipingere. ....

10 L'arte dello scolpire. ....

11 L'arte del progettare. ....

A VORREI CHE DIVENTASSE UN GRANDE ARTISTA

1 Un fine settimana all'insegna della cultura! Leggi la mail di Elisa e coniuga i verbi al congiuntivo imperfetto.

Nuovo

File   Modifica   Visualizza   Inserisci   Formato   Strumenti   Messaggio   ?

G C S A

Ciao Simona,
come stai? Mi dispiace che tu non sia potuta venire con noi a Siena!
Abbiamo trascorso un fine settimana bellissimo, all'insegna della
cultura e del divertimento.
Credevo che Paola (1) (*amare*) *amasse* soltanto la natura e le
passeggiate nel verde e, invece, a Siena, ha voluto visitare tutti i
musei. Abbiamo cominciato dal Museo Civico, all'interno del Palazzo
Pubblico e poi abbiamo visitato la Pinacoteca Nazionale, il Museo di
Santa Maria della Scala, il Museo Archeologico, il Duomo e il
Battistero. Venerdì mattina abbiamo iniziato il nostro tour dal Palazzo Pubblico; pensavamo che il Museo Civico
(2) (*aprire*) .... alle 9, e invece apriva alle 10, e così, per passare il tempo, abbiamo preso un caffè in
Piazza del Campo. Che meraviglia! Abbiamo comprato i biglietti direttamente lì, perché Marina credeva che i
biglietti on line (3) (*costare*) .... di più. Ma fortunatamente non c'era molta fila.
Speravo che Franco (4) (*venire*) .... con noi e invece, all'ultimo momento, ci ha comunicato il suo
cambio di programma; il suo direttore voleva che (5) (*andare*) .... a Milano per lavoro...
Dopo la visita al Palazzo Pubblico, siamo salite sulla Torre del Mangia; non mi aspettavo che Marina
(6) (*salire*) .... con noi perché so che soffre di vertigini, ma alla fine, non ha avuto alcun problema.
Vorrei proprio che la prossima volta ci (7) (*andare*) .... tutte insieme. Promettimi che verrai!
Un abbraccio,
Elisa

2 Completa le frasi con i verbi all'imperfetto congiuntivo. I verbi sono in ordine.

essere tenersi terminare aprire potere rimanere

1 Non immaginavo che la mostra ....*fosse*.... gratuita.

2 Scusa, mi ero sbagliato. Pensavo che il concorso .... in Umbria e invece è in Lombardia.

3 Credevo che la mostra fotografica felina .... a maggio e invece è già finita. Che peccato!

4 Non credevo che i musei a Roma .... così presto!

5 Non ero sicuro che i biglietti si .... prenotare con tanto anticipo, ma ho controllato sul sito e ho visto che le prenotazioni sono già aperte.

6 Speravo che la mostra sui più grandi artisti italiani .... aperta fino alla prossima estate.

3 *I desideri della signora Giulia.* **La signora Giulia lavora da 30 anni in un museo come responsabile dell'accoglienza e vorrebbe che suo figlio si interessasse all'arte e alla cultura. Coniuga i verbi all'imperfetto congiuntivo.**

La signora Giulia a suo figlio:

La tua vita è solo videogiochi e divertimento, io invece vorrei:

che (1) (*studiare*) ....*studiassi*.... di più, che, dopo le superiori, (2) (*iscriversi*) .... alla facoltà di architettura, che (3) (*fare*) .... un corso di pittura, (4) (*amare*) .... l'arte, che il tuo caro e studioso amico Marco ti (5) (*dare*) .... qualche lezione di disegno, che la domenica tu (6) (*dormire*) .... meno e che (7) (*essere*) .... meno pigro.

Mi piacerebbe che: la tua ragazza ti (8) (*spingere*) .... ad avere altri interessi, i tuoi amici non (9) (*venire*) .... sempre a casa, ogni tanto tu e la tua ragazza mi (10) (*accompagnare*) .... a visitare qualche museo, i tuoi interessi (11) (*cambiare*) .... , che da grande (12) (*diventare*) .... un artista!

Cara mamma, io invece vorrei che: tu e papà mi (13) (*lasciare*) .... vivere la mia vita!

NON SAPEVO CHE MICHELANGELO FOSSE VISSUTO COSÌ A LUNGO!

1 Completa con i verbi al congiuntivo trapassato.

1 Leonardo (Vinci, 15 aprile 1452 – Amboise, Francia, 2 maggio 1519).

Non sapevo che Leonardo (*morire*) ....*fosse morto*.... in Francia.

2 Raffaello Sanzio (Urbino, 28 marzo o 6 aprile 1483 – Roma, 6 aprile 1520).

Pensavo che Raffaello (*nascere*) .... a Roma.

3 Renzo Piano (Genova, 14 settembre 1937) è un architetto italiano. Ha ricevuto il Premio Pritzker per l'architettura dal Presidente degli Stati Uniti Bill Clinton alla Casa Bianca nel 1998.

Non immaginavo che Renzo Piano (*ricevere*) .... un premio negli Stati Uniti.

4 Michelangelo Merisi, noto come il Caravaggio (Milano, 29 settembre 1571 – Monte Argentario, 18 luglio 1610), fu condannato a morte per aver ucciso un uomo durante una rissa.

Non sapevo che Caravaggio (*fuggire*) .... spesso per evitare l'arresto.

5 Artemisia Gentileschi (Roma, 8 luglio 1593 – Napoli, 1653) è una pittrice italiana di scuola caravaggesca.

Credevo che Artemisia Gentileschi (*dipingere*) .... solo paesaggi e invece sono molto famosi anche i suoi ritratti.

2 **Completa le frasi con i verbi all'indicativo o al congiuntivo e rispondi alle domande.**

1 A Firenze (*esserci*) .... *ci sono* .... più di 30 musei pubblici, quanti pensi (*essercene*) .... *ce ne siano* .... nella tua città?

....

2 Leonardo Da Vinci (*essere*) .... forse l'artista italiano più famoso al mondo, quale pensi che (*essere*) .... l'artista più famoso del tuo Paese?

....

3 Secondo me, i giovani (*dovere*) .... studiare storia dell'arte a scuola: anche secondo te, è importante che la (*studiare*) .... ?

....

4 Quando Botticelli (*morire*) .... , Leonardo Da Vinci (*avere*) .... 58 anni. Tu sapevi (*vivere*) che .... nello stesso periodo?

....

5 Ritieni giusto che certe opere d'arte contemporanea (*costare*) .... milioni di euro, o, secondo te, (*trattarsi*) .... di una cosa assurda?

....

6 Osserva le seguenti opere d'arte. Quale pensi che (*dipingere*) .... da Leonardo da Vinci? E quale da Giotto?

....

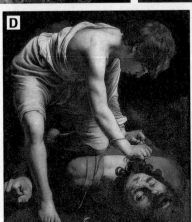

C MI SONO EMOZIONATA, NONOSTANTE L'AVESSI GIÀ VISTA

1 Completa il testo con i seguenti connettivi.

> più... di   magari (X2)   nonostante/benché (X2)   come se (X2)   a patto che

Le bugie hanno le gambe corte

L'altra sera ho deciso di andare a vedere la mostra di Vermeer a Bologna. (1) .... l'avessi già vista in Olanda tre anni fa, avevo comunque voglia di rivederla e di andarci con il mio ragazzo Filippo, mia sorella e altri amici. Anche Maurizio, un altro mio caro amico, mi aveva chiesto di andare alla mostra con lui. Filippo, invece, non è un grande amante dell'arte, ma per farmi contenta, aveva deciso di accompagnarmi. Mi ha detto, però, che ci sarebbe venuto (2) .... ci fossimo andati solo noi due, senza amici né parenti.

Ho accettato la proposta di Filippo e così ho detto a Maurizio che quella sera non sarei potuta uscire perché ero a cena da mia sorella. (3) .... gli avessi detto la verità!

Al museo, (4) .... ci fosse molta fila alla biglietteria, dopo quindici minuti eravamo già nella prima sala. Nella sala numero 3 abbiamo visto uno dei miei dipinti preferiti, "La ragazza con l'orecchino di perla" e lì, sotto quell'illuminazione, era molto (5) .... bello .... quanto ricordassi. L'ho fissato per più di dieci minuti fino a quando la mia attenzione non è stata catturata dall'immagine di un uomo che somigliava molto a Maurizio. "Oh no, è proprio lui!", ho detto fra me e me. Maurizio si è avvicinato e ha salutato Filippo (6) .... fosse un suo vecchio amico. E infatti lo era! Filippo me l'ha presentato e Maurizio mi ha detto "Piacere, sono Maurizio Scala" e mi ha guardata (7) .... ci stessimo vedendo per la prima volta. Ma prima di andarsene, si è girato e mi ha sussurrato: "Le bugie hanno le gambe corte"

Mi sono sentita davvero male! (8) .... potessi tornare indietro!

Cosa significa, secondo te, il modo di dire "Le bugie hanno le gambe corte"?

a Le persone basse spesso non dicono la verità.
b La verità si scopre dalle gambe.
c Prima o poi la verità si viene a sapere.

2 Osserva le immagini e formula delle frasi con *magari* e il congiuntivo imperfetto o trapassato.

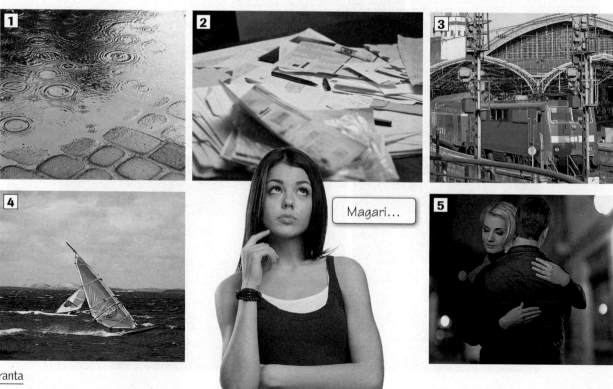

Magari...

3 **Completa le frasi inserendo i seguenti pronomi e avverbi.**

> chiunque   dovunque   comunque   qualunque

1 ...Dovunque... organizzino una mostra di Modigliani, io ci andrò: i suoi quadri mi piacciono da impazzire!

2 Io e mio marito abbiamo un'idea completamente diversa di vacanze. Per lui vacanza significa cultura, arte, musei… .... sia il paese in cui viaggiamo, lui trova sempre il modo di trascinarmi a vedere qualcosa di artistico.

3 Questo affresco è anonimo, una cosa però è certa: .... lo abbia dipinto, era un artista straordinario!

4 Siamo stati veramente fortunati con il tempo, anche se è autunno ha sempre fatto bello. .... tempo faccia negli ultimi 3 giorni che ci restano, non potremo certo lamentarci.

5 Sandro ci ha di nuovo fatto perdere il treno… .... sia stato il motivo del ritardo, poteva almeno chiederci scusa, no?

6 Mio zio era fatto così, ... fosse l'argomento di conversazione, con .... stesse parlando, lui doveva sempre e .... fare sfoggio della sua cultura artistica!

7 Agnese è una vera artista… canta benissimo e suona magnificamente il piano, ma sono convinto che .... cosa decida di fare, la farà in modo stupendo.

8 Da bambino adoravo accompagnare mio padre nei suoi viaggi, ... andassimo, lui riusciva sempre a farmi vedere le cose più belle e affascinanti.

4 **La preposizione *in* svolge funzioni diverse. Inserisci le seguenti funzioni al posto giusto.**

> ~~Uno stato in un luogo~~   Un mezzo   Un modo   Un movimento verso un luogo
> Una materia   Un periodo di tempo   Un tempo determinato

ALCUNE FUNZIONI DELLA PREPOSIZIONE *IN*	
Uno stato in un luogo	Stare **in** questa sala è bellissimo!
....	Quest'anno ho deciso di andare **in** Italia, a Firenze.
....	Molti turisti visitano gli Uffizi **in** estate.
....	**In** pochi minuti ha fatto degli schizzi bellissimi.
....	Siamo venuti **in** treno da Palermo!
....	Purtroppo abbiamo visitato il museo **in** fretta perché avevamo poco tempo.
....	I dipinti spesso erano realizzati su delle tavole **in** legno.

5 **Leggi il seguente testo, sottolinea le espressioni con la preposizione *in* e inseriscile nella tabella.**

Venezia, una città magica!

Sono andata per la prima volta a Venezia in inverno. Tutti mi dicevano che è il periodo meno favorevole per visitarla a causa dell'acqua alta e della nebbia. Io, invece, l'ho trovata magica e misteriosa! Sono arrivata in treno fino a Venezia Santa Lucia e poi, da lì, in vaporetto, ho raggiunto l'isola di Murano in tutta tranquillità.
Anche se a Venezia non ci sono strade, in vaporetto, in pochi minuti si arriva ovunque. Ed è lì, nell'isola di Murano, che ho scoperto un mondo incantato: intere vetrine di oggetti in vetro, luccicanti e preziosi, in ogni negozio vasi, statuette, gioielli, lampadari, sculture meravigliose. Adesso capisco perché gli stranieri vengono in Italia e si innamorano di Venezia e delle sue isole!

	Uno stato in un luogo		Un periodo di tempo
....	Un movimento verso un luogo	....	Un mezzo
....	Un tempo determinato	....	Una materia
....	Un modo		

6 Completa il testo con la preposizione corretta scegliendo tra quelle sottostanti.

> del   da   in/di   di   in/di   in/di   a   da   in/di   ad   di   di   in   a   delle   da   in   in/di

Gli scultori (1) ...del... Rinascimento creavano soprattutto statue (2) .... marmo, o (3) .... bronzo. Tuttavia ci hanno lasciato anche (4) .... bellissime opere (5) .... legno o (6) .... terracotta. (7) .... Firenze, (8) .... esempio, (9) .... una cappella della Chiesa (10) .... Santa Maria Novella, si trova un meraviglioso crocefisso ligneo (11) .... Brunelleschi, l'artista che ha progettato la cupola del Duomo (12) .... Firenze. (13) .... Emilia Romagna, invece, (14) .... Bologna, è conservato un gruppo di statue (15) .... terracotta, create (16) .... Nicolò dell'Arca, che sono assolutamente meravigliose. Tutte caratterizzate (17) .... una drammaticità e (18) .... un movimento straordinari.

PRONUNCIA E GRAFIA

1 Prova a pronunciare ad alta voce le seguenti frasi, esprimendo lo stato d'animo indicato fra parentesi.

1 Bello, proprio un bel quadro! (ironia)
  Bello, proprio un bel quadro! (ammirazione)

2 Viene anche Luca con noi? (sorpresa)
  Viene anche Luca con noi? (preoccupazione)

3 Veramente? Dici sul serio? (gioia)
  Veramente? Dici sul serio? (paura)

4 Ah, se Luciana fosse qui... (rimpianto)
  Ah, se Luciana fosse qui... (ironia)

5 È venuto benissimo! (sorpresa)
  È venuto benissimo! (consolazione)

6 Sono riposatissimo! (sorpresa)
  Sono riposatissimo! (ironia)

MP3 **14** **2** Ora ascolta la traccia e confronta le frasi con quelle pronunciate da te.

LEGGERE

1 Leggi con attenzione le seguenti descrizioni di quadri realizzati da famosi pittori italiani del Novecento e abbinale al quadro corretto.

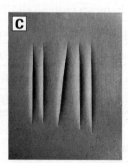

1 ☐ Nel dipinto intitolato *Le muse inquietanti*, realizzato da Giorgio de Chirico, ritroviamo tutti gli elementi fondamentali della corrente artistica chiamata "pittura metafisica". Situazioni impossibili, elementi della realtà che si combinano a quelli del sogno, senso di solitudine, mancanza della figura umana (sostituita spesso da "manichini"), prospettiva accentuata, ombre allungate, senso di sospensione del tempo, luce fredda.

2 ☐ *La città che sale* è ritenuto da alcuni il primo dipinto futurista di Umberto Boccioni. L'uso del colore è ancora quello "divisionista", tipico dei movimenti pittorici che precedono il Futurismo. Sullo sfondo possiamo ancora vedere dei soggetti "realistici": palazzi in costruzione, impalcature, ciminiere. Tuttavia, appare evidente a chiunque osservi il quadro, come la volontà del pittore fosse quella di rappresentare il movimento, la forza dinamica, l'energia... in perfetta armonia con il Manifesto Futurista (pubblicato nel 1909) che dichiarava "Noi affermiamo che la magnificenza del mondo si è arricchita di una bellezza nuova; la bellezza della velocità..."

3 ☐ Qualsiasi appassionato di arte italiana, anche se non è un esperto e non ha fatto studi specifici, è in grado di riconoscere un quadro di Giorgio Morandi. Infatti, quella che cercava il grande pittore bolognese, non era certamente la novità, la trovata geniale per stupire il pubblico. No, la sua ricerca era tutta concentrata nel trovare quel qualcosa che fa sì che le cose siano quello che sono, indipendentemente dal tempo e dal luogo in cui ci appaiono alla vista. Tempo e spazio sembrano quasi non esistere, esiste solo la forma e la luce... la forma di alcuni oggetti, quasi sempre gli stessi (vasi, bottiglie, scatole...), e la luce... quella luce che, dopo di lui, non possiamo che definire "morandiana".

4 ☐ Questo lo so fare anch'io! Quante volte abbiamo sentito questa frase. Quante volte forse l'abbiamo pronunciata noi stessi, attraversando le sale di una mostra di arte moderna. Ecco, certamente, questo quadro di Lucio Fontana, "lo so fare anch'io". Non c'è dubbio. Eppure, con quel semplice gesto, ma, ancora di più, con quella semplice "idea", Fontana ha cambiato la storia dell'arte. Ha superato la contrapposizione tra arte che "rappresenta" e arte che "è" (la luce che colpisce quei tagli, e le ombre e i chiaroscuri che ne derivano, non "rappresentano", ma "sono" luce, ombre...). Ha compiuto l'ultimo, deciso passo verso il superamento dell'idea tradizionale di pittura, è andato "oltre" il quadro, "sfondandolo", "aprendolo"... letteralmente.

SCRIVERE

1 Descrivi quello che vedi nel quadro. Poi rileggi attentamente la descrizione 1 dell'attività precedente e cerca di spiegare perché anche questo quadro può essere definito un'opera di "arte metafisica".

Giorgio De Chirico, *Piazza italiana con torre rossa*

ASCOLTARE

MP3 **15 1** Ascolta più volte l'audioguida che parla del "Ponte Vecchio" e indica se le affermazioni sono vere o false.

		V	F
1	Le origini del Ponte Vecchio risalgono al X secolo d.C.	☐	☐
2	Nel corso dei secoli, a causa di numerose piene del fiume, il ponte fu ricostruito diverse volte.	☐	☐
3	La costruzione del primo ponte risale al 1435.	☐	☐
4	Lo stile architettonico del ponte risente dell'influenza orientale.	☐	☐
5	Le botteghe orafe furono costruite da Benvenuto Cellini.	☐	☐
6	Durante la Seconda guerra mondiale Ponte Vecchio fu il solo ponte a non essere bombardato.	☐	☐

PARLARE

1 Osserva le seguenti immagini di opere di artisti italiani. Ti piacciono? Secondo te è arte? Raccogli le tue idee e opinioni in proposito e preparati a parlarne con i tuoi compagni.

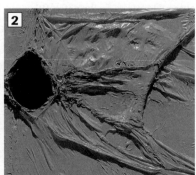

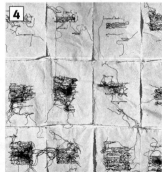

Emilio Vedova
La cosa, 1961

Alberto Burri
Rosso plastica, 1964

Michelangelo Pistoletto
Venere degli stracci, 1967-1974

Maria Lai
Orme di leggi, 2001

6 Avrei fatto volentieri lo scrittore!

1 Completa il cruciverba.

Verticali

1 Chi ricopre il ruolo del personaggio principale.
2 L'autore di componimenti poetici.
3 La persona che crea un'opera d'arte o un'opera letteraria.
4 Viene interpretato da un attore.
5 La persona che scrive drammi.
6 Sinonimo di ruolo.

Orizzontali

1 L'autore di opere letterarie.
2 Il direttore di una compagnia teatrale.
3 Opera letteraria scritta per la rappresentazione teatrale.

DANTE ALIGHIERI È NOTO A TUTTI COME IL SOMMO POETA

1 Forma il participio presente dei seguenti verbi e completa il testo. I verbi sono in ordine.

> amare   insegnare   interessare   pesare   partecipare   illuminare   dirigere   ~~provenire~~

Ieri abbiamo partecipato a una conferenza intitolata "Il Novecento, fra teatro e poesia". L'evento era dedicato a tutti gli (1) .... della letteratura e del teatro. Un mese fa il nostro (2) .... di italiano aveva iscritto all'evento tutti gli studenti dell'ultimo anno di liceo. La conferenza è stata molto (3) .... , per niente (4) .... Fra i (5) .... c'erano molti professori universitari che hanno fatto degli interventi (6) .... C'era anche il nostro (7) .... scolastico e c'erano anche molti studenti (8) ..... *provenienti* ..... da scuole e università straniere.

2 Indica che valore hanno i participi presenti dell'attività 1.

a sostantivo ....

b aggettivo ....

3 Forma delle frasi con i seguenti participi presenti.

> vincente   seguente   precedente   stressante   affascinante   emozionante
> raffigurante   impressionante   amante   dirigente   partecipante   credente

1   _Ieri abbiamo assistito a uno spettacolo emozionante._
2   ....
3   ....
4   ....
5   ....
6   ....
7   ....
8   ....
9   ....
10   ....
11   ....
12   ....

4 Riscrivi le frasi utilizzando il participio passato.

1   Dopo che ha ricevuto il premio, Riccardo ha iniziato subito a scrivere il secondo libro.
   ...._Ricevuto_.... il premio, Riccardo ha iniziato subito a scrivere il secondo libro.

2   Dopo essere arrivato a Milano, Giulio è venuto subito nel mio ufficio.
   ....

3   Dopo che hanno terminato la cena, Marco e Fabiana sono tornati a casa.
   ....

4   Poiché avevo finito i primi due racconti, ho letto subito anche il terzo.
   ....

5   Poiché era arrivata in ritardo alla premiazione, ha ricevuto il premio alla fine della serata.
   ....

6   Nel gruppo di lettura, poiché avevano letto tre romanzi dello stesso autore, hanno deciso di cambiare genere.
   ....

7   Dopo che ha terminato l'università, Valeria si è iscritta subito al corso di giornalismo.
   ....

8   Dopo che hanno riassunto la storia di Renzo e Lucia, gli studenti hanno analizzato gli altri personaggi
   de *I promessi sposi*.
   ....

9   Poiché avevo visto un suo spettacolo teatrale a Bologna, ho deciso di frequentare un corso di recitazione con lui.
   ....

5 Abbina i seguenti proverbi italiani al loro significato.

1   Passata la festa, gabbato lo santo.

2   Uomo avvisato, mezzo salvato.

3   Cosa fatta, capo ha.

4   Quattrino risparmiato, due volte guadagnato.

5   Cessato il guadagno, cessata l'amicizia.

6   Peccato confessato, mezzo perdonato.

a   Evitare di spendere inutilmente dei soldi è più importante che guadagnarne molti.

b   A volte le persone che ci circondano ci sono amiche solo per interesse.

c   Se si presta attenzione ai consigli che si ricevono, si possono evitare molti guai.

d   Ammettere le proprie colpe è fondamentale.

e   Quando non c'è più la possibilità di cambiare qualcosa è inutile continuare a pensarci.

f   Tutti si dimenticano velocemente dei favori ricevuti.

6 **Inserisci correttamente le seguenti espressioni e parole.**

> romanzo storico   avvincenti   ~~brano~~   messa in scena   vicenda   protagonista   personaggi   edizione

1   Il ......*brano*...... più celebre de *I Promessi Sposi* è forse proprio l'inizio "Quel ramo del lago di Como, che volge a mezzogiorno, tra due catene non interrotte di monti..."

2   La .... di cui sono protagonisti Renzo e Lucia, i due "promessi sposi", è ambientata nel XVII secolo.

3   La prima .... del romanzo aveva un titolo differente: "Fermo e Lucia".

4   Alessandro Manzoni ha scritto molte altre opere letterarie, ma la sua fama è certamente legata a questo celebre ....

5   Tra i .... principali del romanzo, possiamo sicuramente considerare Don Rodrigo.

6   La scena del "matrimonio segreto" è sicuramente tra quelle più ....

7   Alcuni critici hanno sostenuto che la vera .... del romanzo è in realtà "la Divina Provvidenza", la volontà di Dio che agisce nella storia e indirizza gli eventi in una determinata direzione.

8   Nel 2010 è stata .... una versione "musical" del grande romanzo manzoniano.

B   DOPO AVERE STUDIATO L'INTERO POEMA, MI SONO RICREDUTA

1 **Trasforma le seguenti frasi con l'infinito composto come negli esempi.**

1   <u>Ho letto</u> il giornale <u>e poi</u> ho ascoltato un po' di musica.
...*Dopo aver letto*... il giornale, ho ascoltato un po' di musica.

2   <u>Prima studio</u> il testo <u>e poi</u> rispondo alle domande.
...*Dopo aver studiato*... il testo, rispondo alle domande.

3   <u>Abbiamo discusso</u> del libro <u>e poi</u> abbiamo parlato dell'autore.
....

4   <u>Prima studi</u> <u>e poi</u> esci pure con gli amici.
....

5   <u>Hanno commentato</u> la poesia di Leopardi <u>e dopo</u> ne hanno letta una di Umberto Saba.
....

6   <u>Prima leggiamo</u> un capitolo a casa <u>e dopo</u> ne discutiamo insieme in classe.
....

7   <u>Avete partecipato</u> alla presentazione del nuovo libro di Erri De Luca <u>e poi</u> cosa avete fatto?
....

8   <u>Angela ha superato</u> l'esame di letteratura <u>e dopo</u> si è sentita più leggera.
....

9   <u>Prima analizziamo</u> il seguente testo <u>e poi</u> mi dite che cosa ne pensate.
....

10   <u>Sei andato</u> in biblioteca <u>e poi</u> sei andato in libreria a comprare la raccolta delle opere di Pirandello?
....

2 Forma delle frasi come nell'esempio.

uscita con una mia amica,
analizzare quest'opera,
iscrivermi a medicina,

Dopo aver ————→ cenato,
Dopo essere
Prima di
partecipare al concorso di poesia,
andati in facoltà,
incontrato l'autrice del libro,
lavorato tanto,
criticare il mio lavoro,

→ siamo usciti con Fabrizio.
avrei bisogno di un anno sabbatico.
ho deciso di dedicarmi alla scrittura.
pensa a concludere il tuo.
abbiamo preso un caffè al bar.
sono andato finalmente in pensione.
facciamo un ripasso di quella precedente.
siamo tornati in biblioteca a studiare.
sono tornata a casa in taxi.
vorrei farti leggere l'ultima che ho scritto.

1   *Dopo aver cenato, siamo usciti con Fabrizio.* ....

2   ....

3   ....

4   ....

5   ....

6   ....

7   ....

8   ....

3 Completa le frasi con i seguenti elementi.

portare   dopo aver   fotocopiare   prima di   devono   terminata   entrare   deve   introdurre   scrivere   depositato

Regolamento biblioteca

La Biblioteca è aperta a chiunque abbia necessità di consultare le sue raccolte. Per l'accesso è necessario avere compiuto il 18° anno di età ed essere iscritti all'Università.
È vietato (1) *entrare* in sala lettura con cappotti o giacche e depositarle sulle sedie.
(2) .... entrare nella sala di lettura, è necessario mostrare la tessera universitaria.
Dopo aver (3) .... negli appositi armadietti borse, caschi, telefoni cellulari, libri e altri oggetti non espressamente autorizzati, assicurarsi di avere la chiave degli armadietti con sé. La Biblioteca non è responsabile degli oggetti o beni personali depositati o introdotti dagli utenti nei suoi locali.
È severamente vietato (4) .... fuori dalla Biblioteca volumi o fascicoli.
Nella sala di lettura regna il silenzio. Tutti gli utenti sono quindi invitati a evitare qualsiasi disturbo.
È vietato (5) .... cibi o bevande e fumare.
È vietato l'uso di cellulari all'interno della Biblioteca.
I libri e le riviste (6) .... essere maneggiati con la dovuta cura: essi non vanno sottolineati o scritti.
(7) .... utilizzato libri e riviste, è vietato ricollocarli in modo disordinato e/o nei posti sbagliati
(8) .... la consultazione di un volume, gli utenti sono pregati di rivolgersi al personale della Biblioteca.
Dopo aver consultato il terminale per la ricerca, esso (9) .... rimanere acceso.
È vietato navigare in Internet e nelle altre reti con scopi diversi dalla consultazione di strumenti bibliografici.
(10) .... i libri antichi è severamente vietato dalla legge.

AVREI DOVUTO STUDIARE QUALCOS'ALTRO

1 Completa il testo con il condizionale composto.

Il mio rimpianto lavorativo

(1) (*io/volere*) __Avrei voluto__ fare il medico, e invece... Alcuni sogni rimangono nel cassetto e, a volte, nascono dei rimpianti. Ecco la storia di Roberta.

Roberta Rocco, 40 anni, aspirante interprete
Mi (2) (*piacere*) .... studiare alla scuola interpreti e traduttori per diventare interprete simultanea e tradurre parole, intenzioni, decisioni importanti... entrare nella testa delle persone. Frequentavo la facoltà di Lingue e Letterature Straniere di Pisa, il tedesco mi affascinava. (3) (*dedicarsi*) .... volentieri alle lingue e allo studio della traduzione e dell'interpretariato, ma non è andata così. Per frequentare l'Università dovevo lavorare, quindi iniziai a fare la maschera in un teatro e, dopo un po', da un impiego di poche ore, l'impegno si fece serio, finché fui nominata segretaria di biglietteria.
Fu così che misi da parte il sogno di fare la traduttrice e passai alla facoltà di Lettere.
Forse (4) (*dovere*) .... lasciare subito quel lavoro e invece... Probabilmente, se avessi avuto alle spalle una famiglia in grado di mantenermi agli studi la mia vita (5) (*andare*) .... diversamente.

Liberamente tratto da: Sara Ficocelli
www.repubblica.it

2 Completa le frasi con il condizionale composto.

Le promesse di una matricola.
Giacomo è al primo anno della facoltà di Lettere e Filosofia. I suoi genitori gli avevano proposto di lavorare nell'azienda di famiglia, ma il suo sogno è quello di studiare le materie umanistiche e di diventare uno scrittore. A settembre aveva fatto ai genitori delle promesse. Vediamo se le ha mantenute. A settembre Giacomo dice ai genitori:

"Vi prometto che":

- frequenterò tutte le lezioni;
- studierò tutti i giorni;
- uscirò solo il sabato sera;
- prenderò buoni voti;
- troverò un lavoretto per mantenermi;
- mi dedicherò anima e corpo allo studio;

- lo studio sarà il mio unico obiettivo;
- comincerò a scrivere il mio primo romanzo;
- io e i miei amici non organizzeremo feste a casa in vostra assenza;
- supererò tutti gli esami del primo anno.

A luglio il primo anno accademico si è concluso e Giacomo non ha sostenuto nemmeno un esame.

I suoi genitori: "Avevi promesso che":

1 __Avresti frequentato__ tutte le lezioni;
2 .... tutti i giorni;
3 .... solo il sabato sera;
4 .... buoni voti;
5 .... un lavoretto per mantenerti;
6 Lo studio .... il tuo unico obiettivo;
7 .... anima e corpo allo studio;
8 .... a scrivere il tuo primo romanzo;
9 Tu e i tuoi amici non .... feste a casa in nostra assenza;
10 .... tutti gli esami del primo anno.

3 Completa le diverse funzioni della preposizione *con* inserendole al posto giusto.

Una compagnia, un'unione   Un mezzo   Una relazione   Un modo

ALCUNE FUNZIONI DELLA PREPOSIZIONE *CON*	
1 Una compagnia, un'unione	Vengo in biblioteca **con** te! Hai preso il libro **con** il CD allegato?
2	Questo non ha nulla a che fare **con** quello che ti ho detto.
3	Devo leggere **con** attenzione.
4	Sono andato a scuola **con** il tram.

4 Leggi il seguente testo, sottolinea le espressioni con la preposizione *con* e inseriscile nella tabella.

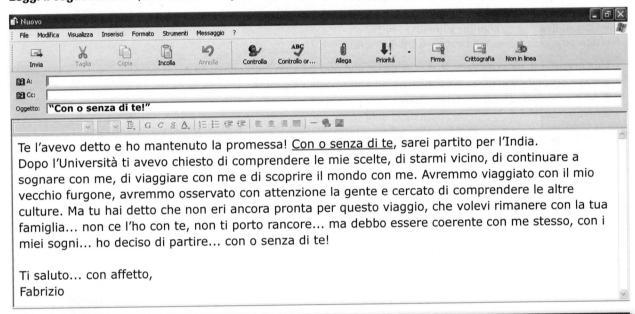

Te l'avevo detto e ho mantenuto la promessa! Con o senza di te, sarei partito per l'India.
Dopo l'Università ti avevo chiesto di comprendere le mie scelte, di starmi vicino, di continuare a sognare con me, di viaggiare con me e di scoprire il mondo con me. Avremmo viaggiato con il mio vecchio furgone, avremmo osservato con attenzione la gente e cercato di comprendere le altre culture. Ma tu hai detto che non eri ancora pronta per questo viaggio, che volevi rimanere con la tua famiglia... non ce l'ho con te, non ti porto rancore... ma debbo essere coerente con me stesso, con i miei sogni... ho deciso di partire... con o senza di te!

Ti saluto... con affetto,
Fabrizio

ALCUNE FUNZIONI DELLA PREPOSIZIONE *CON*	
Con o senza di te	Una compagnia, un'unione
	Una relazione
	Un modo
	Un mezzo

PRONUNCIA E GRAFIA

1 Prova a leggere a voce alta il seguente sonetto di Francesco Petrarca.

Pace non trovo, e non ho da far guerra,
E temo, e spero, ed ardo, e son un ghiaccio:
E volo sopra 'l cielo, e giaccio in terra;
E nulla stringo, e tutto 'l mondo abbraccio.

Tal m'ha in priggion, che non m'apre, né serra,
Né per suo mi ritien, né scioglie il laccio,
E non m'uccide Amor, e non mi sferra;
Né mi vuol vivo, né mi trahe d'impaccio.

Veggio senz'occhi; e non ho lingua e grido;
E bramo di perir, e cheggio aita;
Ed ho in odio me stesso, ed amo altrui:

Pascomi di dolor; piangendo rido;
Egualmente mi spiace morte e vita.
In questo stato son, Donna, per Voi.

2 **Sei riuscito a capire il senso della poesia, anche se è stata scritta quasi 700 anni fa? Ora leggi la parafrasi.**

Non trovo pace, e non ho mezzi per fare guerra,
e ho paura, e spero; e brucio, e sono un pezzo di ghiaccio:
e volo su in cielo, e rimango sdraiato in terra,
e non possiedo nulla, e abbraccio tutto il mondo.

Una persona (Laura) mi tiene in una prigione che non mi apre e non mi chiude,
e non mi prende come suo prigioniero, e non mi scioglie le catene,
e Amore non mi uccide, e non mi libera;
e non mi vuole vivo, e non mi libera dalla sofferenza con la morte.

Vedo senza avere gli occhi, e grido anche se non ho la lingua;
e desidero morire, e chiedo aiuto;
e odio me stesso, e amo un'altra:

Mi nutro di dolore, rido mentre piango;
la morte e la vita mi dispiacciono allo stesso modo:
o donna, io sono in questo stato per causa vostra.

 3 **Ora ascolta la poesia letta da un attore.**

LEGGERE

1 *Il Barone Rampante* **è certamente una delle opere più celebri di Italo Calvino. Prova a ricostruirne la trama.**

A ☐ Il bandito è un grande amante della lettura e Cosimo gli presta i libri che gli procura il fratello. Ma Gian dei Brughi viene arrestato e condannato a morte. Cosimo continua a procurargli libri fino alla sua morte e, prima dell'esecuzione della sentenza, gli racconta la fine del libro che non è riuscito a finire. Cosimo intanto, dopo la morte del padre, diventa Barone e prende il controllo dei beni della famiglia.

B ☐ Infine Cosimo si ammala e viene assistito dall'intera comunità di Ombrosa: lo invitano a scendere ma lui si rifiuta. Quando sta per morire, con un salto raggiunge la corda di una mongolfiera che passa di lì e scompare nel cielo... sparisce senza aver mai tradito la sua promessa di non mettere mai più piede a terra.

C ☐ In seguito si ammala e muore anche la madre, che Cosimo assisterà fino alla fine. Un giorno ricompare Viola, con la quale Cosimo trascorrerà giorni felici. L'amore fra Viola e Cosimo è forte, ma Viola spaventata dalla Rivoluzione decide di andarsene in Inghilterra.

D ☐1 Cosimo, protagonista del romanzo, è il figlio primogenito di una famiglia nobile: suo padre è il Barone di Ombrosa. Il ragazzo, che ha 12 anni, ha un carattere ribelle e mal sopporta le regole familiari.
Un giorno, con suo fratello Biagio, libera delle lumache che sua sorella Battista avrebbe dovuto cucinare; viene messo in punizione e costretto a mangiare le stesse lumache.

E ☐ Cosimo, a differenza del fratello minore, si rifiuta di mangiarle e decide di scappare su un albero del suo giardino e giura che non scenderà più. All'inizio tutti credono che il ragazzo stia scherzando, ma Cosimo è fermamente deciso a restare lassù per sempre.

F ☐ Quando i genitori di Viola scoprono che lei ha avuto dei contatti con quello strano ragazzo che vive sugli alberi, decidono di mandarla a studiare in collegio. Sugli alberi Cosimo riesce a fare tutto. Impara a cacciare e si costruisce una capanna e un sistema per la raccolta dell'acqua. Si protegge dal freddo con le coperte che gli manda sua madre tramite il fratello, e studia, seguendo dall'alto dei rami le lezioni dell'abate suo tutore. Un giorno fa la conoscenza del bandito Gian dei Brughi, di cui diviene amico.

G ☐ Tutti cercano di convincerlo a tornare a terra, ma il ragazzo non sente ragioni. Si sposta di ramo in ramo, di albero in albero senza mai scendere. Nel giardino degli Ondariva, suoi vicini di casa, conosce Viola, bambina di dieci anni e si innamora di lei.

SCRIVERE

1 Il mio sogno nel cassetto. Hai dei rimpianti o dei sogni nel cassetto che non si sono realizzati? Scrivi un breve testo simile a quello dell'attività 1 di p. 48 "Il mio rimpianto lavorativo".

ASCOLTARE

MP3 **17** **1 Ascolta più volte la seguente poesia di Erri de Luca e completa il testo.**

Valore
Considero valore ogni forma di vita, ...
Considero valore il regno minerale, ...
Considero valore il vino finché dura il pasto, ... ,
la stanchezza di chi non si è risparmiato, ...
Considero valore quello che domani non varrà più niente e quello

....
Considero valore tutte le ferite.
Considero valore risparmiare acqua, ... ,
tacere in tempo, accorrere a un grido, ... ,
provare gratitudine senza ricordare di che.
Considero valore sapere in una stanza .... ,
qual è il nome del vento ....
Considero valore .... , la clausura della monaca,
la pazienza del condannato, qualunque colpa sia.
Considero valore l'uso del verbo amare e ....
Molti di questi valori non ho conosciuto.

PARLARE

1 Gesti scaramantici e piccoli rituali da ripetere prima degli esami. In tutte le città universitarie esistono dei piccoli rituali da ripetere prima di sostenere un esame o cose da non fare prima della laurea. Ecco alcuni esempi.

Il giorno dell'esame:
– a Roma non si deve guardare negli occhi la statua di Minerva che si trova davanti al rettorato dell'Università La Sapienza;
– a Bologna gli studenti non devono attraversare in diagonale Piazza Maggiore;
– a Milano gli studenti della Bocconi non devono passare dall'atrio centrale d'ingresso della sede vecchia. Questo ingresso è fiancheggiato dalle statue di due leoni e si dice che passarci in mezzo porti sfortuna.

Per tutta la durata degli studi universitari, si rischia di non laurearsi: a Pisa, la leggenda vuole che salire sulla torre pendente porti sfortuna agli studenti. Chi lo fa è destinato a non laurearsi mai.
A Torino gli studenti non devono salire sulla Mole Antonelliana prima della laurea e così anche a Bologna e a Siena porta sfortuna salire sulla Torre degli Asinelli e sulla Torre del Mangia.

Esistono anche nel tuo Paese dei piccoli rituali da ripetere prima di un esame? Oppure ci sono cose da non fare prima della laurea? Preparati a parlarne con i tuoi compagni.

Se potessi, andrei ogni sera a un concerto!

1 Abbina i seguenti generi musicali alle immagini.

A ☐ musica lirica   **C** ☐ musica classica   **E** ☐ liscio   **G** ☐ folk/musica popolare

B ☐ musica leggera   **D** ☐ musica rock   **F** ☐ musica jazz   **H** ☐ hip hop

Laura Pausini

Sergio Cammariere

Briganti in terra d'Otranto

Gioacchino Rossini

Caparezza

Vasco Rossi

Antonio Vivaldi

Raoul Casadei

2 Ora cerca su Internet per verificare le tue risposte.

IL PUBBLICO SI EMOZIONA ASCOLTANDO LE NOTE DELL'AIDA

1 Trasforma le frasi usando il gerundio presente, come nell'esempio.

1 La nostra insegnante di italiano ci fa ascoltare e studiare musica hip hop italiana e in questo modo ci insegna ad analizzare il testo poetico.

   La nostra insegnante di italiano ci insegna ad analizzare il testo poetico facendoci ascoltare e studiare musica hip hop italiana.

2 Hai voluto la chitarra nuova e poi non ti sento mai suonare! Guarda che puoi diventare bravo solo se ti eserciti molto, se suoni ogni giorno, se ti impegni!

3 Ciao Marina. Ieri mentre ascoltavo per caso alla radio una canzone di Gino Paoli mi sei venuta in mente tu... Come stai?

4 Se continui così non raggiungerai mai gli obiettivi che ti sei posto! Solo se smetterai di dare la colpa agli altri e inizierai a pensare ai tuoi errori potrai migliorare!

5 Mentre mettevo a posto il solaio ho trovato dei vecchi dischi di mia madre e tra questi uno di Mina. Mi hanno detto che oggi vale quasi 200 euro!

6 Se cerchi su Internet, forse puoi ancora trovare dei biglietti per il concerto di Caparezza di sabato.

....

7 Mio marito mi porta sempre ai concerti jazz... all'inizio quella musica non la sopportavo proprio, ma se la si ascolta spesso, si impara ad apprezzarla.

....

8 Non posso guidare mentre ascolto certi brani musicali in macchina... mi commuovo troppo e mi viene da piangere.

....

2 Trasforma le frasi usando il gerundio passato, come nell'esempio.

1 Poiché erano stati previsti forti temporali, il concerto è stato annullato.
Essendo stati previsti forti temporali, il concerto è stato annullato.

2 Antonio Vivaldi aveva i capelli rossi e, poiché era stato ordinato sacerdote, era soprannominato "il prete rosso".

....

3 Poiché nella sua carriera ha venduto oltre trenta milioni di dischi, Vasco Rossi è considerato una delle più grandi star musicali italiane.

....

4 Secondo Casadei, zio di Raoul, è considerato il padre del "liscio italiano" perché ha composto *Romagna mia*, la canzone forse più famosa di questo genere musicale ballabile.

....

5 La grande cantante Mina non è più apparsa in concerto dal 1978, poiché in quell'anno decise di abbandonare definitivamente le scene.

....

6 Poiché ha pubblicato già sette album, Caparezza può essere oggi considerato uno dei più grandi musicisti rapper italiani.

....

7 Gioacchino Rossini può essere considerato uno dei talenti più precoci della storia musicale italiana, poiché compose la sua prima opera a 14 anni!

....

8 Dopo aver partecipato al Festival di Sanremo nel 1993 e aver vinto nella sezione "Novità", Laura Pausini ha cominciato "alla grande" la sua splendida carriera musicale.

....

SE AVESSE TEMPO, SUONEREBBE ANCHE ADESSO...

1 Leggi le seguenti frasi e dividile secondo il grado di possibilità delle ipotesi.

1 Se domani pioverà, il concerto verrà posticipato a domenica.

2 Se smettesse di fare così caldo, andrei in spiaggia.

3 Se non ci fossero più posti in platea, potremmo sempre comprare dei biglietti in galleria.

4 Se puoi controllare su Internet, mi dici a che ora inizia l'ultimo spettacolo?

5 Se potessi esercitarmi ogni giorno con il pianoforte, sarei molto più brava, ma purtroppo non ho molto tempo.

6 Se finisci di lavorare presto, mi passi a prendere?

7 Se Caparezza terrà un concerto a Bologna, andrò a vederlo sicuramente.

8 Se fossi in lei, riprenderei gli studi di musica.

Periodo ipotetico della realtà	Periodo ipotetico della possibilità
1	2

2 **Trasforma le seguenti frasi cambiando il grado di possibilità.**

1 Se Monica è libera stasera, mi accompagna lei allo spettacolo delle 22.00.
Se Monica fosse libera stasera, mi accompagnerebbe lei allo spettacolo delle 22.00.

2 Se ci sono ancora posti liberi, prendo un biglietto anche per Tiziano.

....

3 Se sai suonare la chitarra, hai più possibilità di conoscere gente.

....

4 Se Claudia potrà, verrà sicuramente all'opera.

....

5 Se partecipiamo alle audizioni per la nuova commedia, avremo la possibilità di incontrare il regista di cui si sente tanto parlare.

....

6 Se durante le vacanze vi annoiate, potete frequentare un corso di recitazione.

....

7 Se non sanno come andare al concerto, possono chiedere un passaggio a mio fratello.

....

8 Se dovrai suonare al concerto di domani, verrò ad ascoltarti sicuramente.

....

3 **Forma delle frasi con il periodo ipotetico della realtà o della possibilità. Segui l'esempio.**

andrebbe subito in vacanza.

un biglietto in più per l'opera di stasera,   passo a prenderti io.

in vacanza,   leggerei un libro al giorno.

dei soldi,   vincerebbero sicuramente.

essere   più studioso,   verrò con te per augurarti "in bocca al lupo".

avere   all'estero,   finirebbe l'università in pochi mesi.

andare   un cantante lirico,   troverai subito lavoro.

Se (non)   potere   alla selezione di canto,   imparerei subito un'altra lingua.

partecipare   invitare anche me al concerto,   lo daresti a me?

criticare   con me al cinema,   sarei la persona più felice del mondo.

studiare   sempre il mio lavoro,   avrebbe più tempo per la musica.

sapere   incontrare l'autore del libretto,   ne sarei felicissima.

lavorare meno,   riuscirei ad essere più creativa.

come venire al cinema,   vorrei farti leggere l'ultima che ho scritto.

te ne sarò grato per sempre.

1 *Se fossi in vacanza, leggerei un libro al giorno.*

2 ....

3 ....

4 ....

5 ....

6 ....

7 ....

8 ....

4 Completa le domande del test e rispondi, poi calcola il punteggio e scopri il tuo profilo!

1 Se (*tu/essere*) __fossi__ un/una cantante, chi (*volere*) __vorresti__ essere?

Andrea Bocelli   Madonna   Mick Jagger

2 Se (*avere*) .... la possibilità di suonare uno strumento musicale, quale (*scegliere*) .... ?

Il violino   Le tastiere   La chitarra elettrica

3 Se (*potere*) .... andare a teatro, quale spettacolo sceglieresti?

La Traviata di Giuseppe Verdi   Un concerto di Robbie Williams   Il musical *Rocky Horror Picture Show*

4 Se (*fare*) .... parte della giuria di *The Voice*, chi (*volere*) .... essere?

Raffaella Carrà   Noemi   Piero Pelù

5 Se (*dovere*) .... scegliere la colonna sonora della tua vita, quale canzone sceglieresti?

A "Le quattro stagioni" di Vivaldi
B "Your Song" di Elton John
C "The Wall" dei Pink Floyd

6 Se i tuoi genitori (*essere*) .... dei musicisti, che genere vorresti che suonassero?

Musica barocca   Musica leggera   Heavy metal

7 Se ti (*dare*) .... la possibilità di intervistare un cantante, chi sceglieresti?

Placido Domingo   Beyoncè   Marilyn Manson

8 Se un tuo amico ti (*invitare*) .... ad un concerto rock, tu:

A (*dire*) .... : "No, grazie, non è il mio genere"

B Ci (*andare*) .... comunque anche se non è il tuo genere preferito.

C (*accettare*) .... subito.

Punteggio:
per ogni risposta A, 1 punto; per ogni risposta B, 2 punti; per ogni risposta C, 3 punti.

Da 8 a 13 punti	CLASSICO

Sei un tipo un po' all'antica, ti vesti in modo molto classico e non ami gli eccessi. Quando vai a teatro o a un concerto, lo fai solo se lo spettacolo ti interessa veramente… e se non c'è troppa confusione! :)

Da 14 a 19 punti	POP

Dal punto di vista musicale sei "onnivoro", ti piacciono un po' tutti i tipi di musica. Ascolti la radio mentre guidi, mentre cucini, mentre pulisci la casa, mentre scrivi al computer… e qualche volta ti commuovi, quasi fino alle lacrime…

Da 20 a 24 punti	ROCK

La vita per te è energia. Hai dei gusti musicali abbastanza precisi e odi la musica commerciale. Forse per te è meglio non ascoltare musica mentre guidi la macchina, rischieresti di non riuscire a rispettare i limiti di velocità! :)

5 Completa le diverse funzioni della preposizione *a* inserendole al posto giusto.

> A chi è rivolta un'azione   Un mezzo   Un movimento verso un luogo   Un prezzo, una misura
> Uno stato in luogo   Una qualità   Un momento nel tempo   Un modo

ALCUNE INFORMAZIONI INTRODOTTE DALLA PREPOSIZIONE *A*	
A chi è rivolta un'azione	Ho telefonato **a** Maurizio.
....	Il concerto è **a** Parma.
....	Stiamo andando **al** Palasport.
....	**A** dieci anni già suonava il pianoforte.
....	Vengo da te **a** piedi.
....	Il cantante indossava una maglietta **a** righe.
....	Ce n'è ancora qualcuno **a** buon prezzo.
....	Passava le serate in camera sua **a** suonare la chitarra.

6 Leggi il seguente testo, sottolinea le espressioni con la preposizione *a* e inseriscile nella tabella.

VASCO ROSSI IN CONCERTO!

Ieri pomeriggio, mentre <u>tornavo a casa</u>, a piedi, ho visto i manifesti del concerto di Vasco Rossi. Mi sono detto: "Vasco viene a Perugia?! Devo assolutamente andarci!". Allora ho telefonato subito a Giulio per dirglielo. Giulio è un musicista e un grande fan di Vasco; ha iniziato a suonare la chitarra a 6 anni e insieme, da adolescenti, passavamo i fine settimana a cantare nel bar sotto casa. Ricordo che un giorno eravamo a Bologna, in un bar, quando Vasco è entrato... ricordo ancora come era vestito, indossava una maglia nera e una sciarpa a righe. Wow, che emozione! Da allora sono sempre andato ai suoi concerti e di certo non mi perderò questo. Speriamo solo di trovare dei biglietti a un prezzo abbordabile.

....	A chi è rivolta un'azione
....	Uno stato in luogo
tornavo a casa	Un movimento verso un luogo
....	Un momento nel tempo
....	Un mezzo
....	Una qualità
....	Un prezzo, una misura
....	Un modo

C SE AVESSI FINITO DI LAVORARE PRESTO, SAREI VENUTA A FARE FESTA CON VOI

1 Leggi le frasi della sezione I e abbinale a quelle della sezione II completandole con il periodo ipotetico dell'impossibilià.

1 I biglietti erano già terminati e così non siamo potuti andare all'opera.

2 Mi sono dimenticato il termine di iscrizione al festival e così non ho potuto partecipare al grande evento.

3 C'era traffico e siamo arrivati al concerto in ritardo.

4 Cinzia ha finito di lavorare molto tardi e così non è uscita con gli amici.

5 Non si sono esercitati molto, così al concerto non hanno fatto una bella figura.

6 Non vi siete impegnati molto e così l'organizzazione dell'evento è stata piuttosto scadente.

7 Hai abbandonato lo studio della chitarra e del pianoforte e così adesso non puoi suonare con i tuoi amici musicisti.

SEZIONE II

a ☐ Se (*loro/provare*) .... le canzoni tutti i giorni, il concerto (*andare*) ....
.... bene.

b ☐ Se (*tu/continuare*) .... il conservatorio, (*diventare*) .... un
musicista.

c ☐ Se (*lei/riuscire*) .... a finire per le 8, non (*rimanere*) .... a casa
da sola.

d ☐1 Se (*io/trovare*) _avessi trovato i biglietti_ per "Il Barbiere di Siviglia", (*invitare*) _avrei invitato_ anche te.

e ☐ Se (*io/ricordarsi*) .... dell'iscrizione, (*potere*) .... partecipare al
festival.

f ☐ Se (*noi/uscire*) .... di casa in anticipo, (*arrivare*) .... in tempo.

g ☐ Se (*voi/lavorare*) .... con serietà, l'evento (*riuscire*) .... bene.

2 **Leggi il testo e formula delle frasi con il periodo ipotetico dell'impossibilità, come nell'esempio.**

Non si può più tornare indietro!

Mi chiamo Mario e faccio il consulente finanziario. Non è proprio il mestiere adatto a me, ma una serie di scelte mi ha portato a questa decisione. Ho sempre amato la musica, infatti, a 16 anni, ho iniziato a frequentare il conservatorio di musica. Purtroppo non sono riuscito a finirlo perché mio padre continuava a ripetermi: "Mario, con la musica non si mangia, cambia scuola". Alla fine (1) ho abbandonato il conservatorio e mi sono diplomato al liceo scientifico. (2) Mi ero ripromesso di continuare a studiare il violino privatamente, ma non l'ho fatto per pigrizia.
Durante l'ultimo anno di liceo, (3) ho cantato in una band, ma poi ho lasciato anche quella perché non andavo d'accordo con il chitarrista. A 19 anni mi sono iscritto alla facoltà di Lettere, indirizzo musica e spettacolo, e in un anno sono riuscito a superare 4 esami. Poi mio padre ha ricominciato con la solita storia che solo uno su mille ce la fa a diventare famoso e (4) mi ha convinto a cambiare facoltà. Così ho abbandonato per la seconda volta la musica e mi sono iscritto alla facoltà di Economia e Commercio. Durante l'Università ho conosciuto una ragazza che suonava la tastiera. Insieme abbiamo fatto dei piccoli concerti nei locali notturni: lei suonava la tastiera e io cantavo e suonavo un po' la chitarra. È stato un periodo bellissimo, ma come si sa, le cose belle finiscono sempre...(5) lei ha conosciuto Davide, un mio vecchio amico del conservatorio... si sono messi subito insieme e lei ha preferito tenere dei concerti con lui perché suonava meglio di me. Alla fine, deluso, mi sono dedicato allo studio e sono riuscito a laurearmi in 4 anni. Insomma (6) ho fatto delle scelte che mi hanno portato a svolgere un lavoro che non amo molto, ma la musica rimane sempre nel mio cuore.

1 Se / non / ho abbandonato il conservatorio / imparare a suonare bene il violino.
Se non avessi abbandonato il conservatorio, avrei imparato a suonare bene il violino.

2 Se / continuare a studiare il violino privatamente / non abbandonare del tutto la musica.
....

3 Se / andare d'accordo con il chitarrista / continuare a cantare nella band.
....

4 Se / mio padre / non / convincermi a cambiare scuola / seguire la mia strada / e / diventare un violinista.
....

5 Se / lei / non / conoscere Davide / noi / continuare a suonare insieme.
....

6 Se / non / fare / quelle scelte / diventare un musicista.
....

PRONUNCIA E GRAFIA

1 A volte anche gli artisti stranieri amano cantare in italiano. Cerca su Internet le seguenti canzoni italiane eseguite da cantanti stranieri, ascoltale, e prova a scoprire in che cosa la pronuncia dei cantanti è diversa da quella dell'italiano "standard".

Muoio per te

Mi va di cantare

Ragazzo solo, ragazza sola

Santa Lucia

LEGGERE

1 Leggi il testo e poi indica se le affermazioni sono vere o false.

Ennio Morricone è una sorta di totem della musica italiana e se uno come lui prende posizione contro l'insegnamento della musica nelle scuole, c'è da preoccuparsi (ancora di più). Le sue parole vengono da una accorata lettera al quotidiano "Il Messaggero" di Roma.

"Gli educatori usano metodi sbagliati", afferma Morricone, che condivide l'opinione, abbastanza diffusa tra direttori d'orchestra, secondo la quale lo scarso amore per la musica da parte dei giovani nascerebbe sia dalle metodologie, sia dall'uso del flauto come strumento principale di insegnamento.
"Esistono due metodi diversi tra loro, ma che sono i migliori per l'insegnamento della musica nella scuola – spiega Morricone – che sono quello messo a punto da Carl Orff (compositore dei Carmina Burana - ndr.) e quello di Boris Porena, che insegna ai giovani a creare la musica insieme". Secondo Morricone, "Gli insegnanti di musica dovrebbero prima fare dei corsi", poi si scaglia contro la mancata riforma del sistema di insegnamento musicale scolastico. "Servirebbero dieci anni per cambiare le cose, basandosi su due aspetti fondamentali: nuovo programma e nuovi insegnanti preparati, attraverso corsi di formazione, a svolgere quel programma".
Morricone pone poi l'accento anche sulle strutture scolastiche, che attualmente non sarebbero assolutamente idonee ad ospitare la crescita di una cultura dell'ascolto: "Bisognerebbe dare a tutte le scuole un impianto per ascoltare la musica e un corredo di una trentina di incisioni discografiche importanti, da far ascoltare agli studenti come esempio degli argomenti teorici"
Per concludere il suo pensiero, Morricone va giù pesante sull'Italia e la invita a copiare un'altra nazione europea: "In Germania ogni famiglia suona Bach con il flauto dolce e il pianoforte o addirittura il clavicembalo, cantando e leggendo gli spartiti. Quella è la vera nazione musicale, non l'Italia".

		V	F
1	Ennio Morricone è un personaggio molto prestigioso nel panorama musicale italiano.	☑	☐
2	Ennio Morricone ha espresso il suo parere sull'insegnamento della musica nelle scuole italiane, scrivendo una lettera a un giornale.	☐	☐
3	Ennio Morricone, a differenza dei principali direttori d'orchestra, difende l'uso del flauto come metodo di insegnamento nelle scuole.	☐	☐
4	Secondo Morricone i programmi di insegnamento vanno benissimo, sono gli insegnanti che sono impreparati.	☐	☐
5	Morricone sottolinea anche i problemi pratici legati alla strutture scolastiche che non favoriscono un insegnamento della musica di qualità.	☐	☐
6	Morricone evidenzia come le cose non vadano meglio nel resto d'Europa, specie in Germania.	☐	☐

SCRIVERE

1 **Cerca i seguenti brani su Internet. Ascolta ogni brano una prima volta tenendo gli occhi chiusi, e una seconda mentre scrivi. Racconta e descrivi le emozioni, i sentimenti e le immagini che ti suscita l'ascolto.**

1 Antonio Vivaldi – Le 4 Stagioni – Estate – Presto

....

....

2 Gioacchino Rossini – Guglielmo Tell

....

....

3 Mario Piovani – La vita è bella

....

....

4 Ennio Morricone – C'era una volta in America – Deborah's Theme

....

....

ASCOLTARE

MP3 18 **1** **La scienza del tormentone. Alcune musiche si insinuano nel nostro cervello e, a volte, ci sembra di sentirle anche quando non ci sono. Ascolta la spiegazione di questo fenomeno, completa le seguenti affermazioni con 5 o 6 parole al massimo e rispondi alle domande.**

1 La musica deriva dall'integrazione di .... che il cervello compie in tempo reale.

2 Oltre il 90% delle persone sente .... anche quando non c'è.

3 Gli scienziati lo chiamano "ear worm" che tradotto letteralmente significa "il baco ...."

4 Victoria Williamson: "La musica si appiccica in testa perché è un'esperienza ...."

5 Andre, un giovane studente americano, letteralmente assillato ....

6 Dato che l'"ear worm", come sa Andre, è difficile da rimuovere dal cervello, esperti di marketing e musicisti vorrebbero .... , ad esempio, azzeccare un *jingle* vorrebbe dire creare una pubblicità di successo.

7 Che cos'è l'effetto "ear worm"? ....

8 Secondo la psicologa Williamson è possibile creare "la canzone perfetta"? ....

PARLARE

1 **Sognando ad occhi aperti. Crea delle frasi ipotetiche. Segui gli esempi.**

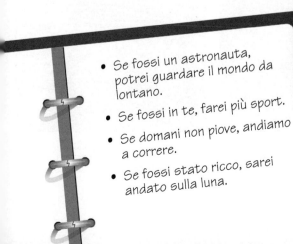

- Se fossi un astronauta, potrei guardare il mondo da lontano.
- Se fossi in te, farei più sport.
- Se domani non piove, andiamo a correre.
- Se fossi stato ricco, sarei andato sulla luna.

8 Alessandra dice che vorrebbe tornare a vivere in Italia

1 Leggi le seguenti affermazioni e indica se, secondo te, sono vere o false.

		V	F
1	Como ha più abitanti di Milano.	☐	☐
2	Napoli si trova più a nord rispetto a Roma.	☐	☐
3	Verona si trova più a sud rispetto a Palermo.	☐	☐
4	Parma ha più abitanti di Napoli.	☐	☐
5	A Napoli, in inverno, nevica molto spesso.	☐	☐
6	A Verona, in estate, fa molto più caldo che a Palermo.	☐	☐

Come hai risposto? Secondo te sono tutte false? In effetti hai ragione... ma potresti anche avere torto. Infatti devi sapere che:

▲ Parma – Idaho
USA

- Milano è anche una città del Texas, negli Stati Uniti, che conta all'incirca 500 abitati, Como invece (USA, Mississipi, contea di Panola) di abitanti ne ha quasi 1300.

- Napoli è una città di circa 1200 abitanti dello stato di New York, Roma invece si trova in Australia, nel Queensland.

- Verona è una città del sud degli Stati Uniti (Mississipi), mentre Palermo sorge nello stato di New York, nel nord-est degli Stati Uniti.

- Parma, una cittadina degli Stati Uniti nello stato dell'Idaho, conta circa 1800 abitanti, Napoli invece, nello stato di New York, dove in inverno nevica molto spesso, ha circa 600 abitanti di meno.

Lasciare la propria famiglia, la propria terra, la propria città per emigrare all'estero non è certo una cosa facile. Per conservare un ricordo della propria terra d'origine gli immigrati italiani avevano spesso l'abitudine di dare un nome italiano ai centri abitati in cui si erano insediati.
E così abbiamo circa 11 Napoli, 16 Roma, 14 Milano, 10 "Venice" statunitensi e decine di "Florence" negli Stati Uniti e "Florencia" in Sud America.

▲ Lago di Verona – New Jersey
USA

▲ Venice – Florida
USA

▲ Monumento a Garibaldi
(Piazza Italia – Quartiere
Palermo – Buenos Aires)
Argentina

A LUCY DICE CHE HA NOTATO GRANDI DIFFERENZE TRA NORD E SUD

1 Leggi il seguente post e poi completa il testo cambiando i verbi e i pronomi.

> **Karol** Ciao, sono a Roma da una settimana e già amo questa città. Mi piace tutto: la gente, il cibo e l'università. La signora con la quale abito è molto gentile e disponibile. Non ho ancora molti amici, vorrei conoscere altri studenti.
>
> **Carlos** Ciao Karol, non è difficile fare amicizia a Roma. Il giovedì sera io partecipo a un laboratorio di teatro ed è aperto a tutti.
>
> **Thomas** Ciao Karol, sono a Roma per migliorare la lingua e per terminare l'Università. Partecipo anch'io al corso di teatro.
>
> **Christine** Ciao, studio filosofia. Amo anch'io Roma! L'atmosfera è magica e la gente è sempre così disponibile con me. Non mi sento per niente sola.
>
> **Jennifer** Anch'io sono a Roma da pochissimo tempo. Mi interessano molto l'arte e l'architettura. Vorrei conoscere altri studenti con i quali uscire la sera.

Karol dice che ....è........... a Roma da una settimana e già .... questa città. .... piace tutto: la gente, il cibo e l'Università. La signora con la quale .... è molto gentile e disponibile. Karol dice che non .... ancora molti amici e che .... conoscere altri studenti del gruppo FB.
Carlos dice che non è difficile fare amicizia a Roma. Dice che il giovedì .... a un laboratorio di teatro e che è aperto a tutti.
Christine dice che .... filosofia. Dice che anche lei .... Roma e che l'atmosfera è magica e che la gente è sempre molto disponibile con .... Dice che non .... per niente sola.
Jennifer dice che anche .... a Roma da pochissimo tempo e che .... interessano molto l'arte e l'architettura. Dice che .... conoscere altri studenti con i quali uscire la sera.

2 Leggi la seguente cartolina e trasforma il testo in discorso indiretto.

> Ciao Mark,
> come va? Io sto benissimo, Palermo mi piace tanto. Divido l'appartamento con una ragazza italiana con la quale esco quasi tutte le sere. Amo il clima, fa sempre caldo e non piove quasi mai. Da quando sono a Palermo però non ho dato molti esami e, a volte, mi sento un po' in colpa per questo. Comunque mi sto divertendo tantissimo! Vorrei avere più tempo per visitare tutta la Sicilia, ma purtroppo a luglio devo ripartire... Spero di rivederti presto,
> Mary

Anche Mark sta facendo l'Erasmus in un altro paese perciò, quando la cartolina arriva, lui è all'estero. Sua madre gliela legge al telefono.

Mary ti ha scritto una cartolina e dice che .... benissimo e che Palermo .... piace tanto. Dice che .... l'appartamento con una ragazza italiana con la quale .... tutte le sere. Dice che .... il clima e che fa sempre caldo e non piove quasi mai. Dice che da quando .... a Palermo però non .... molti esami e, a volte, ... un po' in colpa per questo. Alla fine aggiunge che .... tantissimo e che .... avere più tempo per visitare tutta la Sicilia, ma che purtroppo a luglio .... ripartire... Dice che .... di rivederti presto.

3 Trasforma il seguente testo in discorso diretto. Inge e Margaret stanno facendo l'Erasmus in Italia e parlano delle differenze fra le due città.

1 Inge saluta Margaret e le dice che in questo periodo si trova a Lecce.

Inge _Ciao Margaret, in questo periodo mi trovo a Lecce._

2 Margaret risponde che lei invece sta facendo l'Erasmus a Genova.

Margaret _____

3 Inge dice che a Lecce la gente è molto aperta e ospitale.

Inge _Sai_ _____

4 Margaret dice che Genova è una bellissima città, che le piace tantissimo il clima e che non è mai molto freddo.

Margaret _____

5 Inge dice che una cosa che non le piace di Lecce è che la gente cena molto tardi e che, anche se a lei piace fare le ore piccole, non riesce ad abituarsi a cenare alle 10 o 10.30 di sera. Nel suo paese a quell'ora le cucine dei ristoranti sono già chiuse.

Inge _____

6 Margaret invece dice che a Genova le famiglie cenano verso le 7 come nel suo Paese. L'unica differenza è che nel suo Paese lei, la sera, non cucina mai, ma mangia qualcosa di leggero, come un'insalata o un po' di pane e formaggio.

Margaret _____

7 Inge dice che un'altra cosa che ha notato è che per lei il dialetto leccese è incomprensibile e quando ci sono delle persone anziane che le parlano in dialetto, lei annuisce senza capire una parola. A volte per questo si sente a disagio e chiede gentilmente di parlare in Italiano.

Inge _____

8 Margaret dice che anche per lei il dialetto locale è incomprensibile e anche lei, spesso, fa finta di capire cosa dicono.

Margaret _____

9 Inge dice che la cosa che ama di più di Lecce è l'ospitalità e per questo si sente a casa.

Inge _____

10 Margaret dice che lei ama tantissimo il cibo (la focaccia, il pesto e i pansotti con la salsa di noci) e che vorrebbe imparare a cucinare qualcosa di tipico genovese.

Margaret _____

 # B LEI MI DISSE DI ANDARE

1 Addio mia cara, addio! Leggi i seguenti biglietti e i testi a fianco, e poi sottolinea la forma corretta.

> Giuliana, ti amerò per sempre.
> Aspettami! Tornerò presto.
> Giuseppe

1 Giuseppe disse a Giuliana che _l'avrebbe amata_ / _la amerebbe_ per sempre e le chiese _di aspettarlo_ / _che lo aspetterà_. Disse anche che _torni_ / _sarebbe tornato_ presto.

> Maria, sono partito per migliorare la nostra vita. Insieme alla lettera c'è un biglietto di sola andata anche per te. Parti subito! Franco

2 Franco disse a Maria che _era partito_ / _è partito_ per migliorare la _vostra_ / _loro_ vita. Nella busta _ci sarà_ / _c'era_ un biglietto anche per _lei_ / _noi_. Le disse _che partirà_ / _di partire_ subito.

Fabiana, vorrei tornare indietro, ma non è più possibile. Qui tutto è diverso... Spero che tu stia bene. Francesco

Tiziano, sto bene. Domani tornerò da te! Ti amo, Cinzia

3 Francesco disse che *sarebbe voluto tornare / tornerebbe* indietro, ma che ormai non *era / fosse* più possibile. Disse che *qui / lì* tutto *è stato / era* diverso e sperava che lei *sia stata / stesse* bene.

4 Cinzia disse a Tiziano che *stava / stesse* bene e che *domani / il giorno dopo tornerebbe / sarebbe* tornata da *lui / sé*. Aggiunse che lo *amava / amavo*.

2 Leggi i seguenti racconti e sottolinea la forma corretta nei testi a fianco.

"Ho deciso di lasciare l'Italia per fare una nuova esperienza e per imparare un'altra lingua. In realtà qui ho un buon lavoro, ben retribuito, ma, in questo periodo, Padova mi sta un po' stretta e così ho iniziato a guardarmi intorno e a inviare curricula. Non so ancora dove andrò, ma mi piacerebbe trovare un lavoro in Australia. Sono già riuscito ad avere un contatto con un'azienda di Sidney e domani avrò un primo colloquio via Skype. Incrociamo le dita, la mia vita cambierà presto!"
Luciano

Nel 2005 Luciano disse che *decideva / aveva deciso* di lasciare l'Italia per fare una nuova esperienza e per imparare un'altra lingua. In realtà *qui / lì*, Luciano *aveva / ha avuto* un buon lavoro, ben retribuito, ma, *in questo periodo / in quel periodo*, Padova gli *stesse / stava* un po' stretta e così *aveva iniziato / avevo iniziato* a *guardarmi / guardarsi* intorno e a inviare curricula. Disse anche che non *sa / sapeva* ancora dove *sarebbe andato / andrà*, ma *gli / si sarebbe piaciuto / piaceva* trovare lavoro in Australia. Aggiunse che *era già riuscito / è già riuscito* ad avere un contatto con un'azienda di Sidney e *il giorno dopo / quel giorno avrebbe / avrebbe avuto* un primo colloquio via Skype. Disse *che avrebbe incrociato / di incrociare* le dita e che la sua vita *sarebbe cambiata / cambiasse* presto.

"Adesso vivo in un piccolo paese della provincia di Lecce. Il posto è bellissimo, ma non offre molte opportunità. Qui è possibile lavorare soltanto nel settore del turismo, ma io mi occupo di finanza. Non so se la mia decisione sia quella giusta, ma in questo momento mi sembra l'unica strada da percorrere. So che dovrei lasciare la mia famiglia e i miei amici, ma so anche che mi troverò bene anche all'estero."
Mariella

Nel 2000 Mariella disse che *in quel momento / ora viveva / vive* in un piccolo paese della provincia di Lecce. Disse che il posto *sarà / era* bellissimo, ma che non *ha offerto / offriva* molte opportunità. *Lì / qui è stato / era* possibile lavorare soltanto nel settore del turismo, ma *lei / tu si occupava / ti eri occupata* di finanza. Disse che non *aveva saputo / sapeva* se la sua decisione *sarà / fosse* quella giusta, ma *in quel momento / quel giorno le / ci sembrasse / sembrava* l'unica strada da percorrere. Inoltre disse che *saprebbe / sapeva* che *lascerebbe / avrebbe dovuto lasciare* la *sua / mia* famiglia e gli amici, ma *aveva saputo / sapeva* anche che *si sarebbe trovata / troverebbe* bene anche all'estero.

3   Leggi la seguente lettera e riscrivi il testo usando il discorso indiretto.

Dallas, Pennsylvania
15 marzo 1911

Cara Sofia,
ti scrivo questa lettera dopo tanti mesi di silenzio. Il viaggio in nave è stato lungo e faticoso; molte persone, purtroppo, non sono state così fortunate come me. Siamo arrivati ad Ellis Island il 5 gennaio e qualche settimana dopo ho incontrato un uomo che mi ha offerto un lavoro. Adesso vivo in un piccolo paese della Pennsylvania, a Dallas. Sono arrivato qui un mese fa. Ho imparato un po' di inglese e lavoro in una falegnameria. Il lavoro è molto duro, ma qui tutto è difficile, quindi non mi lamento. Ho conosciuto una brava ragazza, la figlia del mio capo. Fra un mese ci sposeremo e appena avrò un po' di soldi, torneremo in Italia. Salutami i miei cari fratelli. Di' alla mamma che sto bene e che qui sono felice anche se, a volte, mi sento solo.
Un caro abbraccio, Ludovico

Questa è la lettera che mia nonna Sofia ricevette da suo fratello Ludovico che nel 1911 era emigrato in America. Ludovico disse che *le stava scrivendo quella lettera dopo tanti mesi di silenzio, che il viaggio*

....

....

....

....

....

....

....

....

....

 C DICONO CHE IL NOSTRO DIALETTO SIA INCOMPRENSIBILE

1   Completa le diverse funzioni della preposizione *su* inserendole al posto giusto.

~~Un luogo~~   Una quantità (età, tempo, prezzo) non precisa   Un argomento   Una proporzione

ALCUNE FUNZIONI DELLA PREPOSIZIONE *SU*	
Un luogo	Il libro è **sul** tavolo.
....	Ho partecipato a un convegno **sul** dialetto.
....	L'esperto di dialettologia era una signora **sui** cinquant'anni.
....	Oggi 7 italiani **su** 10 parlano quasi sempre italiano.

2 Leggi la mail di Davide, sottolinea le espressioni con la preposizione *su* e inseriscile nella tabella.

Buongiorno Professore, come suggerito da Lei, la settimana scorsa ho partecipato al convegno sui dialetti e sulle minoranze linguistiche in Italia. La devo ringraziare perché gli interventi dei vari esperti sono stati molto interessanti e costruttivi per me. Alla fine del convegno hanno parlato del master in "Italiano contemporaneo, modelli e tecniche di scrittura". Le iscrizioni non sono ancora aperte, ma hanno detto che il master si svolgerà su 6 settimane e il costo sarà sui 2.500€. Fra i miei compagni di corso, 5 su 15 parteciperanno al master. Ho lasciato sulla Sua scrivania un invito a una conferenza che si terrà venerdì prossimo sull'integrazione multiculturale.
A presto e grazie ancora del consiglio.
Davide

Un luogo	....
Un argomento	*Ho partecipato al convegno sui dialetti*
Una quantità (età, tempo, prezzo) non precisa	....
Una proporzione	....

3 Leggi l'articolo e scegli la preposizione corretta.

(1) *Con le / Per le / Sulle* prossime vacanze gli italiani scelgono Sicilia, Sardegna e Puglia. **(2)** *Sulle / dai / tra* le destinazioni preferite **(3)** *all' / in / per* estero rimangono in "pole position" Spagna e Grecia.
Quali saranno le destinazioni preferite **(4)** *agli / degli / sugli* italiani **(5)** *in / dalla / delle* vacanza la prossima estate? Lo rivela Hotel.info, il servizio gratuito di prenotazione alberghiera online, grazie **(6)** *a / in / con* un sondaggio effettuato lo scorso marzo. L'Italia **(7)** *con il / nel / sul* 2011 è **(8)** *nel / sul / al* primo posto per gli italiani, con la Sicilia come destinazione preferita seguita **(9)** *da / di / a* Sardegna e Puglia. Ma il Belpaese è anche la prima meta straniera **(10)** *con i / ai / per* tedeschi e spagnoli. Poco più **(11)** *della / sulla / dalla* metà degli Italiani invece opterà **(12)** *al / fra / per l'* estero. Circa un italiano **(13)** *su / per / con* dieci tra coloro che hanno partecipato **(14)** *al / nel / del* sondaggio di Hotel.info trascorrerà le vacanze estive **(15)** *a / in / nella* Spagna. Barcellona e Madrid sono le mete più gettonate. La Grecia **(16)** *con l' / per l' / sull'* 8,55% è al secondo posto tra le destinazioni estere più visitate. **(17)** *Per / delle / a* informazioni visitate il sito www.hotel.info

www.viaggi.lastampa.it

4 Sei straniero? Sei in Italia e vuoi provare a essere anche tu italiano al 100%? Allora ecco le prime 5 cose che non devi assolutamente fare!

1 Non bere il cappuccino dopo i pasti!

2 Risotto e pasta sono un primo, non li puoi ordinare come contorno!

3 Non versare condimenti nell'acqua della pasta, devi aggiungere tutti i condimenti solo dopo che hai scolato la pasta.

4 Non aggiungere il ketchup sulla pasta!

5 Non chiedere spaghetti alla bolognese... con il ragù alla bolognese condisci le tagliatelle, non gli spaghetti!

Ora, per ricordarti meglio queste regole, prova a trasformarle usando il *si* impersonale, come nell'esempio.

1 *Non si beve il cappuccino dopo i pasti!*

2 ....

3 ....

4 ....

5 ....

5 Sei tornato all'estero? Mangia pure nei ristoranti italiani, ma ricordati che...

1 Negli Stati Uniti si dice che la "pasta con il pollo" sia un piatto tipicamente italiano... strano, da noi è sconosciuta!

2 Si dice che la "Caesar Salad" sia stata creata da un cuoco di origine italiana... probabilmente è così, ma la ricetta, in Italia, non è mai arrivata!

3 Si crede che le "Fettuccine Alfredo", il piatto italiano più diffuso negli Stati Uniti, siano famose anche in Italia... ci spiace deludere i turisti, ma non le mangiamo mai!

4 Si ordinano spesso gli spaghetti con le polpette perché sono ottimi... ma la loro terra di origine è l'America, non l'Italia.

Ora prova a trasformare le frasi usando, come forma impersonale, la terza persona plurale, come nell'esempio.

1 *Negli Stati Uniti dicono che la "pasta con il pollo" sia un piatto tipicamente italiano... strano, da noi è sconosciuta!*

2 ....

3 ....

4 ....

PRONUNCIA E GRAFIA

19 **1** Una delle principali caratteristiche della pronuncia toscana è la cosiddetta "gorgia toscana", la tendenza cioè a pronunciare in modo differente alcune consonanti quando si trovano fra due vocali. La "C" di "casa", ad esempio, quando si trova fra due "A", come in "...la casa" viene pronunciata come la "H" inglese in "to have". In Veneto, invece, si tende a pronunciare con una sola consonante molte parole che contengono una consonante doppia, "mama" invece di "mamma". In Sicilia poi la "T" seguita da "R" viene pronunciata quasi come la "C" di "cena". Tenendo conto di queste osservazioni, ascolta con attenzione le tre testimonianze sull'emigrazione italiana in America e prova a riconoscere la regione di origine di ciascuna persona che parla.

	Veneto	Toscana	Sicilia
Testimonianza 1			
Testimonianza 2			
Testimonianza 3			

LEGGERE

1 **Leggi il testo e rispondi alle domande.**

Dei 50 invitati alla mia festa di laurea, due settimane fa, quasi un terzo aveva esperienze di studio all'estero. Ed erano almeno cinque gli amici presenti alla festa che si trovavano in Italia per così dire *di passaggio*, ma che studiano e vivono all'estero.
Questo perché passare un periodo di studi fuori dai confini del Belpaese è uno dei trend sociali più importanti tra i ragazzi italiani: c'è chi fa l'Erasmus e chi parte di sua iniziativa. Anche subito dopo il liceo.
Complessivamente, parliamo di oltre 60.000 persone: gli universitari italiani iscritti in Università all'estero sono circa 42.000, ai quali si aggiungono i quasi 18.000 che partecipano all'Erasmus.
Quanto alle destinazioni, la "top four" delle nazioni europee in cui vanno i ragazzi italiani dell'Erasmus è guidata dalla Spagna (34%), che distanzia nettamente Francia (15%), Germania (10%) e Gran Bretagna (9%).
A svolgere periodi di studio fuori Italia sono soprattutto i laureati in lingue (47%), seguiti dagli studenti del gruppo politico-sociale (13%), economico-statistico (10%) e letterario (9%). Seguono architettura (8%), agraria (7%), giurisprudenza, psicologia, ingegneria e scienze (5%). Chiudono la classifica gli studenti di chimica, farmacia, medicina e professioni sanitarie (3%).

Ma da che cosa dipende la partecipazione all'Erasmus? Secondo Almalaurea, soprattutto dal livello di istruzione dei genitori (che non è assurdo pensare sia collegato alla disponibilità economica): tra gli studenti i cui genitori hanno un titolo di studio basso o non hanno nessun titolo appena il 4% partecipa a questo programma, percentuale che sale all'11% tra chi ha padre e madre laureati.

Che si tratti della famosa 'fuga di cervelli' o di ragazzi che vogliono semplicemente cogliere un'occasione per fare un'esperienza di studio e di vita diversa, una cosa è certa: molti italiani vanno all'estero, pochi stranieri vengono in Italia. Il problema dell'Italia? Ospitiamo solo 57.000 studenti stranieri. Un quarto di Francia e Germania, un quinto della Gran Bretagna. Dei 3 milioni e 343 mila studenti internazionali all'estero (dati Ocse) il 19% frequenta un'università negli Stati Uniti, il 10% in Gran Bretagna, il 7% abbondante in Francia e in Germania. In Italia, solo il 2%. E le cose non vanno molto meglio se calcoliamo, come fatto da Vision e British Council, quanti studenti provenienti dal cosiddetto BRIC (Brasile, Russia, Cina, India), dagli USA e dalle principali nazioni europee sono iscritti nelle nostre università: appena lo 0,5%, contro il 2,1% della Francia, il 2,6% della Germania e il 5,2% del Regno Unito.

Numeri che sembrano dare ragione a chi osserva che il problema del nostro Paese non sta nel portare fuori talenti italiani, ma nel non riuscire a portare dentro talenti da altre nazioni. Insomma: gli italiani nel mondo ci vogliono, ma forse ci vorrebbe anche un po' più di mondo in Italia.

Tratto e adattato da www.youtrend.it

Laureati italiani che hanno studiato all'estero per settore di studi

Fonte: Profilo dei laureati 2010 Almalaurea | www.youtrend.it

Laureati italiani in Erasmus per Paese

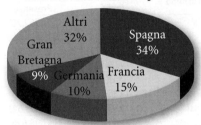

Fonte: Profilo dei laureati 2010 Almalaurea | www.youtrend.it

1 Oggi, in Italia, studiare all'estero è
a ☑ più di moda di una volta.
b ☐ meno di moda di una volta.
c ☐ poco comune.

2 Il Paese più ambito dagli studenti italiani è
a ☐ la Gran Bretagna.
b ☐ la Germania.
c ☐ la Spagna.

3 Tra gli studenti italiani che studiano all'estero, quelli di materie scientifiche costituiscono
a ☐ la minoranza.
b ☐ la maggioranza.
c ☐ un terzo del totale.

4 La maggior parte degli studenti italiani che vanno a studiare all'estero hanno genitori
a ☐ molto istruiti.
b ☐ poco istruiti.
c ☐ molto poveri.

5 Gli studenti italiani che vanno a studiare all'estero sono
a ☐ più di quelli stranieri che vengono a studiare in Italia.
b ☐ meno di quelli stranieri che vengono a studiare in Italia.
c ☐ tanti quanti quelli stranieri che vengono a studiare in Italia.

6 Gli studenti stranieri che studiano in Germania sono
a ☐ più di quelli che studiano in Gran Bretagna.
b ☐ meno di quelli che studiano in Gran Bretagna.
c ☐ tanti quanti quelli che studiano in Gran Bretagna.

7 Secondo te, per quale ragione pochi studenti stranieri decidono di venire a studiare in Italia?
....
....
....

8 Secondo te, per quale ragione gli studenti italiani preferiscono andare a studiare in Spagna?
....
....
....

SCRIVERE

1 Osserva i seguenti dati sul turismo in Italia e scrivi una breve relazione di almeno 150 parole.

La destinazione Italia nel contesto internazionale

Principali destinazioni del turismo internazionale					
Graduatoria	**Arrivi internazionali (milioni)** Paesi		**Introiti (miliardi di US$)** Paesi		
1	Francia	n.d	USA	139,6	
2	USA	69,8	Spagna	60,4	
3	Spagna	60,7	Francia	56,1	
4	Cina	55,7	Cina	51,7	
5	**Italia**	**47,7**	Macao (Cina)	51,6	
6	Turchia	37,8	**Italia**	**43,9**	
7	Germania	31,5	Tailandia	42,1	
8	Regno Unito	31,2	Germania	41,2	
9	Russia	28,4	Regno Unito	40,6	
10	Tailandia	26,5	Hong Kong (Cina)	38,9	

Paese di origine	Arrivi	Presenze	Arrivi
Germania	10.192.697	51.752.263	3,2
USA	4.442.549	11.449.446	-0,5
Francia	3.700.775	11.369.866	0,3
Regno Unito	2.890.015	11.131.968	5,2
Austria	2.110.605	8.505.045	-0,2
Svizzera	2.151.675	8.734.765	7,9
Paesi Bassi	1.959.306	11.303.681	1,3
Spagna	1.711.807	4.698.626	-11,3
Russia	1.707.998	6.179.785	15,9
Giappone	1.449.115	2.765.414	2,7
Cina	1.583.479	2.496.287	17,9
Belgio	1.103.629	4.749.059	2,2
Polonia	919.013	3.742.801	-7,1
Australia	820.562	2.157.363	2,1
Brasile	765.174	1.848.507	1,0

Arrivi degli stranieri nelle regioni italiane			
Regione	**Arrivi**	**Presenze**	**Permanenza media**
Veneto	10.230.469	40.387.375	3,9
Lombardia	6.883.106	19.074.599	2,8
Lazio	6.664.244	20.516.459	3,1
Toscana	6.448.902	22.307.426	3,5
Trentino-Alto Adige	5.190.906	25.722.989	5,0
Emilia-Romagna	2.345.340	9.632.676	4,1
Campania	1.863.347	7.976.125	4,3
Sicilia	1.783.117	6.310.821	3,5
Piemonte	1.577.733	5.126.185	3,2
Liguria	1.463.312	4.669.572	3,2
Friuli-Venezia Giulia	1.004.670	4.263.162	4,2
Sardegna	872.115	4.400.649	5,0
Umbria	619.294	2.068.932	3,3
Puglia	578.279	2.286.595	4,0
Marche	366.125	1.854.481	5,1
Valle d'Aosta	337.626	1.130.915	3,3
Calabria	244.501	1.645.323	6,7
Abruzzo	191.808	1.030.797	5,4
Basilicata	60.599	148.094	2,4
Molise	13.082	41.813	3,2
TOTALE	**48.738.575**	**180.594.988**	**3,7**

ASCOLTARE

MP3 **20** **1** Ascolta l'intervista e rispondi alle domande.

1 Perché Sandra ha scelto di fare l'Erasmus in Spagna?

....

2 Perché la sua scelta lascia perplessa l'intervistatrice?

....

3 Condividi le ragioni della sua scelta? Spiega perché.

....

4 Cosa è piaciuto di più a Sandra di questa esperienza?

....

5 Perché al ritorno in Italia Sandra ha deciso di condividere un appartamento a Napoli con altri studenti?

....

PARLARE

1 Hai vinto un concorso indetto dalle Nazioni Unite e ora hai la possibilità di trascorrere un anno all'estero per fare un'esperienza di lavoro o di studio. Scegli il Paese, la città, il tipo di esperienza lavorativa o di studio, la sistemazione logistica (appartamento con altri, da solo ecc.), il tipo di viaggio e preparati a presentare oralmente il tuo progetto ai compagni.

Glossario

Italiano	Unità	Inglese
A		
a base	U1	made from
a distanza di	U4	after
a figure rosse	U5	red-figure
a mio avviso	U6	in my opinion
a picco	U1	perched over
a portata di mano	U6	at your fingertips
abbandonarsi tra le braccia di qualcuno	U7	to lose oneself in somebody's arms
abile	U2	skillful
abilità	U4	ability
abitante	U1	population
accarezzare	U8	to stroke
accedere	U7	to access
accento regionale	U8	regional accent
accettare	U6	to accept
accoglienza	U7	welcome
accogliere	U5	to welcome
accusarsi	U3	to take responsibility for
acronimo	U4	acronym
ad esclusione	U2	with the exception of
adempimento	U3	fulfillment
adesione	U7	registration
adorare	U6	to adore
adottare il fiorentino parlato	U6	to adopt spoken Florentine dialect
affacciarsi	U1	to overlook
affamato	U8	hungry
affermazione	U2	achievement
affetto	U4	affection
affidare a	U7	to assign to
affrettare il passo	U6	to quicken one's pace
affrontare	U3	to deal with
affrontare	U8	to face
affrontare l'argomento	U6	to deal with the topic
agente italiano	U7	Italian agent
agricoltura	U4, U8	farming
alba	U7	dawn
all'aperto	U7	open air
all'insegna	U1	dedicated to
alleanza	U2	alliance
allearsi	U2	to ally
allegare	U4	to attach
allestimento dei capolavori pucciniani	U7	staging of Puccini's masterpieces
allestire	U2	to prepare
allievo	U5	learner
alloggio	U1	accommodation
alluvione	U3	flooding
alternarsi	U7	to alternate
altezza	U1	height
ambiente editoriale e letterario	U6	literary and editorial milieu
ambito	U4	environment
amministrare	U3	to govern
amministratore	U3	councillor
amministrazione	U3	administration
anatomia	U5	anatomy
andamento	U4	performance
andare d'accordo	U4	to agree
andare finalmente in scena	U7	to eventually go on stage
angolo	U1	corner
animazione	U8	animation
annessione	U2	annexation
antichità	U2	antiquity
aperto	U1	open
apertura straordinaria	U5	special opening
apparizione	U2	appearance
appassionato di musica lirica	U7	Opera enthusiast
applaudire	U2	to clap hands
applicare	U3	to apply
apprezzato	U7	appreciated
approvare	U3	to approve
appuntamento	U5	event
architetto	U3, U5	architect
architettura	U5	architecture
arco a sesto acuto	U5	pointed arch
arco a tutto sesto	U5	round arch
argomento	U3	topic
argomento letterario	U6	literary topic
aristocrazia	U2	aristocracy
armistizio	U2	armistice
arrotino	U2	knife grinder
arte etrusca	U5	Etruscan art
arte gotica	U5	Gothic art
arte romana	U5	Roman art
arte romanica	U5	Romanesque art
artigiano	U4	artisan
artista	U3, U5	artist
aspettare	U3	to wait
aspettativa	U8	expectation
aspetto	U4	aspect
assaggiare	U2	to taste
assegnare	U3	to appoint
assicurare	U3	to guarantee
assistenza familiare	U8	family care
atteggiamento	U3	attitude
atteggiarsi	U7	to act
attività immobiliare	U4	real estate business
atto giuridico	U6	legal deed
attrezzare	U4	to equip
attrezzato	U1	equipped
attrezzo	U2	tool
attribuire	U3	to bestow
attuale	U2	current

autografo	**U6**	autograph
autonomia	**U3**	autonomy
autore	**U5**	author
aver l'impressione di...	**U6**	to have the impression that...
avere all'attivo la vendita di...	**U7**	to have the selling of... to one's name
avere in comune	**U8**	to have in common
avvenimento	**U2**	event
avversità	**U6**	adversity
azienda	**U4**	company
azionista	**U4**	shareholder

B

baffi	**U2**	moustache
baffi a manubrio	**U2**	handlebar moustache
bagaglio	**U1**	luggage
bagnare	**U1**	to wash
bandiera	**U3**	flag
Barocco	**U5**	Baroque
basilica	**U5**	church
battaglia	**U2**	battle
battere in velocità	**U8**	to be faster
batteria	**U7**	drums
bicamerale	**U3**	bicameral
biglietto (di un concerto)	**U7**	ticket
biglietto di ingresso	**U5**	entrance ticket
bilancio	**U4**	balance sheet
blocco	**U1**	block
bocciolo di rosa	**U8**	rose bud
borgo	**U1**	village
bosco	**U1**	forest
braccio (del delta del fiume)	**U1**	branch
bravo (contesto dei Promessi Sposi)	**U6**	scoundrel
bronzo	**U5**	bronze
bufala	**U4**	buffalo cow
burlone	**U8**	teaser
burocrazia	**U3**	bureaucracy
busto	**U4**	torso
buttare	**U4**	to throw away

C

caduta	**U2**	fall
calcio	**U1**	football
calendario	**U5**	calendar
calice	**U8**	stem glass
calo	**U3**	decrease
camion	**U6**	truck
candela	**U2**	candle
canoa	**U1**	canoe
cantante	**U7**	singer
cantante (d'opera)	**U7**	Opera singer
cantautore	**U7**	singer-songwriter
capitale	**U2**	capital

capitale	**U4**	assets
capocomico	**U6**	leader of a theatre company
capolavoro	**U1, U5**	masterpiece
capra	**U1**	goat
carattere strutturale	**U5**	structural features
caratteristica	**U1, U4**	characteristic
carica	**U3**	office
carillon	**U7**	music box
carriera	**U4**	career
catena	**U1**	chain
cattedrale	**U1**	cathedral
catturare	**U7**	to capture
causa	**U2**	cause
cava	**U1**	quarry
cavalletto	**U4**	stand
celebre	**U5**	famous
cestaio	**U2**	basket maker
ceto medio	**U6**	middle class
che figuraccia!	**U5**	what a bad impression!
chilometri	**U1**	kilometres
chioma	**U2**	mane
chitarra	**U7**	guitar
ciabattino	**U2**	cobbler
cicogna	**U8**	stork
cin cin	**U8**	cheers
ciottoli	**U6**	pebbles
circondato	**U1**	surrounded
cittadinanza	**U8**	citizenship
cittadino	**U3**	citizen
civiltà	**U2**	civilisation
clandestino	**U3**	illegal
classe	**U4**	class
classifica (dei libri)	**U6**	chart
coalizione	**U3**	coalition
coda (al museo)	**U5**	queue
collaboratore	**U4**	collaborator
collaborazione	**U4**	collaboration
collegio elettorale	**U3**	electoral college
collettivo	**U4**	collective
colonnato	**U5**	colonnade
colpa	**U3**	fault
colto	**U7**	serious
comandante militare	**U7**	military commander
combattere	**U2**	to fight
Commendatore dell'Ordine Ottomano	**U7**	Official of the Ottoman order
commenti	**U6**	comments
commercio	**U4**	commerce
commissionare un'opera	**U7**	to commission a work
committenza	**U5**	commissioner
commovente	**U6**	moving
comparto	**U8**	sector

competenza	**U4**	*competence*
competizione	**U4**	*competition*
compilare	**U7**	*to fill*
compito	**U3**	*task*
componente	**U3**	*constituent*
componente	**U4**	*piece*
comporre	**U7**	*to compose*
compositore	**U7**	*composer*
composizione musicale	**U7**	*music composition*
comprendere	**U2**	*to include*
comunicato stampa	**U4**	*press release*
comunità	**U1**	*community*
comunità straniera	**U8**	*foreign community*
concedere	**U2**	*to grant*
concepire i testi	**U7**	*to create texts*
concertista	**U7**	*concert performer*
concerto	**U7**	*concert*
concerto gratuito	**U7**	*free concert*
concittadino	**U8**	*fellow citizen*
concorrenza	**U4**	*competition*
condizione	**U3**	*condition*
conferire	**U3**	*to confer*
conferma più evidente	**U8**	*most evident confirmation*
confine	**U2**	*border*
confortevole	**U4**	*comfortable*
confrontarsi	**U4**	*to confront with*
congelare	**U4**	*to freeze*
congiungere	**U4**	*to join*
connazionale	**U8**	*fellow countryman*
conoscere a fondo un ambiente diverso	**U8**	*to deeply know a different environment*
conquista	**U2**	*conquest*
conquistare	**U2**	*to conquer*
conseguenza	**U2, U7**	*consequence*
conservare	**U5**	*to preserve*
considerare	**U6**	*to consider*
consigliare	**U1**	*to suggest*
consumatore	**U4**	*consumer*
contestare	**U3**	*to contest*
contraddizione	**U2**	*contradiction*
contratto	**U3**	*contract*
contribuire	**U8**	*to contribute*
contributo	**U2**	*contribution*
convincere	**U6**	*to persuade*
convivenza	**U6**	*coexistence*
convocare	**U3**	*to summon*
corrispondere (una somma)	**U4**	*to remit*
cosa è previsto in caso di pioggia	**U7**	*what is provided for in case of rain*
cosmopolita	**U2**	*cosmopolitan*
costa	**U1**	*coastline*
Costituzione	**U3**	*Constitution*
costruzione	**U5**	*construction*

cravatta	**U1**	*tie*
credito	**U4**	*credit*
crema solare	**U1**	*sun cream*
crescita	**U4**	*growth*
criminalità	**U3**	*crime*
cripta	**U7**	*crypt*
cristallino	**U1**	*crystal clear*
cultura	**U1**	*culture*
cura estetica	**U1**	*beauty treatment*
curare	**U1**	*to cure*

D

danno	**U4**	*damage*
dare fastidio	**U8**	*to annoy*
data	**U5**	*date*
debito	**U4**	*debt*
decennio	**U7**	*decade*
decimo del totale	**U8**	*one tenth of the total*
decreto	**U3**	*decree*
dedicarsi	**U2**	*to devote oneself*
dedicarsi alla musica	**U7**	*to devote oneself to music*
dedicato	**U7**	*dedicated to*
degustare	**U1**	*to sample*
delega	**U3**	*delegation*
delegato	**U3**	*delegate*
delta (del fiume)	**U1**	*river delta*
deltaplano	**U1**	*hang glider*
delusione	**U3**	*disappointment*
denso di	**U5**	*full of*
depositare	**U1**	*to sediment*
deputato	**U2, U3**	*member of Parliament*
deserto	**U1**	*desert*
destarsi	**U2**	*to rise*
destinatario	**U4**	*adressee*
determinare	**U3**	*to determine*
dialetto	**U8**	*dialect*
dialetto siciliano	**U8**	*sicilian dialect*
dialettologo	**U8**	*dialectologist*
diametro	**U5**	*diameter*
dibattito	**U6**	*discussion*
dichiarare	**U2**	*to declare*
difettoso	**U4**	*faulty*
differenza	**U3**	*difference*
difficoltà	**U4**	*difficulty*
diffondersi	**U5**	*to spread*
diffusione della stampa	**U6**	*spreading of printing*
dignità	**U3**	*dignity*
dimensione	**U4, U5**	*size*
dimostrare	**U2**	*to show*
dinamico	**U4**	*active*
dintorni	**U1**	*surroundings*
dipendente (lavoratore)	**U4**	*employee*
dipingere	**U5**	*to paint*

diplomatico	**U8**	*diplomat*
direttore artistico	**U7**	*art director*
direttore dei musei	**U5**	*museum director*
direttore di scena	**U6**	*stage manager*
dirigenza	**U4**	*management*
dirigere	**U4**	*to manage*
diritto	**U3**	*right*
disciplina	**U8**	*discipline*
disoccupato	**U3**	*unemployed*
disoccupazione	**U3**	*unemployment*
disporre la scena	**U6**	*to set the scene*
disprezzo	**U8**	*contempt*
distacco	**U8**	*separation*
distesa	**U1**	*expanse*
distintivo	**U2**	*distinctive*
distribuzione	**U8**	*distribution*
divertirsi	**U1**	*to enjoy*
divorzio	**U3**	*divorce*
dovere	**U3, U4**	*duty*
drammaturgo	**U6**	*playwright*
duna	**U1**	*dune*
duplicato	**U3**	*duplicate*

E

eccellente	**U7**	*excellent*
economia	**U3, U4**	*economy*
edile	**U2**	*building*
edilizia	**U8**	*building*
editore	**U6**	*publisher*
edizione commentata	**U6**	*annotated edition*
edizione definitiva	**U6**	*definitive edition*
educazione	**U4**	*education*
effettivo	**U3**	*actual*
efficacia	**U2**	*efficacy*
eleganza	**U4**	*elegance*
eleggere	**U3**	*to elect*
elemento essenziale (arte)	**U5**	*fundamental element*
elezione	**U3**	*election*
elmo	**U2**	*helmet*
emigrante	**U8**	*emigrant*
emigrare	**U8**	*to emigrate*
emozione	**U7**	*emotion*
enoteca	**U1**	*wine cellar*
entrare in possesso	**U2**	*to take possession of*
entrare in vigore	**U3**	*to enter into force*
entusiasmo	**U2**	*enthusiasm*
entusiasta	**U4, U7**	*enthusiast*
epoca	**U2**	*era*
epoca moderna	**U5**	*modern period*
equipaggiato	**U4**	*equipped*
eroe	**U2**	*hero*
eruzione	**U1**	*eruption*
escursione	**U1, U5**	*excursion*

eseguire il lavoro	**U7**	*to perform the task*
esercitare	**U3**	*to exercise*
esibirsi	**U7**	*to perform*
esigenza	**U1**	*need*
esilio	**U3**	*exile*
esperienza	**U4**	*experience*
esposizione	**U2**	*exhibition*
essenza	**U1**	*essence*
essere combattuti	**U7**	*to be torn up*
essere convinto	**U8**	*to be convinced*
essere imprigionato	**U7**	*to be imprisoned*
essere in ritardo	**U8**	*to be late*
estero	**U1**	*abroad*
estrarre	**U1**	*to extract*
estremo	**U1**	*extreme*
età	**U2**	*age*
età contemporanea	**U2**	*contemporary period*
età moderna	**U2**	*modern period*
eternità	**U8**	*eternity*
etichetta discografica	**U7**	*music label*
evasione	**U3**	*evasion*
evento musicale	**U7**	*musical event*
evidenza	**U4**	*evidence*
evitare	**U5**	*to avoid*

F

faccenda	**U6**	*matter*
facciata	**U5**	*facade*
facoltà	**U2**	*faculty*
falegname	**U2**	*carpenter*
fama internazionale	**U6**	*international fame*
faraone	**U7**	*Pharaoh*
fare pazzie	**U7**	*to do something crazy*
fare un sonnellino	**U8**	*to take a nap*
fascino	**U1**	*charm*
fatica	**U4**	*struggle*
faticoso	**U4**	*tiring*
fatturato	**U4**	*turnover*
fedele	**U4**	*faithful*
fedeltà	**U7**	*loyalty*
fegato	**U1**	*liver*
ferroso	**U1**	*ferrous*
fertile	**U1**	*fertile*
fervore artistico	**U7**	*artistic fervour*
festeggiamento	**U7**	*celebration*
festeggiare	**U5**	*to celebrate*
fiaba teatrale veneziana	**U7**	*Venetian tale for the theatre*
fiammante	**U2**	*shiny*
fiducia	**U3**	*trust*
finestra a bifora	**U5**	*mullioned window*
fingere di amare	**U7**	*to pretend to love*
finire	**U6**	*to finish*
fiume	**U1**	*river*

folla	U2	crowd
folla in festa	U7	celebrating crowd
fondamentale	U3, U4	fundamental
fondare	U4	to found
fondarsi	U3	to be founded
fondatore	U4	founder
fondazione	U2	foundation
fonte	U1	source
foratura	U4	puncture
form di adesione	U7	registration form
formazione	U3	creation
formazione (sociale)	U3	institution
fortuna	U4	luck
frastornato	U8	dazed
freneticamente	U7	frantically
funicolare	U1	cable railway
funzione	U3	function

G

galantuomo	U6	gentleman
gambo lungo e affusolato (del calice di un bicchiere)	U8	long and tapered stem
garantire	U3	to guarantee
garantire all'Italia	U7	to guarantee Italy
garanzia	U3	guarantee
garanzia	U4	warranty
genere musicale	U7	music genre
gestire	U7	to manage
gestore di location	U7	location manager
gettarsi a picco sul mare	U1	to rise straight from the sea
ghiacciaio	U1	glacier
gigantesco	U5	gigantic
gioia di vivere	U8	zest for life
giustizia	U3	justice
golfo	U1	gulf
Governo	U3	government
gradito	U4	well accepted
grafico	U8	diagram
granoturco	U4	corn
gruppo musicale	U7	music group
guerra	U2	war
guglia	U5	spire
guida turistica	U1	travel guide
guida turistica	U5	tour guide

I

ideale (agg.)	U1	ideal
ideale (nome)	U2	ideal
idioma	U7	idiom
ilarità	U6	cheerfulness
illuminazione	U4	light
illustrare	U8	to illustrate
imbarazzo	U8	embarrassment
immerso	U1	plunge

immigrato	U8	immigrant
immigrazione	U3	immigration
immortale melodia	U7	immortal melody
impazzire (d'amore)	U7	to be madly in love
impedire	U3	to prevent
impegnarsi	U4	to commit oneself
imperatore	U5	emperor
implicare	U4	to imply
importatore	U4	importer
importo netto	U8	net amount
imprenditore	U4	entrepreneur
impresa	U2	feat
impresa	U4	business
imprimere (part. pass. impresso)	U1	to impress
in favore	U3	in favour
inalterato	U1	unchanged
inaugurazione della stagione operistica	U7	opening ceremony of the Opera season
incarico	U7	task
incertezza	U3, U4	uncertainty
inciampare	U6	to stumble
incomprensibile	U8	unintelligible
incontaminato	U1	pristine
incontro tra generi musicali	U7	encounter of musical genres
inconveniente	U4	inconvenient
incoraggiante	U6	encouraging
incoronare	U2	to crown
incoronazione	U2	coronation
incredulità	U4	incredulity
inderogabile	U3	binding
indicazione	U4	indication
indifferenza	U3	indifference
indipendente	U2	independent
indipendenza	U2, U3	independence
individuale	U4	individual
indovinello	U7	riddle
industria	U4	industry
ineccepibile	U4	exemplary
inesorabile	U8	relentless
infanzia	U2	childhood
influenzare	U1, U3	to influence
ingegnere	U2	engineer
ingresso	U5	entrance
ingresso libero	U7	free entrance
iniziativa	U5	initiative
innegabile	U7	undeniable
inno	U2	anthem
insaccato	U1	sausage
inseparabile	U4	inseparable
insicuro	U3	unsure
installare	U4	to install

intendersi poco di musica	U7	to be not very knowledgeable about music
intenzione	U8	intention
interesse	U4	interest
interesse culturale	U8	cultural interest
interlocutore	U8	speaker
interprete di talento	U7	talented performer
intervenire	U4	to step in
intervento (di un tecnico)	U4	maintenance work
inventore	U1	inventor
investimento	U4	investment
invidia	U3	envy
inviolabile	U3	inviolable
ipotesi	U3	hypothesis
iracondo	U6	angry
irreale	U1	unreal
iscrizione	U7	enrollment
isola	U1	island
ispirarsi	U7	to be inspired by
Istituto Italiano di cultura	U5	Italian Cultural Institute
istituzione culturale	U7	cultural institution
istruzione	U4	education
italianità viene ritenuta...	U8	being Italian is considered...
itinerario	U1, U5	itinerary

L

laboratorio	U1	laboratory
lago	U1	lake
lampadina	U1	lamp
latino	U6	Latin
lavoro	U2	work
leccornia	U2	delicacy
legge	U3	law
leggere	U6	to read
leggìo	U6	bookstand
lepre	U8	hare
letteratura	U2	literature
lettura digitale	U6	digital reading
liberazione	U2	liberation
libero professionista	U4	free lancer
libertà	U2	freedom
librettista	U7	librettist
libro cartaceo	U6	paper book
libro elettronico	U6	electronic book
liceo	U6	high school
lingua volgare (letteratura)	U6	vernacular language
liquore	U1	spirit
lirica (poesia medievale)	U6	lyric poetry
litigare	U4	to argue
livello	U4	level
località	U1	place
lunga scadenza	U8	long term
lutto	U2	grief

M

macchia	U2	stain
macchinista	U2	driver
macchinista	U6	stagehand
maestoso	U5	majestic
maggioranza	U3, U8	majority
maggiorenne	U3	of age
magistratura	U3	magistrate
mandato	U3	mandate
mandorlo	U1	almond tree
maneggevolezza	U4	manageability
mangiatore	U2	eater
manoscritto	U3	manuscript
mantenere	U5	to keep
manubrio (di bici)	U4	handlebars
marchio	U4	brand
marcia	U2	march
mare	U1	sea
marmo	U1	marble
martire cristiano	U5	christian martyr
materassaio	U2	mattress maker
materiale	U1	material
Medioevo	U5	Middle Ages
membro di un gruppo	U6	group member
mensa universitaria	U8	university canteen
mentalità	U4	mentality
merito	U4	credit
mescolarsi	U8	to mix up
mestiere	U2	craft
metà	U1	half
mettere in scena	U6, U7	to stage
mettersi subito al lavoro	U6	to immediately get to work
mica	U1	at all
miglior interprete	U7	best actor/performer
ministro	U3	minister
missione	U4	mission
mito	U2	myth
mittente	U4	sender
modello	U4	model
modernizzazione	U4	modernisation
monarchia	U2, U3	monarchy
montagna	U1	mountain
morale (agg.)	U4	moral
moralità	U4	morality
mortadella	U1	bologna
mostra	U5	exhibition
motivo professionale	U8	professional reason
movimento	U2	movement
mura	U1	walls
muricciolo	U6	little wall
museo archeologico	U1	archaeology museum
musica leggera	U7	pop music

musicalità	**U8**	*musicality*
musicista	**U7**	*musician*

N

narrazione	**U2**	*narrative*
nascere	**U1**	*to be born*
nazione	**U3**	*nation*
negativo	**U4**	*negative*
nido (di uccello)	**U8**	*nest*
nipotina	**U8**	*little granddaughter*
nome di spicco	**U7**	*leading figure*
nominare	**U3**	*to appoint*
non avere fiducia nelle proprie capacità	**U6**	*to lack self-confidence*
nostalgia	**U2**	*homesickness*
notare	**U8**	*to notice*
Novecento	**U6**	*20th century*
nudo	**U5**	*nude*

O

obbligo	**U6**	*duty*
obbligo scolastico	**U6**	*compulsory schooling*
occupato	**U1**	*taken up*
odore	**U1, U2**	*smell*
officina	**U7**	*mechanic*
offrire	**U1**	*to offer*
oggettività	**U4**	*objectivity*
onesto	**U4**	*honest*
opera incompiuta	**U7**	*unfinished work*
opera letteraria	**U6**	*literary work*
opera lirica	**U7**	*Opera*
opera lirica da rappresentare	**U7**	*opera to be performed*
opportunità	**U1**	*opportunity*
oppresso	**U2**	*oppressed*
orario	**U5**	*timetable*
oratorio	**U5**	*oratory*
orchestrale	**U7**	*orchestral*
ordinamento	**U3**	*system*
ordine	**U8**	*order*
organizzatore di mostre	**U5**	*curator*
organo	**U3**	*authority*
origine	**U3**	*origin*
ornare	**U5**	*to decorate*
ostacolo	**U3**	*obstacle*
oste	**U2**	*innkeeper*
ottenere	**U2**	*to obtain*
Ottocento	**U6**	*19th century*

P

paesaggio	**U1, U5**	*landscape*
pagare	**U4**	*to pay*
palcoscenico	**U7, U8**	*stage*
panorama	**U1**	*view*
paracatena	**U4**	*chain guard*
paragone	**U8**	*comparison*

parapendio	**U1**	*paraglider*
pari	**U3**	*equal*
parlamento	**U2**	*Parliament*
parlare in dialetto	**U8**	*to speak dialect*
partenza	**U1**	*departure*
partire come un fulmine	**U8**	*to set off at lightning speed*
partita di calcio	**U8**	*football match*
partito	**U3**	*party*
passeggiata	**U1**	*walk*
passione	**U7**	*passion*
pasticciere	**U2**	*confectioner*
patria	**U2**	*homeland*
pazzia	**U6**	*insanity*
percentuale	**U8**	*percentage*
percorribile	**U1**	*accessible*
percorso	**U1**	*route*
periferia	**U8**	*outskirts*
perimetro	**U1**	*perimeter*
periodo romano	**U5**	*Roman period*
permesso di soggiorno	**U8**	*residency permit*
personalità	**U1, U2**	*personality*
persuadere	**U2**	*persuade*
pesca	**U1**	*fishing*
peso	**U4**	*weight*
pianoforte	**U7**	*piano*
piantare gli occhi in faccia	**U6**	*to stare in someone's face*
pianura	**U1**	*plain*
piccante	**U1**	*spicy*
pieno	**U3**	*full*
pila	**U1**	*battery*
pittore	**U5**	*painter*
pittura	**U5**	*painting*
poema	**U6**	*poem*
poema cavalleresco	**U6**	*poem of chivalry*
poeta	**U6**	*poet*
politica	**U1**	*politics*
politica migratoria	**U8**	*migration policy*
politico	**U3**	*political*
popolare	**U7**	*popular*
popolo	**U2**	*people*
porgere	**U2**	*to offer*
portapacchi	**U4**	*bike rack*
portare a compimento	**U6**	*to achieve*
positivo	**U4**	*positive*
posto a sedere	**U7**	*seat*
posto libero	**U7**	*free seat*
postura	**U4**	*posture*
potenza	**U2**	*power*
potere	**U3**	*power*
potere esecutivo	**U3**	*executive power*
potere giudiziario	**U3**	*judicial power*
potere legislativo	**U3**	*legislative power*

pozzo	**U1**	*well*
praticabile	**U1**	*practicable*
preferenza musicale	**U7**	*musical taste*
preferito	**U2**	*preferred*
pregare	**U1**	*to pray*
premiare	**U6**	*to award*
prendere in giro	**U8**	*to pull somebody's leg*
prendere marito	**U7**	*to get married*
prendersi cura	**U6**	*to take care of*
prenotare	**U1, U5**	*to book*
preparazione	**U8**	*education*
presenza straniera	**U8**	*foreign presence*
presidente	**U2, U3**	*President (della repubblica) - Prime minister (del consiglio) Speaker of the House (della camera)*
presiedere	**U3**	*to lead*
prestigio	**U7**	*prestige*
prestito (linguistico)	**U4**	*loan*
pretendente	**U7**	*suitor*
prezzo	**U4**	*price*
primitivo	**U1**	*primitive*
principessa	**U7**	*princess*
principio	**U3**	*principle*
procedere	**U4**	*to proceed*
processo di crescita	**U4**	*growth process*
proclamare	**U2**	*to proclaim*
prodotto	**U4**	*product*
produzione	**U1**	*production*
profondità	**U1**	*depth*
profumo	**U2**	*smell*
progetto	**U5**	*project*
programma	**U1**	*programme*
programma di studio	**U8**	*study programme*
programma elettorale	**U3**	*electoral programme*
programmatore	**U2**	*programmer*
proiettare	**U4**	*to show*
promettere	**U1**	*to promise*
promontorio	**U1**	*headland*
pronunciare	**U2**	*to pronounce*
pronunciato	**U8**	*pronounced*
proporre	**U3**	*to propose*
proposta	**U3**	*proposal*
proprietà terapeutiche	**U1**	*curing properties*
proprietario	**U3**	*owner*
proseguire	**U2**	*to continue*
prospettiva	**U5**	*perspective*
protagonista	**U7**	*main character*
protendere	**U5**	*to stretch out*
prova (teatro)	**U6**	*rehearsal*
provincia	**U4**	*province*
provvedere	**U6**	*to arrange for*
pubblicare	**U3**	*to publish*

pubblico	**U7**	*audience*
punta	**U1**	*point*
punta del becco	**U8**	*beak tip*
punto vendita	**U4**	*selling point*

Q

qualificato	**U1**	*qualified*
qualità	**U4**	*quality*
questione organizzativa	**U7**	*matter of organisation*
quotidiano	**U8**	*daily life*

R

raccolta	**U1**	*collection*
raffigurazione	**U5**	*depiction*
raggiungere	**U1, U5**	*to reach*
ragione	**U4**	*reason*
ragione sociale	**U4**	*business name*
rammarico	**U3**	*regret*
rapide (del fiume)	**U1**	*rapids*
rapporto	**U1**	*relationship*
rapporto (qualità-prezzo)	**U4**	*ratio*
rappresentante	**U3**	*representative*
rappresentativo	**U4**	*representative*
razza	**U3**	*race*
re	**U2**	*king*
realizzare	**U5**	*to create*
realizzazione	**U3**	*construction*
realizzazione	**U7**	*creation*
recensione	**U4**	*review*
recente	**U6**	*recent*
recitare un versetto	**U6**	*to recite a verse*
reclamo	**U4**	*complaint*
regione	**U1**	*region*
regnare	**U2**	*to reign*
regola	**U3, U4**	*rule*
relazione	**U1**	*relation*
repubblica	**U2, U3**	*Republic*
residente	**U4**	*resident*
residenza	**U3**	*residence*
resoconto	**U1**	*report*
respingere	**U3**	*to reject*
responsabile	**U4**	*responsible*
responsabile artistico	**U7**	*art director*
responsabilità	**U4**	*responsibility*
restituire	**U5**	*to return*
ricambiare il sentimento	**U7**	*to return feelings*
riccioli d'oro	**U8**	*golden curls*
richiesta	**U3**	*request*
ricoprire un ruolo	**U3**	*to hold office*
ricredersi	**U6**	*to change idea*
ridente borgo	**U7**	*delightful hamlet*
ridursi	**U4**	*to decrease*
riempire il silenzio	**U8**	*to fill the silence*
riferire la propria opinione	**U8**	*to express one's own opinion*

rifiutarsi	**U6, U7**	to refuse
rilassarsi	**U1**	to relax
rilievo	**U1**	elevation
rilievo	**U4**	significance
rimanere a bocca aperta	**U5**	to gape
rimpiangere	**U6**	to regret
rimpianto	**U7**	regret
rimuovere	**U3**	to remove
Rinascimento	**U5**	Renaissance
rinnovamento linguistico	**U6**	language renewal
rinnovo	**U3**	renovation
rinomato	**U1**	renowned
rinunciare	**U2**	to give up
riparazione	**U4**	repair
ripartire	**U4**	to distribute
riportare	**U8**	to refer
risarcimento	**U4**	compensation
rischio	**U4**	risk
riscossa	**U2**	recovery
riscuotere	**U6**	to cash in
risolvere (un indovinello)	**U7**	to solve
risorgere	**U2**	to resurge
Risorgimento	**U2**	resurgence
risorsa economica	**U5**	economic resource
risorsa mineraria	**U4**	mineral resource
rispettare	**U3**	to respect
ristabilire	**U2**	to restore
risultato	**U2**	result
ritemprare	**U1**	to restore
ritratto	**U5**	portrait
riunione	**U2**	meeting
rivale	**U7**	rival
rivolgersi	**U7**	to address
rivoluzione	**U2**	revolution
robusto	**U4**	solid
roccia	**U1**	rock
romanico	**U1**	Romanesque
romanzo	**U6**	novel
rosone	**U5**	rose window
rubrica	**U2**	address book
rumore	**U2**	noise
ruolo	**U4**	role

S

sabbia	**U1**	sand
sala del concerto	**U7**	concert hall
salato	**U1**	salt-cured
salubre	**U2**	healthy
salume	**U1**	sausage
salutare	**U2**	wholesome
sandali	**U1**	sandals
sangue	**U2**	blood

sapore	**U1**	taste
sarto	**U2**	tailor
sassofono	**U7**	saxophone
sauna	**U1**	sauna
sbagliare	**U3**	to make a mistake
sbarcare	**U2**	to land
scarsa affluenza di pubblico	**U5**	small number of visitors
scavare	**U1**	to dig
scelta	**U3, U8**	choice
scenario demografico	**U8**	demographic scenario
schiava	**U2**	slave
schieramento	**U6**	front
schizzo	**U5**	sketch
scodella	**U8**	bowl
scolpire	**U5**	to sculpt
scomparire	**U8**	to disappear
sconfitta	**U2**	defeat
scontrarsi	**U2**	to clash
scontrino	**U4**	receipt
scoperta	**U2**	discovery
scoppiare	**U2**	to break out
scoraggiarsi	**U8**	to get discouraged
scorrere	**U1**	to flow
scrittore	**U6**	writer
scrittura	**U2**	writing
scultura	**U5**	sculpture
seccato	**U1**	dry
secondo atto (teatro)	**U6**	second act
sede	**U3**	seat
sede	**U4**	headquarters
seggio parlamentare	**U3**	Parliament seat
sellaio	**U2**	saddler
selva oscura	**U6**	dark forest
semplificazione	**U8**	simplification
senatore	**U2, U3**	senator
sentiero	**U1**	path
sepolto	**U2, U8**	buried
serenità	**U4**	serenity
servizio (bancario, assicurativo, commerciale, finanziario)	**U4**	service
sesso	**U3**	gender
seta	**U1**	silk
settore primario	**U4**	primary sector
settore produttivo	**U4**	productive sector
settore secondario	**U4**	secondary sector
settore terziario	**U4**	tertiary sector
sezione culturale	**U6**	cultural columns
sfida	**U4, U8**	challenge
sfiducia	**U3**	distrust
sfociare	**U1**	to flow into
sforzo	**U6**	effort

significato	U5	meaning
simbolo	U2	symbol
sinagoga	U1	synagogue
sindacato (di lettura)	U6	syndicate/group
sindaco	U3	mayor
sintomo (della malattia)	U7	symptom
sistema universitario	U8	university system
situazione	U2	situation
smarrirsi	U6	to get lost
snodare	U7	to unfold
soddisfatto	U1	satisfied
soggettività	U4	subjectivity
soggiornare	U1	to stay
sogno	U2	dream
soldato	U2	soldier
solidarietà	U3	solidarity
sollievo	U4	relief
soluzione	U4	solution
somma	U4	sum
sommità	U5	top
soprannaturale	U5	supernatural
sosta	U1	stop
sostenere	U3	to support
sostenibile	U4	sustainable
sostituire	U3	to replace
sostituzione	U4	replacement
sotterraneo	U1	underground
sottoscritto	U4	undersigned
sottosuolo	U4	subsoil
sottrarre	U3	to snatch
sovranità	U3	sovereignty
spaventare	U2	to frighten
spazio	U4	space
spazio di sperimentazione	U7	testing ground
specchio (d'acqua)	U1	stretch of water
specificità	U4	specificity
spedizione	U2	expedition
spesa pubblica	U8	public expenditure
spettacolare	U1	spectacular
spettacolo	U7	show
spiaggia	U1	beach
spostamento	U1	travel
squisito	U1	delicious
stabilire	U3	to establish
stabilizzazione del soggiorno	U8	stabilisation of the stay
stampante	U7	printer
stampare	U1	to print
statista	U8	statesman
Stato	U3	State
statua in bronzo	U5	bronze statue
statuto	U4	statute
stile	U1, U2	style

stimare	U8	to estimate
stimolo alla creatività	U7	boost to creativity
stoffa	U1, U2	fabric
storia dell'arte	U5	history of art
stradicciola	U6	tiny street
stragionale	U1	seasonal
straordinario	U1	extraordinary
strategia	U2	strategy
strumento	U2	instrument
struttura	U3	structure
studiare canto	U7	to study singing
stupore	U3	astonishment
successo (di uno spettacolo)	U7	success
suddiviso	U2	divided
suffragio universale	U3	universal suffrage
suggestivo	U1	evocative
superare l'esame	U7	to pass the exam
superficie	U1, U4	surface
supporto	U1	support
sviluppo	U3, U4	development
svolgere	U2	to complete

T

tartaruga	U8	tortoise
tascabile	U1	pocket-sized
tavola (arte)	U5	table
tecnica	U5	technique
tecnico	U4	technician
telaio	U4	frame
telecomunicazioni	U4	telecommunications
tempera su tela di lino	U5	tempera on linen canvas
temperatura	U4	temperature
tendenza	U8	trend
tenore	U7	tenor
teorico	U2	theorist
terme	U1	spa
terminare	U6	to end
termine di iscrizione	U7	registration deadline
territorio	U1	territory
terziarizzazione	U4	tertiarisation
tesi	U4	thesis
tessera elettorale	U3	voter registration card
testimonianza	U6	example
testimoniare	U1	to prove
testo descrittivo	U7	descriptive text
testo informativo	U7	informative text
testo narrativo	U6	fiction
testo poetico	U6	poetry
testo teatrale	U6	play
tipico	U1	typical
tipografia	U2	typography
tipografo	U2	typographer
titolare	U3	holder

titolare d'azienda	**U8**	*company owner*
titolo	**U2**	*title*
titolo dell'opera	**U5**	*title of the work*
tomba	**U7**	*tomb*
tormentato	**U2**	*racked*
tradizione	**U4**	*tradition*
tradurre nella propria lingua madre	**U8**	*to translate into one's own mother language*
traguardo	**U8**	*finish line*
tralasciare	**U1**	*to neglect*
trarre (trarne) piacere	**U8**	*to take delight*
trascurare	**U6**	*to neglect*
trasferirsi all'estero	**U8**	*to move abroad*
trasformazione	**U4**	*transformation*
trasmettere	**U3**	*to broadcast*
trasporti	**U4**	*transport*
trasporto	**U1**	*transport*
Trecento	**U6**	*14th century*
tricolore	**U3**	*tricolour flag*
trionfo internazionale	**U7**	*international triumph*
trovare meno fila alla cassa	**U7**	*to find a shorter queue at the box office*
turistico	**U1**	*tourist*

U

ubicazione	**U5**	*location*
ufficio elettorale	**U3**	*electoral office*
ufficio stampa	**U7**	*press office*
ultimo ingresso	**U5**	*last entrance*
un appassionato d'arte	**U5**	*an art enthusiast*
un brano tratto dal capitolo de I Promessi Sposi	**U6**	*an excerpt from a chapter of The Betrothed*
un passo dopo l'altro	**U8**	*a step after the other*
unificazione	**U2**	*unification*
unirsi in matrimonio	**U7**	*to join in marriage*
unità	**U3**	*unity*
univoco	**U6**	*unequivocal*
urgente	**U3**	*urgent*
urna (elettorale)	**U3**	*ballot box*
uscire	**U6**	*to go out*
usufruire dei vantaggi	**U6**	*to benefit from the advantages*

utilizzo	**U4**	*use*

V

vacca	**U4**	*cow*
validità	**U2**	*effectiveness*
valigia	**U1**	*suitcase*
vallata	**U1**	*valley*
valore	**U3**	*value*
vantaggio	**U4**	*benefit*
vantarsi	**U4, U8**	*to boast*
vapore	**U1**	*steam*
vaso dal collo lungo e stretto	**U8**	*vase with a long and narrow neck*
vedere	**U6**	*to see*
vegetazione	**U1**	*vegetation*
venditore	**U4**	*seller*
vento	**U1**	*wind*
verificare	**U2**	*to confirm*
versare	**U8**	*to deposit*
vetrata (arte)	**U5**	*stained glass window*
vetta	**U1**	*summit*
vicenda	**U6**	*sequence of events*
vigilia	**U7**	*eve*
villaggio	**U7**	*village*
violino	**U7**	*violin*
virgolette	**U8**	*inverted commas*
visibilità	**U4**	*visibility*
visione	**U4**	*vision*
visita	**U1, U5**	*visit*
visitatore (mostra)	**U5**	*visitor*
vittoria	**U2**	*victory*
vivere con indifferenza	**U6**	*to live with indifference*
volentieri	**U3**	*gladly*
volontà	**U3, U5**	*will*
volontario	**U2**	*voluntary*
volpe	**U8**	*fox*
voto	**U3**	*vote*
vulcano	**U1**	*volcano*

Z

zona	**U1**	*area*

Referenze fotografiche:

(ove non diversamente indicato, le referenze sono indicate dall'alto verso il basso, da sinistra a destra, in senso orario. a= alto; b=basso; c=centro; dx= destra; s=sinistra)

Tutte le immagini sono tratte da ©Shutterstock.com e ©2014 Thinkstock tranne: